Le peuple le plus persécuté de l'histoire

Lecture pour niveau B2 en français

Brian Smith

French Graded Readers

For more books and E-book options visit:

www.briansmith.de

Babylonie

En 586 avant J.-C., un événement majeur a marqué l'histoire du Proche-Orient ancien et du judaïsme : la destruction du Temple de Salomon par les Babyloniens. Cet épisode constitue un tournant décisif, tant pour l'identité religieuse et culturelle du peuple juif que pour les structures politiques et sociales de l'époque.

Le contexte historique de cet événement était dominé par des tensions politiques et des conflits militaires. Le royaume de Juda, où se trouvaient Jérusalem et le Temple de Salomon, se trouvait dans une situation de plus en plus précaire face au puissant empire babylonien. L'escalade des hostilités a finalement abouti au siège de Jérusalem par les Babyloniens.

Le Temple de Salomon, symbole emblématique de la foi juive et chef-d'œuvre architectural, fut détruit lors de ce siège. Sa destruction ne représentait pas seulement une victoire militaire pour les Babyloniens, mais aussi un coup terrible pour le peuple de Juda. La perte de leur centre spirituel constituait une profonde humiliation et une perte culturelle immense.

Les conséquences de ces événements furent considérables et durables. La destruction du Temple et la déportation d'une grande partie de la population à Babylone marquèrent le début de ce que l'on appelle l'exil babylonien. Cette période de migration forcée et d'exil eut non seulement des répercussions socio-économiques, mais elle façonna également, de manière durable, l'identité religieuse et culturelle du peuple juif. La diaspora qui en résulta obligea les Juifs à redéfinir et adapter leur identité ainsi que leurs pratiques religieuses dans un pays étranger.

La Chute

L'ombre sur Jérusalem

Dans les ruelles étroites et animées de Jérusalem, Abiathar avançait d'un pas pressé, reflétant son agitation intérieure. Jeune prêtre lévite, il était profondément ancré dans les rituels quotidiens et les cérémonies du Temple. Mais Jérusalem, la ville qu'il chérissait tant, n'était plus la même. Enveloppée par l'ombre des Babyloniens, la ville subissait un siège qui étouffait chaque jour un peu plus sa vitalité.

Abiathar entra dans la modeste demeure familiale, autrefois emplie de chaleur et de rires, désormais assombrie par un silence pesant. Sa mère, Miriam, était assise près de la fenêtre, regardant dehors avec inquiétude, tandis que son père, Eleazar, contemplait d'un œil fatigué les maigres provisions sur la table. Sa jeune sœur, Dina, tentait de tirer le meilleur parti de la situation en préparant un repas frugal.

« Abiathar, tu es rentré ? Comment va le Temple ? » demanda sa mère d'une voix tremblante d'angoisse.

« Oui, mère. Les cérémonies continuent, mais la tension est palpable partout. Les prêtres ne parlent plus qu'à voix basse », répondit-il en s'asseyant à ses côtés.

Eleazar leva les yeux. « Nous ne pouvons que prier pour que cette folie prenne fin rapidement. Jérusalem a trop souffert. »

Abiathar acquiesça en silence. Le siège n'avait pas seulement coupé les approvisionnements de la ville, il avait aussi atteint le cœur spirituel du peuple. Le Temple, cet endroit où il se sentait si proche de Dieu, était désormais le symbole de l'espoir assiégé de son peuple.

La famille partagea ce maigre repas, un acte de solidarité dans une époque où chaque morceau de pain était précieux. Dina tenta d'alléger l'ambiance en racontant une histoire de leur enfance, mais ses mots se perdirent dans la lourdeur de l'atmosphère.

Plus tard, alors qu'Abiathar se tenait sur le toit de leur maison, observant la ville, il sentait la peur et l'incertitude planer sur Jérusalem comme un lourd manteau. Les marchés, autrefois animés, étaient déserts, les rues silencieuses, seulement ponctuées par les appels occasionnels des gardes postés sur les remparts.

Dans les jours suivants, la situation se détériora. Des nouvelles de combats et de défaites parvenaient à la ville. Les murailles de Jérusalem, jadis réputées imprenables, commençaient à céder sous la pression implacable des Babyloniens.

Un soir, alors que la famille était réunie, Eleazar parla d'une voix grave : « Nous devons nous préparer au pire. J'ai entendu des rumeurs selon lesquelles les Babyloniens pourraient bientôt percer. »

Miriam posa une main sur son bras. « Que deviendrons-nous alors ? Qu'adviendra-t-il de notre foi, de notre Temple ? »

Abiathar sentit le poids de ces paroles peser sur lui. L'idée de voir le Temple, cœur de leur foi, détruit, lui était insupportable. Il se souvenait des heures passées au Temple, du sentiment de proximité avec Dieu qu'il y ressentait. Tout cela semblait maintenant si lointain, presque hors de portée.

Cette nuit-là, il trouva peu de sommeil. Les pensées de la chute imminente de Jérusalem et du Temple ne cessaient de le hanter. Il savait que les jours à venir seraient une épreuve pour sa foi et sa force, une épreuve qui toucherait non seulement lui, mais tout le peuple juif.

Lorsque les premiers rayons du soleil percèrent à travers la fenêtre, Abiathar se leva, fermement décidé à accomplir ses devoirs au Temple, malgré l'obscurité oppressante qui planait sur Jérusalem. Ce n'était plus simplement une routine ; c'était un acte de résistance, un témoignage silencieux de l'esprit indomptable de son peuple.

La Chute

Le destin de Jérusalem se dessinait désormais clairement. Le soleil se couchait lorsque les Babyloniens parvinrent enfin à percer les murailles de la ville, remplissant l'air d'un mélange de poussière, de fumée et du vacarme assourdissant des combats. Du toit de sa maison, Abiathar, incrédule, observait le jour tant redouté se concrétiser sous ses yeux.

Il se précipita vers sa famille. « Il faut se cacher ! » cria-t-il en franchissant la porte. Sa mère, les yeux embués de larmes, acquiesça en silence. Fuir était une illusion ; ils savaient qu'il n'y avait nulle échappatoire face au danger imminent.

Alors qu'ils couraient à travers les rues en ruine, ils virent les Babyloniens piller la ville. Abiathar guida sa famille dans une petite ruelle, espérant y trouver un refuge temporaire. Les bruits de la bataille résonnaient à leurs oreilles comme le grondement d'un orage lointain.

Mais leur répit fut de courte durée. Des soldats babyloniens les découvrirent et les arrachèrent de leur cachette. Abiathar fut séparé de sa famille lorsqu'ils furent ligotés et emmenés avec d'autres captifs juifs.

La marche à travers la ville fut un supplice. Partout, il voyait les signes de la destruction, les rues rougies du sang des Juifs massacrés. Mais rien ne le bouleversa autant que la vue du Temple en flammes. Son cœur se brisa en assistant à cette scène. Le Temple, centre de leur foi et de leur communauté, se consumait sous ses yeux.

Il entendait les pleurs et les cris de désespoir de ses compatriotes autour de lui. « Comment ont-ils pu détruire notre lieu le plus sacré ? » sanglotait quelqu'un non loin de lui.

Abiathar ne pouvait que hocher la tête en silence, les larmes ruisselant sur ses joues. Le Temple n'était pas qu'un bâtiment ; c'était le symbole de leur lien avec Dieu, un lieu qui avait offert sécurité et espoir à des générations de Juifs.

Les prisonniers furent emmenés hors des murailles de la ville, où ils attendaient leur sort. Abiathar regardait autour de lui, désespéré, cherchant sa famille du regard, en vain. Ils s'étaient évanouis dans une foule de captifs, chacun enfermé dans son propre chagrin.

Cette nuit-là, sous un ciel sans abri, entouré de ses compatriotes souffrants, Abiathar se sentit complètement perdu. La perte du Temple et l'incertitude quant au sort de sa famille étaient des fardeaux presque insupportables.

Le lendemain, les prisonniers furent envoyés sur une longue marche vers la captivité. Le chemin les menait à travers des paysages désolés, loin de la maison qu'ils avaient connue et aimée. Pendant la marche, ils échangeaient des histoires, des souvenirs d'une Jérusalem qui n'était plus, et des rêves de retour, de plus en plus incertains.

Abiathar trouva du réconfort dans les paroles de ses compagnons de captivité, qui, malgré leur désespoir, n'avaient pas perdu la foi. «

Nous ne devons pas perdre espoir », dit un vieil homme à côté de lui. « Dieu ne nous abandonnera pas, même si notre chemin est difficile. »

Ces mots insufflèrent à Abiathar la force de continuer, bien que son cœur fût lourd. Les jours se transformèrent en semaines, et les semaines en mois. La longue marche vers la captivité babylonienne n'était pas seulement un voyage physique, mais aussi une épreuve de foi, d'espoir et de résilience pour un peuple qui, malgré les heures les plus sombres de son histoire, avait su survivre.

La longue marche vers Babylone

Le soleil brûlait impitoyablement dans le ciel tandis qu'Abiathar et les autres exilés parcouraient l'interminable route vers Babylone. Des nuages de poussière tourbillonnaient autour de leurs pieds fatigués tandis qu'ils traversaient le paysage désolé. Leur voyage était marqué par la privation, la faim et l'incertitude constante quant à ce qui les attendait.

Abiathar, autrefois prêtre respecté au Temple de Jérusalem, se retrouvait désormais dans un monde si éloigné de tout ce qu'il avait connu. Ses pensées revenaient sans cesse à sa famille. « Sont-ils encore en vie ? Les reverrai-je un jour ? » se demandait-il encore et encore.

À ses côtés marchait Eliezer, un vieil homme qui avait été marchand à Jérusalem. Malgré les difficultés de la marche et le désespoir de leur situation, Eliezer gardait une foi calme et inébranlable. « Dieu nous met à l'épreuve, Abiathar. Mais il ne nous a pas abandonnés », dit-il un soir, alors qu'ils étaient assis, épuisés, autour d'un feu de camp.

« Parfois, je me demande si Dieu nous écoute encore », rétorqua Abiathar, amer.

Eliezer posa une main sur l'épaule d'Abiathar. « Je comprends ta douleur. Mais notre foi nous guidera à travers cette obscurité. Nous ne devons pas perdre espoir. »

Les jours et les nuits se succédaient dans un rythme flou de marche, de repas frugaux et de sommeil agité. Les souvenirs de Jérusalem commençaient à s'effacer, remplacés par la dure réalité de leur lutte quotidienne pour survivre.

Dans des moments de calme, les exilés partageaient des histoires de leur vie passée, des jours de fête au Temple, de l'agitation des marchés et de la chaleur de la vie familiale. Ces récits étaient comme une faible lueur dans les ténèbres, un bref rappel d'un monde perdu.

Abiathar se sentait de plus en plus éloigné de l'homme qu'il avait été. Son rôle de prêtre, sa connexion spirituelle et sa foi semblaient désormais si lointains. La présence constante des gardes babyloniens, qui les surveillaient, était un rappel permanent que leur destin se trouvait désormais entre les mains d'autres.

Une nuit, alors qu'ils se reposaient sous les étoiles, Abiathar parla avec un jeune homme nommé Benjamin, qui avait perdu ses parents lors de la conquête de Jérusalem. « Mes parents me manquent tellement », dit Benjamin doucement. « Parfois, je me demande si tout cela a un sens. »

Abiathar n'avait aucune réponse à lui offrir. Son propre cœur était rempli de doutes et de questions sans réponse.

Lorsqu'ils arrivèrent enfin à Babylone, un sentiment d'épuisement et de désillusion se répandit parmi les exilés. Les imposantes murailles et les jardins suspendus de la ville étaient un spectacle impressionnant, mais aussi intimidant.

Les Babyloniens leur assignèrent un quartier isolé du reste de la ville. « Ce sera désormais notre nouveau foyer », dit Eliezer alors qu'ils s'installaient dans la colonie. « Nous devons en tirer le meilleur parti. »

Abiathar observa les rues et les bâtiments étrangers qui s'étendaient devant lui. Il se sentait perdu dans ce nouveau monde, prisonnier en terre étrangère. Pourtant, au fond de lui, il savait qu'il devait trouver un moyen de préserver sa foi et son identité dans cette nouvelle réalité. Il devait trouver un moyen d'apporter de l'espoir à lui-même et aux autres exilés, dans un monde qui rappelait si peu celui qu'ils avaient autrefois appelé leur maison.

La vie en exil

La vie à Babylone représentait un défi constant pour Abiathar et les autres exilés. Ils étaient contraints de s'adapter à une culture étrangère tout en essayant de préserver leurs propres traditions et leur foi.

Abiathar se retrouvait souvent dans les rues étroites et animées de Babylone, entouré d'odeurs exotiques, de langues inconnues et de la diversité colorée du marché. L'effervescence était si différente de celle de Jérusalem ; il avait l'impression d'avoir été transporté dans un autre monde.

Un jour, alors qu'il déambulait sur le marché, il tomba sur un groupe d'exilés juifs rassemblés autour d'un vieil homme. Cet homme, nommé Ezra, parlait avec passion de l'importance de préserver leurs traditions. « Nous ne devons pas perdre notre identité », répétait-il avec insistance. « Nous devons célébrer nos fêtes, pratiquer notre foi et raconter nos histoires pour rester vivants. »

Abiathar se sentit immédiatement attiré par ce groupe. Il passa beaucoup de temps avec eux, écoutant leurs récits et partageant les siens. Ces rencontres devinrent une part essentielle de sa vie à Babylone, lui offrant un sentiment de communauté et d'appartenance.

Cependant, la vie en exil n'était pas sans conflits. Les interactions avec la société babylonienne entraînaient souvent des malentendus et des tensions. De nombreux Babyloniens regardaient les exilés avec méfiance, voire avec mépris. Abiathar et ses compagnons durent apprendre à s'affirmer dans ce nouvel environnement, tout en veillant à ne pas perdre leur propre identité.

Abiathar connut aussi des moments de rapprochement et d'échanges. Il rencontra des Babyloniens curieux de découvrir sa culture et désireux d'apprendre des exilés. Dans ces moments-là, il percevait une lueur d'espoir, celle d'une possible compréhension mutuelle et de respect.

Mais les défis restaient omniprésents. La tenue des cérémonies religieuses et des fêtes relevait souvent de l'exercice d'équilibriste, car les autorités babyloniennes ne les toléraient pas toujours. Les exilés devaient se montrer ingénieux pour célébrer leurs rituels en secret, tout en leur donnant un sens profond.

Un jour, Ezra organisa une fête de Pourim clandestine dans une pièce cachée. La communauté se réunit discrètement pour écouter et célébrer l'histoire d'Esther, témoignant ainsi de leur résilience à préserver leur identité. « Nos histoires nous donnent de la force », murmura Ezra. « Elles nous rappellent qui nous sommes et que même dans les moments les plus sombres, nous pouvons trouver la lumière. »

Abiathar trouva du réconfort dans ces paroles. Elles lui rappelaient que malgré les épreuves, la perte de leur patrie et la douleur de l'exil, ils restaient une communauté, unie par leur histoire, leur foi et leurs espoirs.

Au fil des années, les exilés s'adaptèrent peu à peu à la vie à Babylone. Ils bâtirent de nouvelles communautés, fondèrent des familles et trouvèrent des moyens de subvenir à leurs besoins. Pourtant, au fond de leur cœur, le désir de retourner à Jérusalem, la terre de leurs ancêtres, ne les quittait jamais.

Pour Abiathar, la vie en exil ne signifiait pas seulement survivre dans une terre étrangère, mais aussi préserver son identité de Juif. Il comprit que leur culture et leur foi continuaient de vivre en eux, peu importe où ils se trouvaient. C'est dans cette prise de conscience qu'il trouva une nouvelle forme de paix et de détermination : celle de mener une vie en terre étrangère, tout en restant profondément enraciné dans les traditions et les convictions qui lui étaient si chères.

Le murmure de l'espoir

Pendant les années d'exil à Babylone, les communautés juives développèrent de nouvelles formes de culte et d'organisation communautaire. Abiathar observa ces changements et y prit une part active, ce qui devint un élément central de sa vie.

Un jour, alors qu'il arpentait les rues poussiéreuses de Babylone, il entendit parler d'une réunion secrète. Curieux, il suivit l'invitation et se retrouva dans une salle remplie d'hommes, de femmes et d'enfants venus prier et étudier la Torah. C'était une pièce modeste, mais pour Abiathar, elle ressemblait à un petit coin de chez lui.

Un vieil homme nommé Mordechai dirigeait la réunion. Il parla de l'importance de s'accrocher à leurs racines et de nourrir l'espoir qui vivait dans leurs cœurs. « Nos traditions sont la lumière qui nous guide à travers ces temps sombres », déclara-t-il d'une voix ferme.

Abiathar fut profondément touché par les paroles de Mordechai et devint rapidement un habitué de ces réunions. Il trouvait du réconfort dans les prières et l'étude des Écritures. Avec le temps, il se chargea de petites tâches, lisant des passages de la Torah et discutant du sens des textes avec les autres. Ces expériences enrichirent sa vie et l'aidèrent à s'adapter à l'exil.

Les années passèrent, et à plusieurs reprises, des rumeurs et des espoirs d'un retour à Jérusalem émergèrent. Ces discussions étaient souvent menées à voix basse et avec précaution, comme si espérer trop fort pouvait se révéler dangereux.

Un soir, après une réunion, Abiathar s'assit avec quelques amis. « Avez-vous entendu parler des rumeurs ? » commença l'un d'eux, un jeune homme nommé Éli. « Il paraît qu'un roi perse pourrait conquérir Babylone et nous permettre de rentrer chez nous. »

Le groupe l'écouta attentivement. « Pensez-vous que ce soit possible ? » demanda une femme âgée nommée Sarah. « Après tant d'années ici, pourrions-nous vraiment revenir ? »

« Nous devons garder l'espoir », répondit Abiathar. « Jérusalem sera toujours notre foyer, peu importe combien de temps nous restons ici. Nous ne devons pas cesser de rêver et de prier. »

Ces discussions sur un retour possible donnaient aux exilés une lueur d'espoir à laquelle se raccrocher. Pour Abiathar, ces moments étaient comme un rayon de lumière dans l'obscurité. Ils lui rappelaient que leur histoire n'était pas terminée et qu'il y avait toujours une place pour l'espoir.

Pendant cette période d'attente et d'incertitude, Abiathar s'épanouit dans son rôle au sein de la communauté. Il devint un enseignant et un conseiller respecté, quelqu'un vers qui les gens se tournaient pour des conseils ou du réconfort. Il trouva un profond sentiment d'accomplissement dans ce rôle et sentit qu'il avait un but dans la vie, malgré la perte de sa patrie et du Temple.

Cependant, au fond de lui, le désir de retourner à Jérusalem brûlait toujours. Dans des moments de solitude, lorsqu'il était seul, il laissait son esprit vagabonder loin, se remémorant les rues de Jérusalem, les souvenirs de son enfance et de sa jeunesse. Ces pensées étaient à la fois douces et douloureuses, un rappel constant de ce qui avait été perdu et de ce qui, peut-être, pourrait un jour être retrouvé.

L'espoir d'un retour à Jérusalem restait un murmure discret au sein de la communauté, une flamme fragile qui brûlait dans leurs cœurs. Cet espoir portait Abiathar et les autres exilés à travers leurs jours les plus sombres, une promesse lointaine qui brillait faiblement mais leur donnait la force de continuer. Ils ne savaient pas ce que l'avenir leur réservait, mais ils savaient que tant qu'ils restaient unis et fidèles à leurs traditions, ils pourraient surmonter toutes les épreuves à venir.

Le rêve du retour

À Babylone, la situation politique commença à évoluer alors que l'Empire perse gagnait en puissance. Ces changements suscitèrent de nouvelles discussions et spéculations parmi les exilés, notamment sur leur avenir et la possibilité d'un retour à Jérusalem.

Abiathar, désormais âgé, passait beaucoup de temps à réfléchir à la signification de la maison et du Temple. Il se souvenait de la beauté du Temple, de la solidité de ses murs et de la profondeur de la foi qu'il y avait ressentie. « Que signifierait un retour après tant d'années ? », se demandait-il souvent.

Un jour, alors qu'Abiathar se trouvait avec la communauté, une nouvelle excitante arriva : le souverain perse avait annoncé que les Juifs pouvaient retourner à Jérusalem. La nouvelle se répandit comme une traînée de poudre, et bientôt toute la communauté était plongée dans des discussions et des préparatifs pour ce retour tant espéré.

Abiathar fut envahi par des sentiments partagés. D'un côté, il était heureux à l'idée de revoir Jérusalem, mais de l'autre, il se demandait ce qui les attendait là-bas. « Combien de choses ont changé ? Que reste-t-il du Jérusalem que nous avons connu ? » se demandait-il.

Le sabbat suivant, la communauté se réunit pour discuter de cette nouvelle. Mordechai, le vieil homme qui dirigeait les réunions, s'adressa à l'assemblée : « C'est un moment que nous avons attendu si longtemps. Nous faisons face à une grande décision. Certains partiront, d'autres resteront. Mais quelle que soit notre décision, nous restons une communauté, unie par notre foi et notre histoire. »

Les discussions se poursuivirent pendant des semaines. Abiathar passait de longues heures à échanger avec d'autres, écoutant leurs réflexions et leurs craintes. Il se sentait tiraillé. D'un côté, l'appel de Jérusalem était fort, mais de l'autre, il avait construit une vie à Babylone, avec des amis et une communauté qui lui étaient chers.

Un soir, alors qu'il était assis chez lui, ses petits-enfants vinrent le voir. « Grand-père, retourneras-tu à Jérusalem ? » demanda le plus jeune, un garçon curieux nommé Daniel.

Abiathar regarda les yeux pleins d'espoir de son petit-fils et ressentit la profondeur de cette question. « Je ne sais pas encore, Daniel », répondit-il doucement. « Jérusalem fait partie de moi, mais j'ai aussi construit une vie ici. »

Dans les jours qui suivirent, Abiathar réfléchit longuement à sa décision. Il errait dans les rues de Babylone, passant devant des lieux qui lui étaient devenus familiers au fil des années d'exil. Il pensait aux personnes qu'il avait rencontrées, à la communauté qu'il avait aidé à bâtir, et aux jeunes qui n'avaient jamais connu d'autre foyer.

Un matin, alors qu'il était assis au bord du fleuve, regardant l'horizon, Abiathar ressentit une profonde clarté dans son cœur. Il savait ce qu'il devait faire. Il retourna auprès de la communauté et annonça sa décision : « Je resterai à Babylone », dit-il. « Mon cœur appartient à Jérusalem, mais je suis trop vieux pour entreprendre un si long voyage, et ma mission est ici, avec vous, dans cette communauté que nous avons construite ensemble. Je serai dans vos cœurs lorsque vous retournerez à Jérusalem. »

L'annonce fut accueillie avec des réactions partagées. Certains étaient tristes qu'Abiathar ne les accompagne pas, tandis que d'autres comprenaient et respectaient sa décision. Pour Abiathar, c'était un moment doux-amer, un adieu à un rêve, mais aussi la confirmation de son lien avec les personnes et la vie qu'il avait trouvées à Babylone.

À l'approche du jour du départ, Abiathar aida à préparer la communauté et à la soutenir. Il donna des conseils, partagea sa sagesse et veilla à ce que ceux qui partaient soient bien préparés.

Le jour du départ, Abiathar se tint à la porte de la ville pour dire adieu à ceux qui partaient. Il y eut des larmes, des étreintes, des paroles de réconfort et d'espoir. Lorsque la caravane se mit en route, Abiathar les regarda jusqu'à ce qu'ils disparaissent à l'horizon.

Il retourna chez lui, désormais plus silencieux et plus vide. Mais il ne se sentait pas seul. Il savait qu'il était une partie essentielle de la communauté et que son rôle n'était pas encore terminé. Il s'assit à sa table, prit un parchemin et commença à écrire, consignant ses pensées et ses sentiments, ses espoirs et ses rêves. C'était un nouveau départ, un nouveau chapitre de sa vie, et il était prêt à l'entamer avec un cœur ouvert.

Le retour

Alors qu'un groupe d'exilés se préparait à retourner à Jérusalem, l'ambiance au sein de la communauté était partagée. C'était un adieu à Babylone, un lieu qui avait été à la fois symbole de souffrance et de renouveau pendant de nombreuses années.

Mordechai, le chef des exilés qui retournaient à Jérusalem, se tenait devant sa famille et ses amis, les yeux remplis de détermination et d'espoir. « Nous laissons beaucoup derrière nous », dit-il, « mais nous retournons pour reconstruire notre patrie. Nous portons avec nous les souvenirs de nos ancêtres, et nous redonnerons vie à Jérusalem. »

Les préparatifs du voyage étaient intenses. Chaque famille emballait le strict nécessaire, laissant derrière elle de nombreux objets et souvenirs. Les adieux à ceux qui avaient choisi de rester à Babylone furent déchirants. Des larmes coulèrent, des étreintes furent échangées, et les derniers mots de séparation furent prononcés.

Le voyage lui-même fut long et éprouvant. La caravane traversa de vastes étendues désertiques et franchit des montagnes escarpées. En chemin, il y eut des moments de joie et de chants, mais aussi des périodes de silence et de réflexion.

Daniel, le petit-fils d'Abiathar, qui avait décidé de retourner à Jérusalem avec sa famille, s'asseyait souvent près du feu de camp, fixant les flammes. « Je me demande à quoi Jérusalem ressemble », dit-il à sa mère, Miriam. « Grand-père en a tellement parlé, mais j'ai du mal à l'imaginer. »

Miriam passa son bras autour de lui. « Ce sera différent de ce que c'était », dit-elle doucement. « Mais nous y construirons une nouvelle vie, ensemble avec les autres. »

Après des semaines de voyage, ils atteignirent enfin les collines de Judée. L'air était chargé d'un mélange d'excitation et de nervosité. En approchant de Jérusalem, un profond silence s'installa dans le groupe.

Les premières visions de Jérusalem furent un choc. La ville autrefois glorieuse n'était plus que ruines. Les murs étaient détruits, et le Temple, autrefois cœur de la foi juive, n'était plus qu'un tas de pierres.

Mordechai s'arrêta en voyant les ruines. « Voici notre Jérusalem », dit-il, la voix étranglée par l'émotion. « Mais ce n'est pas la fin. C'est un commencement. Nous reconstruirons ici, pierre après pierre, espoir après espoir. »

Le groupe entra dans la ville avec un sentiment de révérence et de respect. Ils marchèrent à travers les rues, passant devant des maisons et des places détruites, chaque pas étant à la fois un témoignage du passé et un pas vers l'avenir.

Dans les jours qui suivirent, ils commencèrent à nettoyer et à reconstruire. La tâche était immense, mais leur détermination l'était tout autant. Sous les décombres, ils découvrirent des fragments de leur vie passée – des pots cassés, des rouleaux brûlés, des jouets oubliés.

Mordechai organisa une assemblée pour planifier l'avenir. « Nous sommes revenus pour reconstruire notre héritage », dit-il. « Chacun d'entre nous a un rôle à jouer. Nous ne reconstruirons pas seulement nos maisons, mais aussi notre communauté et notre foi. »

Les journées étaient dures et longues, mais la communauté travaillait sans relâche. Ils partageaient nourriture et eau, s'entraidaient pour construire des abris et ériger une synagogue provisoire.

Daniel, le jeune petit-fils d'Abiathar, trouva au milieu des ruines un petit olivier intact. « Regarde, maman », dit-il. « C'est un signe. Un signe de vie et d'espoir. »

Miriam sourit et serra son fils dans ses bras. « Oui, Daniel », dit-elle. « C'est exactement ça. Un signe que la vie continue, même au milieu de la destruction et de la perte. Nous allons grandir, comme cet arbre, forts et résilients. »

Alors que le soleil se couchait derrière les nouvelles murailles de Jérusalem, les gens se rassemblaient, partageaient des histoires et faisaient des projets pour l'avenir. C'était un moment doux-amer – la tristesse de ce qui avait été perdu, mais aussi la joie et l'espoir de ce qui allait venir.

À Babylone, Abiathar était assis dans sa maison, pensant à sa famille et à ses amis à Jérusalem. Il alluma une bougie et pria pour leur sécurité et leur réussite. « Que Dieu les guide et les protège », murmura-t-il. « Que Jérusalem brille à nouveau, dans la lumière et la paix. »

L'histoire s'arrête ici, mais elle est bien plus qu'un simple récit de retour ; c'est un témoignage de la résilience humaine et de la foi, une histoire de perte et d'espoir, de destruction et de reconstruction, de tristesse et de joie. C'est une histoire qui continue de vivre dans les cœurs et la foi de nombreux individus.

Les persécutions sous Antiochus IV Épiphane

Entre 168 et 167 avant J.-C., le judaïsme ancien traversa l'une de ses périodes les plus sombres et tumultueuses sous la domination d'Antiochus IV Épiphane, roi de l'empire séleucide. Cette période est marquée par des mesures draconiennes contre les pratiques religieuses juives et la profanation honteuse du Second Temple à Jérusalem. Pour comprendre l'ampleur et les conséquences de ces événements, il est essentiel de se pencher sur le contexte de la prise de pouvoir d'Antiochus en Judée.

Antiochus IV Épiphane accéda au pouvoir par héritage de l'empire séleucide, l'un des États successeurs de l'empire d'Alexandre le Grand. Après la mort d'Alexandre et l'effondrement de son empire, le territoire passa sous le contrôle de divers Diadoques, c'est-à-dire les généraux ou successeurs d'Alexandre. Antiochus, en tant que descendant de ces Diadoques, hérita de la domination de cet empire.

Le contrôle de la Judée, autrefois partie de l'empire ptolémaïque, un autre État successeur d'Alexandre, passa aux mains des Séleucides à la suite de manœuvres politiques et militaires. Cependant, sous le règne d'Antiochus IV Épiphane, l'empire séleucide se trouva confronté à des difficultés tant internes qu'externes, notamment en raison de la pression croissante de l'Empire romain et des troubles au sein de ses propres provinces.

Dans cette situation tendue, Antiochus IV prit des mesures radicales pour renforcer l'unité et la culture grecque de son empire, ce qui passa par l'oppression des cultures et religions non grecques. En Judée, cela se traduisit par l'interdiction des pratiques religieuses juives et l'introduction des cultes grecs. La profanation du Second Temple, centre sacré du judaïsme, avec l'érection d'une statue de Zeus et la réalisation de sacrifices non conformes à la tradition juive, fut le point culminant de cette politique de persécution.

Ces actions provoquèrent de vastes troubles et déclenchèrent la révolte des Maccabées, un épisode central de l'histoire juive, qui symbolisait non seulement une lutte religieuse, mais aussi un combat pour la libération nationale.

Ruines et Triomphe

Un monde en mutation

La vie dans le petit village près de Jérusalem était simple et imprégnée d'une profonde foi. Eliana, une jeune femme d'une vingtaine d'années, passait souvent ses journées à ramasser des herbes dans les champs environnants ou à étudier les Écritures dans la petite synagogue. Son père, Simon, un ancien respecté du village, lui enseignait l'importance de la foi et des traditions.

Un matin, alors qu'Eliana broyait des herbes médicinales, elle entendit des pas précipités. Sa mère, Miriam, entra, le visage marqué par l'inquiétude. « Eliana, viens vite ! Ton père a des nouvelles de la ville », l'appela-t-elle. Eliana suivit sa mère, anxieuse, jusqu'à la synagogue.

Une atmosphère tendue régnait dans la synagogue. Les villageois s'étaient rassemblés pour écouter Simon. D'une voix grave, il commença : « Frères et sœurs, des nouvelles nous parviennent de Jérusalem. Le roi Antiochus IV a promulgué de nouvelles lois qui menacent notre mode de vie. Il interdit nos rites sacrés, même la circoncision, le sabbat et l'étude de nos lois. » Un murmure parcourut l'assemblée.

Eliana sentit un frisson glacé lui parcourir le dos. « Qu'est-ce que cela signifie pour nous, père ? » demanda-t-elle doucement.

Simon la regarda avec des yeux empreints de tristesse. « Cela signifie que nous allons vivre une épreuve de notre foi et de notre force. »

Dans les jours qui suivirent, la vie au village changea radicalement. Les villageois célébraient leurs rites en secret, et beaucoup craignaient de quitter leurs maisons. Eliana aidait là où elle le pouvait, soignant les malades et réconfortant ceux qui avaient peur. Elle voyait les anciens, autrefois fiers de pratiquer leur religion, vivre désormais dans la peur et l'incertitude.

Un jour, un jeune homme nommé Joël arriva au village. Il avait fui Jérusalem et apportait des nouvelles des persécutions qui s'y déroulaient. « Ils ont profané le Temple », raconta-t-il, la voix tremblante. « Ils ont érigé une statue de Zeus et pratiqué des sacrifices impies. »

Le village fut profondément bouleversé. La profanation du Temple était une blessure profonde pour les villageois, touchant leur cœur. Eliana voyait des larmes dans les yeux de nombreux habitants.

La nuit, elle parlait souvent avec son père de ses craintes. « Comment pouvons-nous préserver notre foi dans de telles circonstances, père ? » demandait-elle.

« Eliana, ces épreuves ne feront que renforcer notre foi », lui répondit Simon. « Nous devons rester unis et trouver notre voie. Dieu nous guidera. »

Eliana se sentait réconfortée par ces paroles, mais l'incertitude persistait. Elle savait que des temps difficiles approchaient, mais elle était déterminée à protéger sa foi et sa communauté.

Dans les semaines qui suivirent, la répression s'intensifia. Les nouvelles en provenance de Jérusalem et d'autres villes étaient de plus en plus inquiétantes. Eliana et son village se trouvaient au bord d'un immense bouleversement, qui allait transformer leur monde à jamais.

La profanation

Eliana ressentait le besoin de voir de ses propres yeux ce qui s'était passé à Jérusalem. Malgré les avertissements de son père, elle entreprit le voyage. Le trajet était dangereux, et elle se cacha sous un voile pour ne pas attirer l'attention. En entrant dans la ville sainte, elle eut l'impression de pénétrer dans un monde étranger. Partout, des soldats du roi patrouillaient, et l'air était lourd d'angoisse et de méfiance.

En approchant du Second Temple, elle en eut le souffle coupé. Le Temple, autrefois lieu de pureté et de dévotion, était désormais défiguré par des idoles étrangères.

Eliana ressentit une vive douleur dans sa poitrine. Les larmes lui montèrent aux yeux en voyant les soldats séleucides piller les trésors du Temple et offrir des sacrifices impies sur l'autel.

Elle croisa un groupe de Juifs recroquevillés dans un coin de la cour du Temple, leurs visages marqués par le deuil et le désespoir. L'un d'eux, un vieil homme aux yeux tristes, lui dit : « Vois-tu, ma fille, ce qu'ils ont fait à notre lieu le plus sacré ? Comment pouvons-nous encore croire en la bonté de Dieu ? »

Eliana n'avait pas de réponse. Elle ressentit un vide profond en elle, comme si une partie de son âme avait été détruite avec le Temple.

Elle erra dans les rues de Jérusalem, voyant la peur et la détresse se refléter sur les visages des habitants. Partout, l'écho de la souffrance résonnait.

Dans une petite ruelle, elle rencontra un groupe de jeunes hommes qui étudiaient secrètement les rouleaux sacrés. L'un d'eux, Jonathan, l'aperçut et s'adressa à elle. « Es-tu venue chercher du réconfort dans les paroles de Dieu ? », demanda-t-il.

Eliana acquiesça en silence.

Elle s'assit avec eux, et tandis qu'ils lisaient les textes anciens, elle sentit une lueur d'espoir renaître en elle.

« Nous ne devons pas abandonner notre foi, quoi qu'il arrive », déclara Jonathan avec passion. « C'est ce qui nous unit en tant que peuple. »

Eliana passa la journée avec le groupe, et lorsqu'elle s'apprêta à partir, Jonathan lui dit : « Retourne dans ton village et raconte-leur que l'esprit de notre peuple n'est pas brisé. Nous continuerons à vivre notre foi, même dans la clandestinité, s'il le faut. »

Sur le chemin du retour, Eliana réfléchit à ce qu'elle avait vu et vécu.
La profanation du Temple était une terrible épreuve, mais les paroles de Jonathan avaient éveillé en elle une nouvelle détermination. Elle savait que les jours à venir seraient pleins de défis, mais elle se sentait désormais mieux préparée.

Lorsqu'elle arriva au village, elle fut accueillie par des étreintes de sa famille et des villageois. Son père la regarda avec inquiétude, mais aussi avec une lueur de fierté dans les yeux. « Tu es revenue, Eliana. Qu'as-tu vu ? », demanda-t-il.

Eliana raconta la profanation du Temple, la détresse des habitants de Jérusalem et le groupe de jeunes hommes qui, malgré tout, continuaient à préserver leur foi.

« Nous ne devons pas laisser mourir notre foi », dit-elle avec détermination. « Nous devons trouver un moyen de continuer à vivre nos traditions, même si cela est dangereux. »

Les paroles d'Eliana insufflèrent un nouvel esprit dans le village. Ils commencèrent à organiser des réunions secrètes pour poursuivre leurs rites et prières.

Eliana se sentit investie d'une responsabilité : elle devait guider ces réunions, inspirée par la force et la détermination qu'elle avait trouvées à Jérusalem.

Les semaines et les mois qui suivirent furent marqués par une lutte constante.
Les villageois devaient se montrer prudents pour ne pas être découverts, mais leur détermination ne cessa de croître.

Dans le cœur d'Eliana, une foi inébranlable s'était installée, une foi qui la porterait à travers les temps les plus sombres.

Résistance dans l'ombre

Les nouvelles de petits groupes résistant aux ordres du roi Antiochus IV se répandirent comme une traînée de poudre parmi les Juifs.

Eliana entendit parler pour la première fois des Maccabées, une famille assez courageuse pour se lever et lutter pour leur foi. Ces récits insufflèrent un nouvel espoir chez les gens, et Eliana se sentit profondément inspirée.

Dans son propre village, Eliana continua à organiser des rencontres secrètes pour les prières et les rituels. Le risque était immense, mais la nécessité de préserver leur foi et leurs traditions leur donnait la force de persévérer. Eliana devint rapidement une sorte de leader de ces rassemblements clandestins. Sa nature déterminée et sa foi inébranlable apportaient aux autres villageois un sentiment de sécurité et de réconfort.

Fille d'un guérisseur, Eliana avait quelques connaissances en médecine. Elle commença à utiliser ces compétences pour soutenir la résistance. Elle soignait les blessures et les maladies de ceux qui s'opposaient en secret aux soldats séleucides. Sa cabane devint un refuge pour les blessés et les persécutés.

Un soir, alors que le soleil se couchait et qu'un vent frais soufflait dans les ruelles du village, on frappa doucement à sa porte. Elle ouvrit prudemment et découvrit un jeune homme portant un blessé sur son dos. « S'il te plaît, peux-tu l'aider ? », demanda-t-il avec urgence. Le blessé était un membre des Maccabées, blessé lors d'une escarmouche contre les soldats.

Eliana les fit rapidement entrer.

Elle travailla toute la nuit pour soigner les plaies de l'homme. Le jeune Maccabée qui l'avait amené se présenta sous le nom de Matthias. Il lui parla de leurs projets pour poursuivre la lutte contre les Séleucides et lui demanda davantage de soutien. « Nous avons besoin de personnes comme toi pour nous garder en bonne santé afin que nous puissions continuer à nous battre », dit-il. Bien qu'inquiète du danger supplémentaire, Eliana accepta. Elle sentait qu'elle avait un rôle important à jouer dans la lutte pour la liberté de son peuple.

Dans les semaines qui suivirent, Eliana s'occupait de ses tâches habituelles durant la journée, et la nuit, elle soignait les Maccabées blessés.
Elle apprit à utiliser des herbes et des plantes à des fins médicinales, et sa cabane devint un centre de résistance. Ses parents, bien qu'initialement inquiets, la soutinrent en silence, l'aidant à dissimuler ses activités.

Pratiquer les rites juifs en secret restait une épreuve constante. Eliana et les villageois devaient faire preuve d'une extrême prudence pour ne pas être découverts. Ils mirent en place un système de signes et de signaux pour s'avertir en cas de présence de soldats.

Une nuit, alors qu'ils célébraient discrètement Hanoukka avec un petit groupe, ils entendirent soudain des pas dehors. Ils éteignirent rapidement les lumières et cachèrent la hanoukia. Le cœur d'Eliana battait à tout rompre en entendant les pas se rapprocher. Heureusement, les soldats passèrent sans découvrir leur cachette. Une fois seuls, tous soupirèrent de soulagement, mais la peur d'être découverts restait toujours présente.

Malgré le danger permanent, la détermination des villageois et des Maccabées ne faisait que grandir.

Eliana sentait la communauté se souder de plus en plus, portée par l'objectif commun de défendre leur liberté et leur foi. Elle savait que le chemin serait encore long et périlleux, mais la force et le courage qu'elle voyait dans le cœur des gens lui donnaient la volonté de continuer.

Dans des moments de calme, lorsqu'Eliana se retrouvait seule dans sa cabane, elle réfléchissait aux événements qui avaient profondément bouleversé sa vie.

Elle pensait à ceux qui avaient souffert et continuaient de souffrir, et à ceux qui risquaient leur vie pour défendre leurs convictions. Dans ces instants, elle ressentait un lien profond avec son peuple et sa foi, un lien renforcé par les épreuves et les souffrances.

Elle savait que, quoi qu'il arrive, elle resterait ferme et se battrait pour ce en quoi elle croyait.

À l'ombre de la lune

Dans les forêts denses, cachés des regards vigilants des soldats, Eliana et les villageois se préparaient à célébrer secrètement la fête de Souccot.

Ils avaient trouvé un petit endroit isolé, entouré de grands arbres, offrant suffisamment de protection pour dissimuler leurs activités.

Eliana était la force motrice derrière l'organisation de cette fête. Elle comprenait l'importance de maintenir vivantes les traditions et les rites juifs, surtout pour la jeune génération qui risquait de perdre son identité culturelle. Grâce à son aide, les villageois construisirent une soukka improvisée, une cabane couverte de feuilles et de branches.

Elle expliqua aux enfants la signification de la fête, l'histoire de l'errance dans le désert et l'importance de la gratitude.

Quand la nuit tomba et que la lune s'éleva dans le ciel, ils commencèrent la célébration.

Eliana dirigea les prières et distribua des fruits et du pain qu'elle avait préparés en secret. L'atmosphère était à la fois joyeuse et prudente, remplie de chants doux et du bruissement des feuilles dans le vent.

Soudain, en plein milieu de la fête, ils entendirent des bruits – des branches qui craquaient et des voix d'hommes murmurant.

Tout le monde se tut immédiatement. Eliana sentit son cœur s'accélérer. Les soldats d'Antiochus IV devaient être proches. Elle murmura rapidement aux autres de se cacher et de quitter la soukka.

Dans un silence total, ils attendirent, tandis que les bruits se rapprochaient.

Eliana se cacha avec quelques enfants sous des buissons épais. Elle retint son souffle en entendant les voix des soldats fouiller les environs. Il semblait qu'ils allaient découvrir leurs cachettes. Mais, par un heureux hasard, les soldats firent demi-tour et partirent dans une autre direction.

Le danger était passé, mais le message était clair : plus aucun endroit n'était sûr.

Après le départ des soldats, tous se retrouvèrent à nouveau. L'ambiance était morose, la réalité de leur situation les avait une fois de plus rattrapés. Eliana vit l'inquiétude sur les visages des villageois et sut qu'elle devait se montrer forte.

« Nous ne devons pas abandonner », dit-elle doucement mais fermement. « Tant que nous restons unis et fidèles à nos traditions, ils ne pourront pas nous briser. »

Dans les jours qui suivirent, Eliana redoubla d'efforts pour renforcer la foi et les traditions des villageois, en particulier chez les enfants.

Elle organisa des réunions clandestines pour transmettre les histoires et les enseignements du judaïsme. Ces rassemblements n'étaient pas seulement un acte de résistance, mais aussi une source d'espoir et de cohésion.

Un soir, alors qu'elle récitait le Schéma Israël avec un petit groupe, un vieil homme nommé Jacob prit la parole.

« Eliana, ta force et ton courage sont une lumière pour nous tous », dit-il, les yeux remplis de larmes. « Tu nous maintiens unis et nous rappelles qui nous sommes. Nous te sommes profondément reconnaissants. »

Ces paroles touchèrent profondément Eliana. Elle n'avait pas anticipé de jouer un tel rôle au sein de sa communauté, mais maintenant qu'elle en avait la responsabilité, elle était déterminée à faire de son mieux. Elle réalisa que ses actions affectaient non seulement sa propre vie, mais aussi celle de tous ceux qui l'entouraient.

Les semaines et les mois qui suivirent, Eliana poursuivit son travail, malgré le danger constant.

La menace des soldats d'Antiochus IV planait toujours, mais la volonté de préserver leur culture et leur foi leur donnait la force d'aller de l'avant. Chaque rencontre clandestine, chaque enseignement murmuré, chaque prière silencieuse était une petite victoire, un signe de résistance face à l'oppression.

Eliana savait que le chemin serait encore long et incertain.

Mais sous la lumière de la lune, sous le regard bienveillant de ses ancêtres, elle ressentait une profonde connexion avec son histoire et son peuple. Cette connexion lui donnait la force et le courage d'être un phare d'espoir en ces temps sombres.

Perte et défi

La nouvelle de la mort de Reuven, l'ancien du village et membre respecté de la communauté juive, frappa Eliana comme un coup de massue.

Reuven n'était pas seulement un guide spirituel, mais aussi un symbole de résistance pacifique. Son arrestation, suivie de son martyre aux mains des soldats d'Antiochus IV, fut un choc dévastateur pour tout le village.

Dans les jours qui suivirent cette tragique nouvelle, les villageois se rassemblèrent chez Eliana pour chercher du réconfort et du soutien.

L'ambiance était morose, imprégnée de tristesse et de peur. Eliana elle-même ressentait un profond vide en elle, mais aussi une colère grandissante.

« Comment peuvent-ils faire une chose pareille ? », demanda Sara, une amie proche d'Eliana, en pleurs à côté d'elle.

« Reuven n'a fait de mal à personne. C'était un homme bon. »

Eliana passa un bras réconfortant autour de Sara.

« Ils veulent nous briser », dit-elle doucement mais fermement.

« Mais nous ne devons pas les laisser faire. Reuven a vécu pour notre foi et nos traditions – et il est mort pour cela. Nous devons continuer, pour lui et pour nous tous. »

Dans les jours qui suivirent, Eliana remarqua un changement dans son propre état d'esprit.

La perte de Reuven avait éveillé en elle non seulement une profonde tristesse, mais aussi une colère déterminée. Elle réalisa que la résistance passive ne suffisait plus. Le moment était venu de passer à l'action.

Elle commença à organiser des réunions clandestines avec d'autres villageois pour discuter d'une résistance plus active.

Un groupe se forma, résolu à lutter plus fermement contre la persécution. Eliana se retrouva, presque par hasard, dans le rôle de chef.

« Nous ne pouvons plus rester cachés et espérer que tout cela passe », dit-elle lors d'une de ces réunions.

« Nous devons agir, nous organiser. Nous pouvons diffuser des informations, chercher du soutien dans d'autres communautés, et peut-être même établir une route de fuite pour ceux qui ne peuvent plus rester ici. »

Le groupe hocha la tête en signe d'approbation.

Sous la direction d'Eliana, ils commencèrent à élaborer des plans. Ils fixèrent des points de rencontre secrets, inventèrent des mots de passe, organisèrent des vivres et des abris pour les persécutés, et recueillirent des informations sur les mouvements des soldats.

Un soir, alors qu'Eliana rentrait chez elle après une de ces réunions, elle croisa un jeune homme nommé Benjamin, récemment arrivé au village.

Il avait entendu parler de son courage et de son rôle de leader et voulait aider.

« J'ai vu ce qui se passe », dit-il avec détermination.

« Je ne veux pas rester les bras croisés. Je veux me battre, pour nos droits, pour notre liberté. »

Eliana le regarda dans les yeux et y vit le même feu de résistance qui brûlait en elle.

« Alors tu es au bon endroit », répondit-elle.

Dans les semaines qui suivirent, la résistance s'intensifia.

Des messages et des instructions furent secrètement transmis entre les villages, et peu à peu, un réseau de résistance se forma. Eliana se retrouva de plus en plus dans la peau d'une véritable leader, non seulement en donnant des conseils, mais aussi en apportant du courage et de l'espoir.

Mais avec cette montée en puissance venait aussi une augmentation des dangers.

Les soldats d'Antiochus IV devenaient plus vigilants et plus brutaux dans leurs efforts pour étouffer le mouvement de résistance. Chaque jour apportait de nouveaux risques, et la crainte d'être découverts était omniprésente.

Malgré les dangers, Eliana refusa de se laisser intimider.

La mort de Reuven lui avait montré ce qui était en jeu. Il ne s'agissait pas seulement de sa propre vie, mais de la survie de sa culture, de sa foi et de sa communauté.

« Nous devons rester forts », dit-elle un soir à son groupe.

« Chaque petite action, chaque parole de résistance, chaque tradition que nous perpétuons est un acte de défi face à ceux qui veulent nous effacer. Nous sommes l'écho de nos ancêtres, et notre résonance se fera entendre longtemps après nous. »

Eliana était devenue une figure emblématique de la résistance, un phare d'espoir dans une époque d'obscurité et de désespoir.

Son courage et sa détermination inspirèrent non seulement les habitants de son village, mais aussi ceux au-delà. En elle se concentraient la colère, la tristesse et la foi inébranlable de son peuple. Elle était devenue la voix de ceux qui ne voulaient plus rester silencieux.

L'étincelle de la rébellion

Le soleil déclinait à l'horizon quand Eliana atteignit le lieu de rendez-vous secret, profondément caché au cœur de la forêt.

Elle se rendait à une réunion avec un groupe de Maccabées, assez courageux pour mener une résistance ouverte. Son cœur battait à tout rompre, non seulement à cause de l'excitation, mais aussi de la peur. C'était un pas décisif, qui la menait de la résistance clandestine à une confrontation directe avec les oppresseurs.

Elle fut accueillie par Judas Maccabée, le chef du groupe.

« Eliana, nous avons entendu parler de tes actions. Ton aide dans l'ombre a été inestimable, mais je sens que tu es prête à faire plus. »

Eliana hocha la tête, sa voix ferme lorsqu'elle répondit :

« Je ne veux plus agir dans l'ombre. Il est temps de se montrer, il est temps d'agir directement. Quoi que je puisse faire, je suis prête. »

Dans les semaines qui suivirent, Eliana rejoignit les Maccabées dans diverses opérations.

Ils menaient des frappes ciblées contre le pouvoir séleucide, des actes de sabotage et des attaques de guérilla. À chaque succès, un sentiment d'espoir grandissait au sein de la communauté. Les nouvelles de petites victoires se répandaient comme une traînée de poudre, suscitant un nouvel orgueil et une confiance renouvelée.

Eliana jouait souvent le rôle de guérisseuse et de conseillère.

Elle soignait les blessés, apportait un soutien moral et aidait à la planification des actions. Sa relation avec les Maccabées, en particulier avec Judas, se renforçait, et elle se sentait de plus en plus comme faisant partie d'une famille unie dans la lutte contre un ennemi commun.

Un soir, après une attaque réussie contre un convoi de ravitaillement séleucide, ils se retrouvèrent autour d'un feu de camp.

L'atmosphère était festive, et Judas s'adressa à ses compagnons :

« Chaque petite victoire nous rapproche de notre but. Nous ne luttons pas seulement pour notre liberté, mais aussi pour préserver nos traditions et notre foi. »

Eliana acquiesça et ajouta :

« Notre foi nous donne la force de persévérer, même dans les moments les plus sombres. Chaque fête que nous célébrons en secret, chaque prière que nous murmurons, est un acte de résistance. »

Mais malgré les succès, les défis restaient immenses.

Le danger était omniprésent, et la peur constante de la trahison et de la découverte pesait lourdement sur eux. La répression séleucide se durcissait, et chaque jour, le risque pour Eliana et ses compagnons augmentait.

Lors d'une conversation avec Judas, Eliana exprima ses préoccupations :

« Chaque victoire nous rend plus forts, mais elle accroît aussi le danger pour nous et nos familles. Comment pouvons-nous préserver notre foi alors que nous vivons quotidiennement avec une telle peur ? »

Judas regarda pensivement les flammes.

« Notre foi est ce qui nous unit, Eliana. C'est pour elle que nous combattons. Nous ne devons pas laisser la peur nous vaincre. Nous devons rester forts, pour nous et pour ceux que nous aimons. »

Dans les semaines qui suivirent, le conflit s'intensifia.

Eliana et les Maccabées menèrent plusieurs opérations audacieuses pour affaiblir la puissance morale et militaire des Séleucides. À chaque succès, la pression des dirigeants séleucides augmentait, et les représailles devenaient de plus en plus violentes.

Malgré les dangers, Eliana et ses compagnons restèrent fermes dans leur foi.

Ils organisèrent des cérémonies religieuses et des célébrations secrètes pour maintenir vivantes leurs traditions. Ces moments leur apportaient force et espoir, leur rappelant pourquoi ils se battaient.

Une nuit particulièrement sombre, alors que le danger d'être découverts était plus grand que jamais, un petit groupe se rassembla pour réciter la prière du Shabbat.

Eliana se tenait parmi eux, son visage éclairé par la lumière des bougies.

« Dans ces flammes, nous voyons la lumière de notre foi, une lumière qui ne s'éteindra jamais, peu importe la noirceur de la nuit », murmura-t-elle.

Ce moment symbolisait la détermination de la communauté à préserver sa foi et ses traditions, malgré toutes les épreuves.

Pour Eliana, c'était un signe d'espoir, la preuve que même dans les ténèbres les plus profondes, une étincelle de rébellion et de foi pouvait continuer à briller.

L'aube de la libération

L'aube se levait alors qu'Eliana et les Maccabées se préparaient pour la bataille décisive. Aujourd'hui, le destin de leur peuple serait scellé. La bataille pour la reconquête du Second Temple approchait, avec elle, la possibilité de restaurer un symbole central de leur foi.

Eliana se tenait, le regard ferme, sur une colline d'où elle pouvait voir le site du Temple. Son cœur battait, empli à la fois d'espoir et de peur. À ses côtés, Judas Maccabée, le chef, demeurait inflexible dans sa détermination. « Aujourd'hui est le jour où nous reprendrons notre liberté », dit-il d'une voix ferme.

Les Maccabées s'élancèrent vers la bataille, résolus et courageux. Le combat fut rude et acharné, mais leur détermination et leur foi leur donnèrent la force de continuer. Eliana, bien qu'elle ne fût pas une guerrière, apporta sa contribution en soignant les blessés et en encourageant les combattants.

Après des heures de combats violents, ils parvinrent à reprendre le Temple. Le moment où ils pénétrèrent sur le terrain sacré fut bouleversant. Les ruines et les traces de la profanation blessèrent profondément Eliana, mais elle ressentit également un sentiment de triomphe.

Les jours suivants furent consacrés à la restauration du Temple. Eliana participa au nettoyage des traces de la dévastation et à la préparation du lieu pour la nouvelle consécration. Elle se souvint des paroles de son père, qui lui avait expliqué, lorsqu'elle était enfant, l'importance du Temple. Maintenant, elle faisait partie de sa restauration, un moment d'une importance historique.

La nouvelle consécration du Temple fut une occasion émouvante. Lorsque la Menorah fut allumée et que sa lumière perça les ténèbres, Eliana ressentit une profonde connexion avec son histoire et sa foi. La communauté se rassembla pour célébrer cet événement, une fête qui deviendrait plus tard connue sous le nom de Hanoukka, la fête des Lumières.

Dans les jours qui suivirent la consécration du Temple, Eliana prit le temps de réfléchir à son parcours. Elle repensa aux épreuves qu'elle avait surmontées, aux pertes qu'elle avait subies, et à la force qu'elle avait puisée dans sa foi. Ces expériences l'avaient forgée, l'avaient rendue plus forte, et lui avaient donné une profonde connexion avec son peuple et ses traditions.

« Nous avons traversé tant de choses », dit-elle un jour à Judas, alors qu'ils observaient les murs du Temple. « Mais cela nous a rendus plus forts. Je sens que notre peuple entre dans une nouvelle ère, une ère d'espoir et de reconstruction. »

Judas hocha la tête en signe d'approbation. « Oui, Eliana. Ton courage et ta foi ont donné de la force à beaucoup d'entre nous. Ce que nous avons accompli restera gravé dans l'histoire. Mais notre tâche n'est pas encore terminée. Nous devons continuer à nous battre pour notre liberté et nos droits. »

Eliana regarda la ville et ses habitants, qui reprenaient vie. Elle savait que de nombreux défis les attendaient encore, mais elle sentait aussi que son peuple, renforcé par la foi et la communauté, était prêt à les affronter.

Cette nuit-là, alors qu'elle levait les yeux vers le ciel, elle vit les étoiles briller plus intensément et plus clairement que jamais. C'était comme si la lumière des cieux guidait son peuple vers un avenir meilleur. Avec un sentiment de gratitude et de fierté, Eliana savait que son histoire – l'histoire de son peuple – continuerait à vivre, marquée par la résistance, la foi et une inébranlable espérance.

La destruction du Second Temple en 70 après J.-C. et le rôle de Flavius Josèphe

En 70 après J.-C., un événement marquant eut lieu dans l'histoire du judaïsme antique et de l'Empire romain : la destruction du Second Temple à Jérusalem par les forces romaines. Cet acte dramatique, qui se produisit pendant la guerre judéo-romaine (66-73 après J.-C.), symbolisait non seulement la fin d'un conflit long et acharné entre les Juifs et les Romains, mais également un tournant profond dans l'histoire et l'identité du peuple juif.

La destruction du Temple doit être comprise dans le contexte des relations tendues entre le peuple juif et la puissance occupante romaine. Le mécontentement croissant et les tensions religieuses aboutirent finalement à une révolte ouverte contre les Romains, qui débuta en 66 après J.-C. Malgré les premiers succès des forces juives, les Romains parvinrent à réprimer la rébellion et à reprendre le contrôle de Jérusalem. Le point culminant de cette confrontation militaire fut la destruction du Second Temple, un événement d'une portée religieuse et culturelle immense pour le peuple juif.

Une figure clé de cette période fut Flavius Josèphe, un historien juif et ancien commandant militaire, qui passa ensuite du côté des Romains. Ses œuvres, en particulier *Les Antiquités juives* et *La Guerre des Juifs*, constituent des sources essentielles pour comprendre cette période. Les récits de Josèphe offrent des perspectives uniques sur les dynamiques politiques, sociales et religieuses de l'époque. Cependant, sa propre histoire en tant que transfuge rend l'interprétation de ses écrits complexe.

Après la destruction du Second Temple en 70 après J.-C., seules des parties des murs extérieurs subsistèrent. La plus célèbre de ces ruines est le mur occidental, également connu sous le nom de Mur des Lamentations. Ce mur a joué un rôle central dans la foi et l'identité juives au fil des siècles.

De nos jours, le Mur des Lamentations est un symbole de la persévérance et de la foi inébranlable du peuple juif. Il attire chaque année des millions de visiteurs du monde entier. Pour les Juifs, ce lieu représente le point le plus proche du Saint des Saints du Temple détruit, et il est donc considéré comme particulièrement sacré. C'est ici que les fidèles se rassemblent pour prier et insérer des notes de prières ou de remerciements dans les interstices du mur.

En outre, le Mur des Lamentations joue un rôle important dans la politique et la culture israéliennes. Il sert de lieu central pour des cérémonies nationales et religieuses majeures, telles que les célébrations des fêtes nationales ou les cérémonies de Bar-Mitzvah. Le mur symbolise également le lien profond entre les Juifs et Jérusalem, et il occupe une place cruciale dans les discussions concernant le statut et l'avenir de la ville.

Le Mur des Lamentations n'est donc pas seulement un monument historique, mais aussi un symbole vivant de l'histoire juive, de la foi et de l'importance continue de Jérusalem pour le peuple juif. Plus largement, il reflète la complexité et la profondeur de la relation entre religion, culture et politique dans le monde moderne.

Les cendres de Jérusalem

Les germes de la révolte

Dans les rues étroites et animées de Jérusalem, entouré des odeurs de pain frais et des murmures du marché, commence l'histoire de Flavius Josèphe. C'était un homme pris entre deux mondes, marqué par ses origines juives et façonné par la culture romaine.

Josèphe n'était pas un Juif ordinaire. Né dans une famille de prêtres respectée, il était un enfant érudit, maîtrisant les Écritures de la Torah dès l'âge de 14 ans et impressionnant les sages de Jérusalem par son savoir. Il passa sa jeunesse à étudier les lois juives, l'histoire de son peuple et les différentes mouvances religieuses qui rythmaient la vie spirituelle de la ville.

Alors que Josèphe s'immergeait dans les enseignements de ses ancêtres, des nuages sombres s'amoncelaient à l'horizon. L'occupation romaine, autrefois perçue comme une simple nuisance, était devenue une source constante de tension. Les gouverneurs romains, indifférents aux coutumes religieuses et aux sensibilités juives, imposaient un règne de fer, souvent teinté de violence et d'injustice.

Un jour, alors que Josèphe déambulait dans les ruelles étroites, il fut témoin d'une scène qui le marqua profondément : des soldats romains frappaient sans raison un homme juif. La foule, en colère, vociférait et crachait, mais personne n'osait intervenir. Josèphe, choqué et abasourdi, sentit une montée de colère mêlée d'impuissance. Il comprit alors que le fossé entre Romains et Juifs n'était pas seulement politique, mais aussi profondément culturel et religieux.

Le soir venu, quand la chaleur du jour s'estompait, Josèphe retrouva son vieil ami Nathan. Assis dans la modeste demeure de ce dernier, entourés de rouleaux de papyrus et de textes religieux, ils discutèrent des tensions croissantes. Nathan, toujours réaliste, parlait ouvertement de la situation.

« Ne vois-tu pas, Josèphe, ce qui se passe sous nos yeux ? Les Romains ne respectent pas nos traditions. Chaque jour, leur oppression se fait plus sentir », dit Nathan d'un ton grave.

Josèphe, encore partagé entre son amour pour sa culture et son intérêt pour le monde romain, répondit pensivement : « Je vois la souffrance de notre peuple, Nathan. Mais je me demande si la violence est vraiment la solution. Il doit bien y avoir une façon de coexister, sans verser de sang. »

Nathan secoua la tête, ses yeux reflétant la douleur d'une longue histoire de persécutions. « Josèphe, parfois, la paix n'est qu'un autre mot pour désigner la soumission. Nous devons nous lever avant qu'il ne soit trop tard. »

Cette nuit-là, en rentrant chez lui sous un ciel étoilé, Josèphe repensait aux discussions de la journée, mêlées au cri de l'homme battu. Il sentit s'éveiller en lui une étrange détermination, entre la peur et une résolution nouvelle. Il savait qu'un événement important approchait, quelque chose de grand, peut-être même de terrible. Mais il ignorait encore quel rôle il jouerait dans les événements à venir.

Dans les semaines suivantes, les tensions montèrent. Des rumeurs de révoltes, des réunions secrètes et des murmures d'insurrection se propageaient dans les rues de Jérusalem. Josèphe ressentait que la ville qu'il aimait était en train de changer. C'était comme si elle retenait son souffle, en attente d'un avenir incertain.

Un matin, alors que les premiers rayons de soleil éclairaient les toits de Jérusalem, Josèphe entendit le bruit des bottes et le cliquetis des armures. Les troupes romaines défilaient en une parade imposante et menaçante dans les rues. C'était une démonstration de force, un avertissement silencieux pour quiconque oserait se soulever. Josèphe les observait depuis un balcon, le cœur lourd, traversé par des sentiments qu'il n'arrivait pas à nommer.

C'était le début d'un bouleversement qui allait changer non seulement la vie de Josèphe, mais aussi celle de tout le peuple juif, pour toujours.

Les murmures de la guerre

L'air en Galilée était chargé d'un mélange de peur et d'attente.

Les nouvelles de la révolte imminente avaient atteint cette région lointaine, et les habitants commençaient à se préparer à l'inévitable.

Dans cette atmosphère tendue, Josèphe, cet homme pris entre deux mondes, fut nommé commandant en Galilée.

C'était une position qu'il n'avait ni cherchée ni prévue, mais Josèphe l'accepta, poussé par un sentiment de devoir envers son peuple. En tant que commandant, il n'était pas seulement responsable de la défense militaire, mais aussi du bien-être des habitants de sa région.

Un matin, peu après sa nomination, Josèphe se tenait sur une colline, contemplant les douces collines de Galilée. Il pensait à l'affrontement imminent avec les Romains et se demandait s'il était vraiment à la hauteur de cette tâche. Son ami et conseiller, Michaël, s'approcha de lui.

« Josèphe, tu sembles préoccupé », dit Michaël.

« Je le suis », avoua Josèphe. « Je comprends l'art de la guerre, mais je ne suis pas un soldat. Je me demande si je peux vraiment aider les habitants de Galilée. »

« Tu es intelligent et juste, Josèphe. Cela vaut bien plus que de savoir manier une épée », répondit Michaël.

Josèphe hocha la tête, mais ses inquiétudes restèrent.

Dans les semaines qui suivirent, la situation se dégrada rapidement.

Des nouvelles des brutalités romaines parvenaient à Galilée – des villages incendiés, des innocents torturés et tués. À chaque message apportant de telles nouvelles, Josèphe sentait son cœur s'alourdir davantage.

Un soir, alors qu'il était assis dans son quartier général de fortune, entouré de cartes et de rapports, il entendit des voix fortes provenant de la pièce voisine.

Il se leva et entra pour trouver une discussion animée entre certains de ses officiers.

« Nous devons attaquer ! Nous ne pouvons pas rester là à regarder notre peuple souffrir ! », s'écria un officier, un jeune homme nommé Benjamin.

« Et que proposes-tu ? Une guerre ouverte contre les Romains ? Ce serait du suicide ! », répliqua un officier plus âgé, Samuel.

Josèphe entra dans la pièce, et les hommes se turent.

« Que se passe-t-il ici ? », demanda-t-il.

Benjamin se tourna vers lui. « Josèphe, nous devons agir. Les Romains ne montrent aucune pitié. Nous devons les attaquer avant qu'il ne soit trop tard. »

« Et si nous le faisons, nous risquons la vie de nombreux innocents. Nous devons agir avec prudence, Benjamin », répondit Josèphe.

Mais Benjamin secoua la tête. « La prudence ne nous a rien apporté. Il est temps de combattre. »

Josèphe regarda les visages déterminés de ses officiers et sentit le poids de la responsabilité sur ses épaules.

Il devait prendre une décision qui influencerait le destin de beaucoup.

Les jours suivants furent marqués par des préparatifs et des planifications intenses.

Josèphe s'efforçait de développer une stratégie à la fois efficace et mesurée. Les nuits, lorsqu'il se retrouvait seul dans sa chambre, il réfléchissait à la menace imminente et se demandait si la paix serait un jour possible.

Puis, un matin, la nouvelle que tous redoutaient arriva : une grande armée romaine marchait sur Galilée.

Josèphe sentit son estomac se nouer. Il était temps de prouver ses capacités de chef.

Dans les heures qui suivirent, il rassembla ses troupes et les prépara à l'affrontement à venir.

Il leur parla, essayant de leur donner du courage, mais dans ses paroles résonnait aussi une note de peur. Il savait que beaucoup de ces hommes et femmes ne reviendraient peut-être pas.

Lorsque les légions romaines apparurent à l'horizon, Josèphe se tenait à la tête de ses troupes, le cœur battant.

Il pouvait voir les armures de fer et les casques brillants des soldats romains au loin.

« Aujourd'hui, nous sommes ici pour défendre notre terre, nos familles et notre liberté », cria-t-il à ses troupes. « Nous faisons face à une grande puissance, mais notre foi et notre détermination sont nos forces. Montrons-leur que nous ne sommes pas des esclaves ! »

Avec ces mots, Josèphe mena ses troupes au combat, ignorant si cela marquerait le début de la fin ou le début d'un nouveau commencement.

La guerre avait commencé, et avec elle, une nouvelle phase de la vie de Josèphe – une phase qui marquerait à jamais son existence ainsi que celle du peuple juif.

Le siège de Jérusalem

Le siège de Jérusalem fut un événement d'une ampleur incommensurable, scellant le destin de nombreux hommes.

Josèphe, autrefois un chef de la révolte juive, se retrouvait désormais entre les mains des Romains, captif mais toujours en vie. Il avait été assigné comme conseiller auprès du commandant romain Vespasien, un rôle qui représentait à la fois une opportunité et un immense fardeau pour lui.

L'air dans la ville était chargé de peur et de désespoir.

Les habitants de Jérusalem souffraient énormément sous le siège. La nourriture et l'eau se faisaient rares, les maladies se répandaient, et les bombardements constants des Romains faisaient trembler les murailles de la ville.

Dans son quartier provisoire, que les Romains lui avaient attribué, Josèphe était assis à une petite table, le front plissé d'inquiétude.

Devant lui se trouvait une carte de Jérusalem, et il essayait d'anticiper les prochaines manœuvres de l'armée romaine. La porte s'ouvrit, et Vespasien entra.

« Josèphe, quelles sont tes évaluations ? », demanda-t-il.

Josèphe leva les yeux. « La ville ne tombera pas facilement, Vespasien. Les gens là-bas sont désespérés et se battront jusqu'au dernier homme. »

« Je le sais bien. Mais nous ne pouvons pas attendre indéfiniment. J'ai besoin de ton aide pour mettre fin à ce conflit », répondit Vespasien.

Josèphe ressentit une pointe de trahison dans son cœur lorsqu'il répondit :

« Une confrontation directe entraînerait de nombreuses pertes, des deux côtés. »

« C'est le prix de la guerre, Josèphe. Tu le sais mieux que quiconque », répliqua froidement Vespasien.

Josèphe hocha lentement la tête, le cœur lourd, conscient de ce qui allait arriver.

Dans les jours qui suivirent, les Romains intensifièrent leur attaque sur Jérusalem.

Josèphe pouvait voir de son quartier la fumée et le chaos des batailles. Chaque fois qu'il entendait les gémissements des blessés et les pleurs des enfants, il se sentait déchiré entre son devoir envers les Romains et sa loyauté envers son peuple.

Un soir, alors qu'il était seul dans sa chambre, un vieil ami de Jérusalem, Benjamin, réussit à franchir les lignes romaines pour le voir.

« Josèphe, comment peux-tu ? Comment peux-tu rester ici et regarder ton peuple souffrir ? », l'accusa Benjamin.

Josèphe leva les yeux, le visage marqué par la douleur.

« Benjamin, tu ne comprends pas. J'essaie de minimiser les effusions de sang. J'essaie de trouver des moyens de sauver autant de vies que possible. »

« Mais à quel prix, Josèphe ? À quel prix ? », demanda Benjamin, les larmes aux yeux.

La question résonna dans l'esprit de Josèphe longtemps après que Benjamin se soit évanoui dans la nuit. Seul avec ses pensées, Josèphe se sentait plus impuissant que jamais.

Le siège se prolongeait, et les conditions à Jérusalem devenaient de plus en plus insupportables.

Josèphe assistait impuissant à la destruction de sa ville autrefois prospère, à la souffrance et à la mort de son peuple.

Un matin, un messager apporta la nouvelle d'une percée dans les murs de la ville. Josèphe savait que cela signifiait la fin.

Les Romains prendraient bientôt le contrôle.

Il se tenait là, son regard fixé sur la ville en flammes, ressentant une profonde tristesse. Tout ce qu'il avait connu était perdu. Son peuple, sa patrie, sa foi – tout partait en fumée.

Lorsque Vespasien lui annonça la chute imminente de Jérusalem, Josèphe ne put que hocher la tête.

Il n'avait plus de mots. Son cœur était plein de tristesse et de culpabilité.

Dans les derniers moments du siège, Josèphe réfléchit à sa vie, à ses choix et aux conséquences qu'ils avaient entraînées.

Il se demanda s'il aurait pu emprunter un autre chemin, s'il aurait pu faire quelque chose pour éviter cette fin tragique.

Mais au fond de lui, il savait que l'histoire ne se réécrit pas si facilement. Il avait fait ce qu'il pensait être juste, même si cela le hantait désormais.

Josèphe assista à la chute de Jérusalem, et avec elle, une partie de son âme sombra dans les ténèbres.

La chute d'une ville

La chute de Jérusalem fut un événement catastrophique, laissant des cicatrices profondes dans l'histoire.

La ville, autrefois symbole éclatant de l'identité et de la foi juives, se trouvait désormais au bord de sa destruction. Les légions romaines, dirigées par Vespasien et son fils Titus, avaient brisé les lignes de défense extérieures et pénétraient inexorablement dans la ville.

Josèphe se tenait à un point d'observation, d'où il avait une vue claire sur la tragédie qui se déroulait sous ses yeux. Les rues de Jérusalem étaient emplies de combats, de douleur et de désespoir. L'air résonnait des cris des combattants et des lamentations des blessés. La fumée s'élevait des bâtiments en flammes, tandis que le ciel se teintait de noir sous les cendres.

Au milieu de ce chaos, Josèphe tentait de jouer le rôle de médiateur entre les Romains et les défenseurs juifs. Il alla trouver les commandants romains pour implorer leur clémence et demander une fin digne pour son peuple. Mais ses prières tombèrent dans des oreilles sourdes.

« Josèphe, ta loyauté est louable, mais ton peuple a choisi la guerre », dit Titus, son visage marqué par la détermination.

« Ce n'est pas une guerre, c'est un massacre. Je vous en prie, arrêtez ce bain de sang », supplia Josèphe.

« Ils ont fait leur choix. Ils doivent maintenant en subir les conséquences », répondit Titus, impitoyable.

Les tentatives de Josèphe de parler à ses propres compatriotes furent tout aussi vaines. Ils le voyaient comme un traître, quelqu'un qui avait vendu son âme à l'ennemi. Alors qu'il traversait les ruelles étroites pour s'adresser aux chefs de la défense, il croisa des regards remplis de haine et entendit des paroles de mépris.

« Tu n'es plus un fils de Jérusalem, Josèphe. Tu es un Romain », lui cria un ancien compagnon alors qu'il tentait de franchir un groupe de combattants.

Ces mots atteignirent Josèphe comme des flèches. Chaque accusation transperçait son cœur avec douleur.

La scène à l'intérieur de Jérusalem était apocalyptique. Les familles tentaient désespérément de protéger leurs proches et de trouver un abri sûr. Le Temple, autrefois cœur du judaïsme, était devenu un lieu de souffrance et de mort.

Lorsque les troupes romaines atteignirent le complexe du Temple, une bataille acharnée s'ensuivit. Josèphe, observant depuis une position en hauteur, n'en croyait pas ses yeux. Les salles sacrées, où il avait grandi et qui signifiaient tant pour lui, étaient en flammes. Le sanctuaire, centre de la foi juive, se transformait en cendres et en fumée.

Les cris des hommes, l'effondrement des bâtiments et le bruit incessant des combats formaient une symphonie de destruction. Josèphe se sentait paralysé, impuissant à stopper l'inévitable.

Cette nuit-là, alors que les flammes du Temple illuminaient le ciel, Josèphe resta seul dans sa chambre, la tête enfouie dans ses mains. Il pensait à sa famille, à ses amis, à sa patrie – tout ce qu'il avait perdu.

« Est-ce là le prix de la paix ? », se demanda-t-il, les larmes coulant sur ses joues.

Aux premières lueurs de l'aube, alors que les rayons du soleil perçaient les rues enfumées de Jérusalem, Josèphe se leva et contempla les ruines de la ville. Jérusalem, la ville de la paix, gisait en décombres, son peuple brisé et perdu.

En déambulant dans les rues détruites, Josèphe observait les débris avec une profonde tristesse. Il savait que c'était la fin d'une époque, la fin de quelque chose de grand et de significatif. Mais au fond de son cœur, une flamme d'espoir persistait – l'espoir qu'un jour, de ces cendres, une nouvelle vie surgirait.

Le Temple en flammes

Le jour où le Second Temple s'embrasa marqua la fin d'une ère pour le peuple juif.

Ce fut un jour de perte incommensurable, gravé à jamais dans la mémoire collective des Juifs.

Josèphe, qui avait déjà été témoin de la destruction de Jérusalem, se retrouvait face à une autre réalité douloureuse : la destruction imminente du Second Temple.

Ce monument sacré n'était pas simplement un édifice physique ; il représentait le cœur de l'identité juive, un lieu où le ciel et la terre se rejoignaient.

Avec un sentiment d'urgence, Josèphe se précipita vers Titus, le commandant romain, dans l'espoir de prévenir le pire.

« Titus, je t'en supplie, le Temple est bien plus que de la pierre et du bois. Il est le symbole de notre foi, de notre histoire », dit Josèphe, incapable de cacher le désespoir dans sa voix.

Titus, conscient de l'importance du Temple pour le peuple juif, sembla réfléchir un instant avant de répondre :

« Josèphe, tu sais que je respecte ta foi. Mais ce Temple est devenu un symbole de résistance. Sa destruction est inévitable. »

Le cœur de Josèphe s'effondra.

Le refus de sa demande sonna comme un coup fatal à ses derniers espoirs. Il savait que poursuivre la discussion serait vain.

Lorsque les troupes romaines atteignirent le périmètre du Temple, l'atmosphère était électrique.

Les défenseurs juifs combattaient avec une détermination désespérée, mais leurs efforts étaient vains face à la puissance écrasante des Romains.

Puis, l'impensable se produisit : un incendie éclata.

Les flammes se propagèrent rapidement, dévorant le bois et la pierre, montant jusqu'au ciel. Le spectacle du Temple en feu coupa le souffle de Josèphe.

Des larmes coulèrent lentement sur ses joues, incontrôlables.

Autour de lui, les gens s'effondraient dans le désespoir.

Certains pleuraient, d'autres priaient, tandis que d'autres encore fixaient l'enfer sans pouvoir détourner les yeux.

La fumée obscurcit le ciel au-dessus de Jérusalem, comme une vision apocalyptique.

« C'est ainsi que notre lieu sacré disparaît », murmura Josèphe à voix basse, la douleur palpable dans ses mots.

Il avait l'impression qu'avec le Temple, une partie de son âme brûlait elle aussi.

Au milieu de ce chaos, Josèphe se retrouva soudain en pleine discussion avec quelques résistants juifs rassemblés près du Temple en flammes.

« Vois ce que tes Romains ont fait ! », s'écria l'un d'eux, les yeux remplis de colère et de désespoir.

« Je ne suis pas un allié des Romains », répondit Josèphe tristement.

« Je pleure la perte de notre Temple, tout comme vous. »

« Mais toi, tu as survécu, tandis que nous mourons », lança un autre avec amertume.

« Tu vivras pour témoigner de notre souffrance. »

Josèphe resta silencieux.

Il savait que rien de ce qu'il dirait ne pourrait atténuer leur perte ou apaiser la colère de son peuple.

Lorsque les flammes s'éteignirent progressivement, ne laissant derrière elles que des cendres et de la fumée, Josèphe ressentit un vide profond en lui.

Il savait que ce moment serait à jamais gravé dans l'histoire de son peuple, un symbole de perte, de chagrin, mais aussi d'espoir inébranlable.

Dans les jours qui suivirent, alors que les Romains prenaient le contrôle de la ville dévastée et éliminaient les derniers foyers de résistance, Josèphe se retira.

Il passa des heures à écrire les événements, poussé par la nécessité de témoigner, afin que le monde n'oublie jamais ce qui s'était passé à Jérusalem.

Les conséquences

Après la chute du Temple et la conquête définitive de Jérusalem par les Romains, une atmosphère de résignation et de désespoir s'installa dans la ville.

Les rues, autrefois pleines de vie et d'activité, étaient désormais des scènes de destruction et de souffrance humaine.

Josèphe, témoin de ces événements catastrophiques, ne pouvait s'empêcher de plonger dans de profondes réflexions sur l'avenir du judaïsme et son propre rôle dans sa préservation.

Alors que les Romains commençaient à piller les trésors du Temple et à réduire le peuple juif en esclavage, Josèphe ressentait un mélange de douleur et d'impuissance.

Il voyait les objets sacrés, gardés pendant des siècles dans les lieux les plus saints du Temple, emportés par des soldats romains.

« Comment peuvent-ils faire cela ? », demanda un vieil homme près de Josèphe, en regardant un soldat romain traîner une ménorah en or.

Josèphe n'avait pas de réponse.

Il ne pouvait que regarder, impuissant, les symboles physiques de sa foi être détruits ou profanés.

Mais en cet instant de désespoir, une pensée germa en lui. Les symboles matériels pouvaient être volés, mais l'histoire et les enseignements de son peuple pouvaient être préservés par les mots et les souvenirs.

Au fil des jours, Josèphe observa les changements dans la ville.

La population juive, autrefois fière et indépendante, était désormais enchaînée et conduite vers les marchés aux esclaves de l'Empire romain.

Les familles étaient déchirées, le tissu social de la communauté juive brisé.

Au milieu de ce chaos, Josèphe prit une décision qui allait marquer le reste de sa vie.

Il commença à écrire ses expériences et ses observations, résolu à préserver l'histoire de son peuple pour les générations futures.

Josèphe rencontra des survivants, recueillit leurs récits et les combina avec ses propres souvenirs.

Il écrivit sur les victoires et les défaites, les espoirs et les peurs, l'amour et la perte.

Dans une scène particulièrement émouvante, Josèphe se rappela une rencontre avec une jeune femme dont toute la famille avait péri dans les tourments de la guerre.

« Ils ont tout pris… ma famille, ma maison, mon avenir », dit-elle, les larmes aux yeux.

« Vos histoires continueront de vivre », répondit doucement Josèphe.

« Je veillerai à ce que le monde n'oublie jamais ce qui s'est passé ici. »

Ces rencontres renforcèrent la détermination de Josèphe à raconter l'histoire de son peuple.

Il comprit que, bien qu'il n'ait pas pu empêcher la destruction physique de Jérusalem et du Temple, il pouvait maintenir vivante leur mémoire à travers ses écrits.

Au cours des mois et des années qui suivirent, Josèphe poursuivit son travail, malgré la tristesse et la douleur qui l'accablaient souvent.

Il savait que ses écrits seraient l'une des rares sources à travers lesquelles les générations futures apprendraient les événements de Jérusalem.

Les écrits de Josèphe devinrent une chronique du peuple juif – une histoire de triomphe et de tragédie, de foi et de désespoir.

À travers ses mots, il devint l'un des historiens les plus importants de son époque et un témoin irremplaçable d'une des périodes les plus sombres de l'histoire de son peuple.

L'héritage des mots

Après la défaite dévastatrice de Jérusalem et la chute du Second Temple, Josèphe se retrouva dans un rôle nouveau et inattendu.

Il était désormais un chroniqueur, un gardien de l'histoire de son peuple, pris dans un réseau de souvenirs, de culpabilité et de l'impérieuse nécessité de témoigner.

La vie de Josèphe avait pris un tournant dramatique. Autrefois commandant respecté, il se retrouvait maintenant historien, plongé dans l'écriture de son œuvre monumentale *La Guerre des Juifs*. Ce projet était à la fois un fardeau et une vocation pour lui.

À chaque mot qu'il couchait sur le papier, Josèphe luttait contre ses démons intérieurs. Il était tourmenté par un sentiment de culpabilité qui ne le quittait jamais, une culpabilité née de sa survie, de la trahison dont certains de ses compatriotes l'accusaient, et de son impuissance à empêcher la destruction.

Un soir, alors qu'il travaillait dans son bureau improvisé, il reçut la visite d'un vieil ami, Aaron, un survivant de la révolte.

« Josèphe, comment peux-tu écrire pour eux ? », demanda Aaron avec une pointe d'amertume dans la voix.

« Je n'écris pas pour eux, Aaron », répondit calmement Josèphe. « J'écris pour l'avenir. Pour que le monde sache ce qui nous est arrivé. »

« Mais tes mots... », commença Aaron, avant d'être interrompu par Josèphe.

« Mes mots sont tout ce qu'il me reste pour rendre justice à la vérité de notre peuple. »

Dans ses moments de réflexion, Josèphe pensait souvent aux conséquences de la destruction sur l'identité et la foi juives. La perte du Temple n'était pas seulement physique ; elle symbolisait une crise spirituelle profonde pour le peuple juif.

« Nous avons perdu notre centre », dit-il un jour à un jeune étudiant venu l'observer dans son travail. « Mais nous ne devons pas perdre notre foi, ni notre histoire. Cela est plus important que jamais. »

Travailler sur *La Guerre des Juifs* n'était pas une tâche facile. Josèphe passait des heures innombrables à reconstruire les événements, recueillir des témoignages et revisiter ses propres souvenirs. Il voulait que son œuvre soit plus qu'une simple chronique des faits ; il voulait qu'elle soit le reflet des expériences humaines – avec toute leur douleur, leurs espoirs et leur volonté indomptable.

Un jour, alors qu'il écrivait sur un souvenir particulièrement douloureux, il s'arrêta, ferma les yeux. Les images du Temple en flammes, des cris de désespoir et des combats lui revenaient en mémoire.

« Il faut que ce soit écrit », se murmura-t-il à lui-même. « Il faut que cela soit retenu. »

Josèphe prenait de plus en plus conscience que son œuvre dépassait la simple narration historique. C'était un héritage, un témoignage de la résistance et de la vitalité indestructible du peuple juif. Chaque mot qu'il écrivait faisait de lui non seulement un historien, mais aussi un gardien d'une culture, d'une identité et d'une foi.

Dans les dernières années de sa vie, Josèphe réfléchit souvent à l'impact de son œuvre. Il espérait que ses mots aideraient les survivants à retrouver leur foi et leur identité dans un monde brutalement transformé. Et pour les générations futures, il voulait laisser un témoignage – un témoignage des tragédies et des triomphes de son peuple.

« Ce que j'ai écrit n'est pas seulement l'histoire d'une guerre », dit-il un jour. « C'est l'histoire d'un peuple, de ses luttes, de ses rêves et de son espoir inlassable. Que ces mots résonnent pour l'éternité. »

La révolte de Bar-Kokhba

En l'an 135 après J.-C., le long conflit entre le peuple juif et l'Empire romain atteignit un point culminant explosif : la révolte de Bar-Kokhba. Cet événement marqua un tournant décisif dans l'histoire du judaïsme antique et laissa un héritage durable qui perdure encore aujourd'hui.

Les racines de cette révolte résident dans une combinaison de tensions religieuses, sociales et politiques. Après la destruction du Second Temple en 70 après J.-C. sous l'occupation romaine, la situation des Juifs en Judée se détériora. Cette destruction ne fut pas seulement une perte matérielle ; elle symbolisait également une profonde crise spirituelle et la perte d'une identité nationale.

L'empereur Hadrien, qui accéda au pouvoir en 117 après J.-C., sembla d'abord suivre une politique de tolérance religieuse. Cependant, sa décision de transformer Jérusalem en colonie romaine et d'ériger une statue de Jupiter sur l'emplacement de l'ancien Temple fut perçue par de nombreux Juifs comme une ultime profanation et une provocation insupportable.

Dans cette atmosphère tendue, un mouvement messianique se forma autour de Simon Bar Kokhba, qui devint le leader militaire et spirituel de la révolte. Bar Kokhba, signifiant « fils de l'étoile », fut considéré par beaucoup comme le Messie tant attendu, celui qui mènerait les Juifs à la liberté et à l'indépendance.

La révolte, qui débuta vers 132 après J.-C., connut d'abord plusieurs succès. Les forces juives parvinrent à vaincre plusieurs garnisons romaines et établirent une administration indépendante dans certaines régions de Judée. Cependant, les Romains ripostèrent avec une offensive militaire massive, dirigée par le général Sextus Julius Severus. Les forces romaines, réputées pour leur brutalité et leur efficacité, réprimèrent la révolte avec une implacable férocité.

La révolte de Bar-Kokhba se solda par un désastre pour le peuple juif. Des milliers de Juifs furent tués, réduits en esclavage ou contraints à l'exil. Jérusalem fut interdite aux Juifs, et le judaïsme subit une répression sévère sous l'oppression romaine. Cette défaite entraîna une diaspora massive et bouleversa le cours de l'histoire juive.

La révolte de Bar-Kokhba revêt une importance non seulement en raison de ses conséquences immédiates, mais aussi pour son impact sur l'identité et la tradition juives. Malgré la défaite catastrophique, le souvenir de cette révolte reste un symbole de la résistance juive et du caractère indomptable d'un peuple qui, malgré les persécutions et une diaspora millénaire, a su préserver son identité et sa foi.

L'écho de la liberté

Les étincelles de la révolte

Le soleil se couchait lentement sur les douces collines de Judée, plongeant le paysage dans une lumière dorée et rougeâtre. Dans une modeste maison à la périphérie de Jérusalem, Elazar, un homme d'âge mûr à l'allure imposante, était assis. Ses yeux perçants, reflétant un feu intérieur intense, étaient perdus dans ses pensées, loin de l'instant présent, absorbés par les souffrances de son peuple.

À ses côtés, Mirah, sa femme douce au regard aimant, l'observait avec inquiétude. Elle savait que les tensions croissantes entre les Juifs et les Romains troublaient profondément son mari. Leurs enfants, Joas, douze ans, et Abigail, dix ans, jouaient tranquillement dans un coin de la pièce, insouciants des lourdes préoccupations de leurs parents.

« Tu es bien silencieux aujourd'hui », dit doucement Mirah en posant sa main sur la sienne. « Qu'est-ce qui te tourmente autant ? »

Elazar poussa un profond soupir. « C'est notre peuple, Mirah. Partout en Judée, je ressens une agitation, un désespoir grandissant. Les Romains... leur cruauté semble sans limite. Je crains qu'une révolte ne soit imminente. »

Les yeux de Mirah se remplissaient d'inquiétude. « Une révolte ? Mais ce serait dévastateur. Nous sommes bien moins nombreux et bien moins armés que les Romains. »

« Je sais », répondit Elazar, « mais il ne s'agit plus seulement d'armes ou de chiffres. Il s'agit de notre dignité, de notre liberté, de notre foi. Combien de temps encore allons-nous supporter d'être opprimés et humiliés ? »

Mirah hocha lentement la tête, ses pensées dérivant vers les nombreuses familles qui avaient déjà souffert sous le joug romain. « Et que comptes-tu faire ? »

« Je vais rencontrer d'autres personnes qui partagent mon mécontentement. Peut-être est-il temps que nous nous organisions pour mieux défendre nos droits », répondit Elazar avec détermination.

Dehors, dans les rues de Jérusalem, l'ambiance était tendue. La nouvelle des plans d'Hadrien de transformer les ruines du Temple en colonie romaine s'était répandue comme une traînée de poudre. Partout en ville, des groupes d'hommes et de femmes se rassemblaient, discutant avec ferveur, parfois bruyamment.

Dans une ruelle isolée, Elazar et quelques visages familiers se rencontrèrent à l'ombre de la nuit. Chacun portait sur ses épaules le poids de l'oppression, chacun brûlait du désir de changement.

« Nous ne pouvons plus rester silencieux », commença Elazar. « Chaque jour, notre situation empire. Nos lieux les plus sacrés sont profanés, notre peuple est maltraité. Nous devons agir ! »

Un vieil homme nommé Joachim hocha la tête. « Elazar a raison. Nous ne pouvons pas laisser notre identité disparaître. Nous devons montrer que nous sommes encore un peuple, un peuple avec fierté et dignité. »

« Mais comment pourrions-nous nous soulever contre les Romains ? Ils ont des légions, nous avons à peine des armes », objecta un jeune homme nommé Benjamin.

« Il ne s'agit pas seulement d'armes », rétorqua Elazar. « Il s'agit de l'esprit. Si nous agissons en unité, si nous apportons notre foi et notre courage dans ce combat, nous pouvons accomplir de grandes choses. Envoyons des émissaires dans d'autres communautés, créons des réseaux, rassemblons des soutiens. »

Les hommes et les femmes acquiescèrent, leurs yeux brillant à la lueur des bougies. Un mélange de peur et d'espoir flottait dans l'air. Ils savaient que le chemin serait dangereux, mais l'alternative – une vie d'oppression et d'humiliation – était devenue insupportable.

Lorsque Elazar rentra tard dans la nuit, il trouva Mirah éveillée, l'attendant. « Comment cela s'est-il passé ? », demanda-t-elle doucement.

Elazar s'assit à côté d'elle et prit sa main. « Cela commence, Mirah. Ce ne sera pas facile, et je crains pour notre sécurité. Mais je crois que c'est le seul chemin. Pour nous, pour nos enfants, pour notre peuple. »

Mirah hocha la tête, les larmes aux yeux. Elle le serra fort dans ses bras. « Peu importe où ce chemin nous mènera, je serai à tes côtés. »

Cette nuit-là, un lourd silence s'abattit sur la maison. Dehors, les étoiles brillaient dans le ciel au-dessus de la Judée, témoins de la rébellion naissante qui allait changer le destin d'un peuple tout entier.

L'épée de la foi

La lumière du matin traversait les fenêtres de la maison d'Elazar, tandis qu'il discutait des plans de la révolte avec ses plus proches alliés. Sur une carte grossière de la Judée, des lieux stratégiques étaient marqués.

« Nous devons agir rapidement et avec détermination », dit Elazar en suivant de son doigt la route d'une opération prévue. « Les Romains ne doivent pas nous sous-estimer. »

Son ami Benjamin, un jeune homme énergique, hocha la tête en signe d'accord.

« Mais nous devons aussi être prudents, Elazar. Nos ressources sont limitées. »

« Tu as raison », acquiesça Elazar. « C'est pourquoi nous devons agir intelligemment, connaître les forces de nos ennemis et tirer parti des nôtres. »

Plus tard dans la journée, Elazar se rendit à la synagogue, où de nombreux citoyens inquiets s'étaient rassemblés. La nouvelle de la révolte imminente s'était répandue, et les opinions étaient divisées.

Un vieil homme, Jachin, se leva et prit la parole :

« Je comprends notre douleur, mais une révolte est-elle vraiment la solution ? Ne pouvons-nous pas trouver un autre moyen de coexister avec les Romains ? »

Elazar s'avança.

« Jachin, je respecte ta sagesse, mais nous avons assez souffert. Il est temps d'agir pour défendre notre liberté et notre foi. »

L'assemblée était divisée, certains hochant la tête en signe d'accord, d'autres manifestant leur inquiétude. Les tensions étaient palpables, mais Elazar resta ferme dans sa conviction.

Le soir, Elazar dînait avec sa famille. L'atmosphère était tendue, chaque bouchée semblait plus lourde que d'habitude. Mirah, préoccupée, observait son mari tandis que les enfants mangeaient en silence.

« Papa, y aura-t-il une guerre ? » demanda Joas timidement.

Elazar regarda son fils, ses yeux reflétant à la fois fierté et tristesse.

« Joas, j'espère que nous n'en arriverons pas là. Mais parfois, il faut se battre pour ce qui est juste. Cela signifie parfois prendre des décisions difficiles. »

« Mais nous avons peur », murmura Abigail. « Peur qu'il t'arrive quelque chose. »

Elazar posa doucement sa main sur celle de sa fille.

« Je sais, ma chérie. Mais souvenez-vous, nous faisons cela pour un avenir meilleur. Pour vous, pour tous les enfants juifs. »

Mirah prit la main d'Elazar.

« Nous sommes avec toi, Elazar. Mais sois prudent, je t'en prie. »

À cet instant, il sembla qu'un poids immense reposait sur les épaules d'Elazar, mais l'amour de sa famille lui apportait force et assurance.

Tard dans la nuit, Elazar retrouva ses combattants.

« Demain, nous commençons », déclara-t-il avec détermination. « Nous allons attaquer les garnisons romaines et envoyer un message clair. Nous sommes un peuple libre, et nous ne serons plus jamais opprimés. »

Les hommes et les femmes autour de lui acquiescèrent. Certains saisirent leurs armes, un geste symbolique de leur détermination.

« Prions », dit Elazar. « Prions pour la protection, pour la force et pour la sagesse de prendre les bonnes décisions. »

Dans le silence de la pièce, tous fermèrent les yeux, et une profonde connexion spirituelle envahit l'espace – comme s'ils portaient ensemble le poids du combat à venir.

À l'aube, Elazar et ses combattants prirent la route. Les rues de Jérusalem étaient silencieuses, et seuls les cliquetis de leurs armes troublaient la tranquillité.

Elazar jeta un dernier regard en arrière, vers sa maison, vers ce foyer qu'il aimait tant. Il savait que les jours à venir seraient décisifs, non seulement pour lui et sa famille, mais pour tout le peuple juif.

D'un pas ferme et avec un cœur résolu, il mena son peuple dans la première bataille de la révolte – une révolte qui entrerait dans l'histoire comme un combat courageux pour la foi et la liberté.

Les flammes du combat

Aux premières heures du matin, lorsque les premiers rayons du soleil caressèrent les toits de Jérusalem, Elazar prit l'initiative.

Avec un petit groupe de combattants déterminés, il se glissa vers un avant-poste romain à la périphérie de la ville. L'air était froid et lourd, imprégné d'une étrange combinaison de peur et de détermination.

« Aujourd'hui commence notre lutte pour la liberté », murmura Elazar alors qu'ils s'approchaient du poste.

Les gardes étaient mal préparés, et l'attaque surprise fut un succès, mais elle fut sanglante. Elazar dirigeait ses hommes avec précision, mais le carnage ne le laissait pas indifférent.

La nouvelle du soulèvement se répandit rapidement, et bientôt, les rues de Jérusalem devinrent le théâtre de violents combats.

Les troupes d'Elazar, renforcées par d'autres volontaires, se battirent courageusement contre les légions romaines, mieux équipées.

Elazar se trouvait en première ligne, son épée virevoltant dans le feu de l'action. Il était une source d'inspiration pour ses combattants, mais à chaque ami tombé, à chaque cri d'un camarade blessé, il sentait le poids écrasant de la guerre peser sur ses épaules.

La réalité brutale de la guerre devint encore plus douloureuse lorsqu'une nouvelle concernant son foyer lui parvint. Une troupe romaine avait attaqué son quartier.

Le cœur d'Elazar se serra lorsqu'il apprit que son plus jeune fils, Joas, avait été grièvement blessé.

Assis au chevet de son fils, entouré des faibles gémissements des blessés, Elazar tenait la main du garçon.

« Père, ai-je combattu courageusement ? » murmura faiblement Joas.

« Oui, mon fils, très courageusement », répondit Elazar, les larmes aux yeux, sa voix étouffée par la douleur.

Le prix de la liberté

Les Romains, désormais pleinement alertés, lancèrent une contre-offensive impitoyable.

Sous la direction d'un commandant sans scrupules, Lucius, ils incendièrent des maisons et procédèrent à des exécutions arbitraires.

Les rues de Jérusalem, autrefois remplies des rires des enfants et de l'animation des marchands, étaient désormais le théâtre d'atrocités inimaginables.

Elazar et ses troupes furent repoussés, mais ils continuaient à se battre avec acharnement.

Dans les moments de calme entre les combats, Elazar se retrouvait souvent pensif.

« Qu'avons-nous accompli ? », se demandait-il. « Ce chemin vers la liberté vaut-il vraiment tout ce chagrin ? »

Sa femme Mirah, toujours à ses côtés, tentait de le réconforter.

« Tu te bats pour ce en quoi tu crois », disait-elle. « Mais cette guerre... elle nous change tous. »

La famille subissait de près les horreurs de la guerre. Leur fille Abigail, autrefois une enfant pleine de vie, était devenue silencieuse et renfermée.

Les nouvelles de proches et d'amis tombés au combat s'accumulaient.

Un soir, alors qu'Elazar traversait le quartier en ruines, il aperçut une petite fille assise en pleurs près du corps de sa mère.

Cette scène lui brisa le cœur et lui rappela douloureusement ce que cette guerre signifiait réellement.

Dans l'obscurité de la nuit, Elazar contempla les décombres de Jérusalem, l'esprit alourdi par le fardeau de la guerre.

La lutte pour la liberté était sacrée, mais le prix qu'ils payaient était incommensurable.

Il prit conscience que ce combat n'était pas seulement pour la terre ou pour le pouvoir, mais pour l'âme de son peuple.

Les larmes de Jérusalem

Les jours passaient, et à chaque lever de soleil, la situation d'Elazar et de ses combattants devenait de plus en plus désespérée.

Les Romains avaient intensifié leur siège, et les réserves de Jérusalem s'épuisaient. La faim et la maladie se propageaient parmi les habitants.

Elazar, épuisé et rongé par le doute, se tenait sur les remparts, scrutant les camps ennemis.

« Combien de temps pourrons-nous encore tenir ? » se demandait-il. Il pensait à sa famille, aux nombreux sacrifices qu'ils avaient déjà consentis.

Les Romains lancèrent une attaque massive qui brisa la dernière ligne de défense des insurgés.

Elazar combattait aux côtés de ses hommes, mais la force de l'ennemi était écrasante. Les rues de Jérusalem se transformèrent en rivières de sang et de larmes.

Elazar et Mirah, accompagnés de leurs enfants, fuyaient à travers les ruelles, entourés par le chaos du dernier souffle de la résistance.

Partout autour d'eux, les signes de la destruction étaient visibles — des maisons en flammes, des corps, des survivants en pleurs.

« Elazar, il faut qu'on parte d'ici », cria Mirah, désespérée, alors qu'un bâtiment en feu s'effondrait à côté d'eux.

Ils atteignirent la maison d'un ami où ils trouvèrent refuge. C'est là qu'ils apprirent la terrible nouvelle : Joas, leur fils, était tombé au combat. La famille fut anéantie par le chagrin.

« Il était si jeune... », sanglota Mirah, tandis qu'Elazar restait silencieux, incapable d'exprimer sa douleur. Abigail serra sa mère dans ses bras, les larmes coulant sur ses joues pâles.

Elazar se retira, leva les yeux vers le ciel et se demanda si le Dieu en qui il croyait les avait abandonnés.

« Quelle sorte de monde laissons-nous à nos enfants ? » pensait-il.

Les jours qui suivirent furent un brouillard de tristesse et de désespoir. Elazar, autrefois un chef fier, se sentait désormais impuissant, écrasé par le poids de ses décisions.

Une nuit calme, alors que les cendres étaient encore tièdes, Elazar s'assit aux côtés de sa femme.

« Je pensais que nous nous battions pour la bonne cause. Mais le prix... il était trop élevé. »

Mirah prit sa main.

« Nous avons fait de notre mieux », dit-elle doucement. « Mais parfois, les choses échappent à notre contrôle. Nous devons apprendre à vivre avec nos choix. »

Elazar regarda sa fille, agitée dans son sommeil. Il pensa à l'avenir qui l'attendait dans ce monde déchiré. La douleur était insupportable, mais dans ce moment de calme, il trouva une forme d'acceptation.

Le destin de Jérusalem et de sa famille était scellé, mais leur héritage et leurs histoires perdureraient.

Dans l'obscurité de cette nuit, avec les débris de leur vie tout autour, la famille resta unie, une petite lueur d'espoir dans un monde plein de désespoir.

Jérusalem pleurait, et ses larmes racontaient l'histoire d'un peuple qui, malgré toutes les épreuves, s'efforçait de préserver son identité et sa foi.

Le silence après la tempête

Le soleil se leva sur un Jérusalem transformé. La ville, autrefois pleine de vie, gisait en ruines, et ses rues étaient désertes. Après la chute des dernières forteresses, les Romains n'avaient montré aucune pitié. Ils avaient pillé, incendié, violé et tué. Les Juifs qui y vivaient avaient soit péri, soit été expulsés de leur terre natale.

Elazar, Mirah et Abigail faisaient partie de ceux qui avaient réussi à fuir. Avec des milliers d'autres, ils erraient, perdus et sans but, à travers le pays. Le deuil de Joas et la destruction de leur foyer pesaient lourdement sur leurs cœurs.

La nuit, lorsque le silence l'enveloppait, Elazar se plongeait dans ses pensées à propos du soulèvement. À quoi cela avait-il servi ? Ce combat pour la liberté et l'identité valait-il tout ce qu'ils avaient perdu ?

« Nous avons combattu parce qu'il le fallait », dit-il à Mirah, alors qu'ils étaient assis ensemble un soir. « Mais maintenant, je me demande s'il n'y avait pas une autre voie. »

Mirah le regarda tristement. « Peut-être qu'il n'y a pas de réponses simples, Elazar. Nous avons agi selon ce que nous pensions juste. Personne ne peut nous demander plus que cela. »

Ces mots apportèrent un peu de réconfort à Elazar, mais le doute persistait. L'avenir du peuple juif semblait plus incertain que jamais.

La famille trouva finalement refuge dans une petite communauté, loin de Jérusalem. La vie y était dure ; il leur fallait tout recommencer, sans leur maison, sans leur passé.

Elazar contribua à la reconstruction de la nouvelle communauté. Il travaillait dans les champs et enseignait aux enfants. Mais c'était une vie différente, une vie dans l'ombre de ce qui avait été.

Abigail trouva du réconfort au sein de la communauté. Elle aidait là où elle le pouvait et apprenait à s'adapter à ce nouveau monde. Mais elle aussi pleurait son frère et le Jérusalem perdu.

« Qu'adviendra-t-il de nous, papa ? » demanda un jour Abigail alors qu'ils travaillaient ensemble. « Redeviendrons-nous un jour comme avant ? »

Elazar regarda au loin. « Nous ne serons plus jamais comme avant », dit-il doucement. « Mais nous continuerons. Nous restons un peuple, Abigail. Notre histoire, notre foi – cela, personne ne peut nous l'enlever. »

Ces paroles donnèrent de l'espoir à Abigail. Elle comprit que leur identité ne résidait pas uniquement en un lieu, mais dans leur histoire, leurs traditions et leur foi.

Avec le temps, la communauté commença à grandir. La vie était rude, mais elle était aussi ponctuée de petites joies et de victoires. Elazar voyait les gens rire, travailler et prier. Il réalisa que, malgré la perte de Jérusalem, l'esprit de son peuple survivait.

Dans les moments de calme, lorsqu'il pensait à Joas et aux nombreux autres disparus, il ressentait leur présence autour de lui. Ils faisaient partie de cette nouvelle communauté, une preuve silencieuse qu'ils n'étaient pas oubliés.

« Peut-être est-ce là notre destin », dit un jour Elazar à Mirah. « Ne pas oublier. Se souvenir et continuer à vivre. »

Mirah acquiesça. « Oui, c'est notre devoir. Nous gardons les souvenirs vivants et nous les transmettons. C'est ainsi que notre peuple survit. »

Dans cette petite communauté, loin des ruines de Jérusalem, la famille trouva un nouveau foyer. Un lieu de mémoire, d'espoir et de foi inébranlable. Jérusalem était tombée, mais son héritage vivait dans le cœur de ceux qui avaient survécu. Dans le silence après la tempête, ils retrouvèrent leur voix et commencèrent à écrire un nouveau chapitre de leur histoire.

L'héritage immortel

Au fil des années qui suivirent la révolte, les blessures commencèrent à se refermer, et Elazar était devenu un vieil homme. Ses cheveux étaient désormais blancs, et de profondes rides marquaient son visage, mais ses yeux brillaient encore de la sagesse et de la flamme qui l'avaient autrefois distingué en tant que chef de la révolte.

Ce soir-là, alors que la fraîcheur s'installait, il était assis avec ses petits-enfants, Benjamin et Esther. Curieux et pleins de questions sur le passé, ils voulaient tout savoir sur ce que leur grand-père avait vécu.

« Grand-père, raconte-nous l'époque où tu as combattu les Romains », demanda Esther, ses yeux grands ouverts de curiosité.

Elazar sourit et commença à raconter. Il parla des jours de combat, des espoirs et des peurs, des rêves et des cauchemars.

« Vous devez comprendre, les enfants », dit-il pensivement, « que cette révolte n'était pas seulement une bataille. C'était un combat pour notre identité, pour préserver notre liberté. Et bien que nous ayons perdu, notre résistance nous a forgés. Elle fait maintenant partie de notre histoire. »

Benjamin, le plus âgé des deux, fronça les sourcils. « Mais grand-père, est-ce que ça a servi à quelque chose ? Pourquoi se battre si, à la fin, on perd ? »

Elazar hocha la tête avec compréhension. « Parfois, Benjamin, ce n'est pas la victoire qui compte. L'important, c'est de se battre pour ce qui est juste. Notre résistance a montré que nous n'étions pas prêts à être écrasés aussi facilement. Cela nous a permis de traverser des moments difficiles. »

« Mais n'était-ce pas terriblement triste de tout perdre ? » demanda Esther doucement.

« Oui, c'était triste », répondit Elazar, « mais nous avons aussi appris que même dans les ténèbres, on peut trouver de l'espoir. Nous avons appris à être forts et résilients. Notre tragédie ne nous a pas brisés, elle nous a rendus plus forts. »

Les enfants écoutaient attentivement, absorbant chaque mot de leur grand-père. Elazar ressentait un lien profond avec eux, un pont entre les générations.

« Et maintenant », continua Elazar, « c'est à vous de transmettre cette histoire. Vous devez vous souvenir et raconter à d'autres notre lutte et notre courage. C'est ainsi que notre histoire restera vivante. »

« Nous le ferons, grand-père », promit Benjamin. « Nous n'oublierons jamais tes histoires. »

Elazar sourit en levant les yeux vers les étoiles. Il pensa à tous ceux qui étaient tombés au combat, à sa famille, à ses amis. Leur sacrifice n'avait pas été vain. Dans ces enfants, dans leurs questions et leur curiosité, l'héritage de la révolte continuait de vivre.

Au fil de la nuit, le silence les enveloppa. Elazar, désormais un vieil homme, se sentait apaisé. Sa vie avait été longue, marquée par des défis et des douleurs, mais aussi remplie d'amour et de force.

« Nous faisons partie d'une grande histoire, les enfants », dit-il doucement. « Et chacun d'entre nous en porte une part. N'oubliez jamais cela. »

Benjamin et Esther acquiescèrent, leurs jeunes visages sérieux et pensifs. Ils transmettraient les récits, les enseignements. L'héritage de leur grand-père, l'héritage de leur peuple, continuerait à vivre.

Cette nuit-là, sous le ciel étoilé, Elazar ressentit une profonde paix. Il avait fait tout ce qu'il pouvait pour maintenir vivante la flamme du souvenir. C'était désormais à la génération suivante de nourrir ce feu et de veiller à ce que l'histoire de ceux qui avaient combattu et souffert ne soit jamais oubliée. Tel était leur héritage immortel, un héritage d'espoir, de foi et d'une résilience inébranlable.

306-337 – Le christianisme et le renforcement des restrictions dans l'Empire romain sous Constantin

Au début du IVe siècle, en particulier entre 306 et 337 après J.-C., l'Empire romain était dirigé par Constantin le Grand, un empereur principalement connu pour sa conversion au christianisme et les profondes transformations qu'il introduisit dans l'Empire. Si cette période marqua une ère d'accalmie et de privilèges pour les chrétiens, elle fut en revanche synonyme de restrictions et de discriminations croissantes pour la population juive.

La conversion de Constantin au christianisme et la promotion de cette religion dans l'Empire romain eurent des répercussions profondes sur les structures sociales et religieuses. Le christianisme, autrefois persécuté et marginalisé, devint la religion privilégiée de l'Empire. Cette évolution bouleversa le paysage religieux, reléguant les Juifs à une position de plus en plus marginalisée.

Sous le règne de Constantin, plusieurs lois furent promulguées, discriminant directement ou indirectement les Juifs. Ces lois limitaient les pratiques religieuses et les droits civiques de la population juive. Par exemple, les Juifs furent empêchés de convertir des non-Juifs, et leurs traditions et coutumes religieuses furent restreintes. De plus, ils durent faire face à des désavantages sociaux et économiques qui affaiblirent considérablement leurs communautés.

Ces lois reflétaient une hostilité croissante envers les Juifs, en partie due aux différences religieuses et aux conflits théologiques entre le christianisme naissant et le judaïsme. Ces tensions étaient souvent exacerbées par un manque de confiance mutuelle et une incompréhension réciproque, ce qui plongea la communauté juive dans une position défensive et isolée.

Les conséquences de ces lois furent considérables. Elles contribuèrent non seulement à l'exclusion sociale et à la marginalisation économique des Juifs, mais elles posèrent aussi les bases de futures discriminations et persécutions. Cette période marque un tournant dans l'histoire de la diaspora juive, avec un modèle de répression qui allait se répéter et s'aggraver au fil des siècles.

En résumé, la période de 306 à 337 après J.-C. sous Constantin fut une époque de changements majeurs pour l'Empire romain, et particulièrement pour ses habitants juifs. Elle symbolisa une intensification des oppressions et des restrictions, inaugurant une longue histoire de souffrances et de défis pour la communauté juive.

Islam

Au VIIe siècle, l'essor de l'islam et la figure centrale du prophète Mahomet provoquèrent des changements profonds dans le paysage politique et social de la péninsule arabique, affectant notamment les relations entre musulmans et juifs.

Vers 610 après J.-C., Mahomet commença à prêcher ses messages religieux à La Mecque, prônant l'adoration d'un Dieu unique, Allah, et appelant à une réforme morale et sociale. Ses enseignements, qui rencontrèrent initialement la résistance des tribus polythéistes de La Mecque, trouvèrent une plus grande adhésion après la migration, connue sous le nom de Hijra, en 622 après J.-C., vers Médine. Cette migration marqua non seulement le début du calendrier islamique, mais aussi l'émergence d'une communauté musulmane forte.

À Médine, plusieurs tribus juives étaient établies. Au début, Mahomet tenta de former une alliance avec ces tribus en s'appuyant sur les croyances monothéistes communes. Cependant, les relations furent tendues dès le départ, en raison de divergences dans les pratiques religieuses et leurs interprétations. Les tribus juives refusèrent de reconnaître Mahomet comme prophète, ce que ses partisans interprétèrent comme un rejet de leur légitimité religieuse. De plus, les communautés juives voyaient l'ascension des musulmans comme une menace pour leur propre position à Médine. Ces tensions furent exacerbées par des alliances entre certaines tribus juives et les ennemis de Mahomet à La Mecque.

Ces relations tendues culminèrent en une série de conflits qui aboutirent à l'expulsion des tribus juives de Médine, ainsi qu'à l'esclavage et à l'exécution du clan des Banu Qurayza.

Dans les siècles suivants, l'expansion de l'islam se poursuivit sous la direction des califats islamiques. Dans les territoires conquis, y compris au sein des communautés juives, l'islam devint la force dominante. Juifs et chrétiens furent reconnus sous le statut de « dhimmis », des communautés protégées mais subordonnées, qui devaient payer un impôt spécifique et jouissaient de droits limités.

Dans la théologie islamique, des récits se développèrent, présentant les Juifs comme des opposants à Mahomet, ce qui contribua à aggraver les tensions. Cependant, il y eut aussi des périodes de coexistence et de prospérité culturelle, comme en Al-

Andalus, l'Espagne musulmane. Ces périodes furent néanmoins toujours marquées par une certaine ambivalence et des tensions potentielles.

Des événements comme les Croisades et les invasions mongoles accentuèrent les relations déjà tendues entre musulmans et communautés non musulmanes, y compris les Juifs. Au fil des siècles, des récits représentant les Juifs comme des ennemis de l'islam se consolidèrent dans certaines écritures islamiques et traditions populaires.

Ces développements historiques reflètent les défis et tensions qui accompagnèrent la montée en puissance d'un nouveau mouvement religieux dans une société culturellement et religieusement diverse. Les dynamiques complexes mêlant facteurs religieux, politiques et sociaux, enracinées dans ces premières relations, continuèrent à façonner les relations entre musulmans et juifs au fil des siècles.

L'Arabie heureuse

La vie paisible à Médine

Dans les ruelles animées de Médine, entouré de stands d'épices parfumées et de l'effervescence du marché, Asaf, un jeune marchand de la tribu des Banu Qaynuqa, trouvait son bonheur quotidien. Sa petite boutique était un kaléidoscope de couleurs et de senteurs, remplie de tissus venus de terres lointaines, de pierres précieuses étincelantes et d'épices exotiques. Asaf était connu pour son esprit vif et sa nature bienveillante, des qualités qui le rendaient populaire auprès des différentes communautés de Médine.

Un matin clair, alors que les premiers rayons du soleil baignaient la ville d'une lumière dorée, Asaf se préparait pour une nouvelle journée.

« Asaf, as-tu vu les nouveaux tissus venus de Perse ? » lança son ami Yusuf, un marchand musulman, en s'approchant de la boutique d'Asaf.

« Oui, Yusuf. Ils sont arrivés hier. Leurs couleurs sont si vives qu'elles semblent refléter la beauté du ciel », répondit Asaf en souriant.

Yusuf examina les tissus et hocha la tête avec admiration. « Ton œil pour la qualité est incomparable, mon ami. C'est toujours impressionnant de voir comment nos communautés – Juifs et Musulmans – commercent ensemble ici à Médine et apprennent les unes des autres. »

Asaf acquiesça. « Oui, c'est une bénédiction. Nos différences de foi et d'origine ne semblent pas avoir d'importance ici. Nous vivons en coexistence pacifique, unis par notre désir commun de prospérité et d'harmonie. »

Le marché de Médine était un véritable creuset de cultures. Arabes, Juifs et même chrétiens partageaient les étroites allées, échangeant des marchandises et racontant des histoires venues de contrées lointaines. Cette atmosphère de paix et de respect mutuel était renforcée par la diversité des habitants.

Dans la communauté juive, à laquelle appartenait Asaf, régnait un fort sentiment de cohésion et de fierté envers leurs traditions culturelles et religieuses. La synagogue n'était pas seulement un lieu de prière, mais aussi un centre d'apprentissage et de rassemblement. C'est là que les anciens discutaient de la Torah et de l'application de ses enseignements dans la vie quotidienne.

Un soir, alors qu'Asaf rentrait chez lui après une longue journée sur le marché, il croisa le rabbin Eliezer, un ancien respecté de la communauté.

« Asaf, tu incarnes le meilleur de nous. Ton succès sur le marché et tes relations avec nos voisins musulmans sont exemplaires », dit le rabbin Eliezer.

« Je vous remercie, rabbin. Je crois qu'il est important de construire des ponts et de rapprocher nos communautés », répondit Asaf humblement.

« Oui, mais sois aussi prudent, mon fils. Les temps changent, et il y a des rumeurs de tensions entre nos communautés. Nous devons être sages et vigilants », avertit le rabbin Eliezer avec un regard inquiet.

Asaf acquiesça, gardant à l'esprit les paroles du rabbin. Les histoires et les leçons qu'il avait apprises depuis son enfance à la synagogue étaient profondément ancrées dans son cœur. Elles lui avaient enseigné la compassion et la compréhension envers tous les êtres humains, quelle que soit leur origine ou leur religion.

Les jours suivants furent marqués par les activités habituelles, mais Asaf sentait une tension sous-jacente dans l'air. Les discussions sur le marché étaient moins détendues qu'auparavant, et il y avait des moments de méfiance et d'incertitude entre les communautés. La nouvelle de l'arrivée de Mahomet à Médine et de l'augmentation de ses partisans suscitait des inquiétudes chez certains membres de la communauté juive.

Un après-midi, alors qu'Asaf rangeait ses marchandises, Yusuf entra précipitamment dans sa boutique. « Asaf, as-tu entendu ? Mahomet, le prophète des musulmans, parle d'un nouvel ordre, d'une communauté qui engloberait tous les croyants. Beaucoup sont enthousiastes, mais d'autres sont inquiets. »

« Oui, j'en ai entendu parler », répondit Asaf pensivement. « Il semble que nous soyons à l'aube d'une ère de changements. J'espère seulement que notre coexistence pacifique ne sera pas affectée par ces bouleversements. »

Yusuf hocha la tête gravement. « Je l'espère aussi, mon ami. Nous devons prier pour la paix et travailler à la compréhension, afin que Médine reste un lieu d'harmonie et de respect. »

Ces conversations et événements reflétaient les prémices d'une période qui allait profondément changer l'histoire de Médine et des relations entre les communautés musulmanes et juives. Asaf, au cœur de ce monde en mutation, restait un symbole d'espoir et de paix, un bâtisseur de ponts dans une époque de grands bouleversements.

Les premiers signes du changement

En l'an 624 après J.-C., l'atmosphère à Médine commença à changer de manière perceptible. Les couleurs vives du marché et l'effervescence habituelle ne parvenaient plus à masquer les tensions croissantes entre les musulmans et la tribu des Banu Qaynuqa, à laquelle appartenait Asaf.

Asaf, qui s'était toujours efforcé d'être un médiateur et un artisan de paix, ressentait de plus en plus d'inquiétude. Il voyait comment de petits malentendus et des rumeurs se transformaient en méfiance et en suspicion. Un jour, alors qu'il disposait ses marchandises sur le marché, il surprit une conversation animée entre deux de ses clients musulmans.

« Tu sais que les Banu Qaynuqa refusent de reconnaître Mahomet comme prophète. Ils contestent son autorité », dit l'un d'eux, fronçant les sourcils.

« Oui, j'ai entendu ça », répondit l'autre d'un ton pensif. « On dirait qu'ils ne sont pas prêts à faire partie de ce nouvel ordre qui se dessine à Médine. »

Asaf sentit un pincement au cœur. Il savait que de telles conversations ne feraient qu'accentuer les divisions au sein de la communauté de Médine. Il décida d'aborder le sujet lors de la prochaine réunion de sa tribu.

Ce soir-là, sous un ciel étoilé brillant au-dessus du désert, les anciens et les membres de la tribu des Banu Qaynuqa se réunirent d'urgence. Bien qu'Asaf fût l'un des plus jeunes, il fut invité à participer en raison du respect qu'il avait gagné au sein de la communauté.

« Mes frères », commença l'aîné, « la situation à Médine évolue. Nous ressentons tous que les musulmans sous la direction de Mahomet gagnent en influence. Notre position et nos traditions sont en danger. »

« Mais que devons-nous faire ? » demanda un membre. « Devons-nous nous adapter ou rester fermes dans nos croyances ? »

Asaf sentit que c'était le moment de prendre la parole. « Je pense qu'il est essentiel de rechercher le dialogue et la compréhension. Nous ne devons pas laisser la peur ou les malentendus nous diviser. Notre force, en tant que communauté, réside dans notre foi et notre capacité à coexister pacifiquement avec les autres. »

« Asaf a raison », approuva un autre. « Mais nous ne devons pas non plus abandonner notre identité et nos traditions. Nous devons trouver un moyen de préserver les deux. »

Les discussions se prolongèrent, les points de vue et les stratégies étant échangés avec passion. Malgré les divergences d'opinions, un sentiment d'unité prévalait – le désir partagé de protéger la paix et le bien-être de la tribu.

Dans les jours qui suivirent, les tensions s'intensifièrent à Médine. De petites altercations et querelles éclatèrent entre les membres des différentes communautés. Asaf observait cela avec inquiétude et parlait souvent avec ses amis musulmans pour essayer d'apaiser les tensions.

Un jour, alors qu'Asaf ouvrait sa boutique, un vieil ami, un érudit musulman nommé Hamza, vint lui rendre visite.

« Asaf, ça me fait mal de voir la direction que prennent les choses. J'ai bien peur qu'il y ait des forces à Médine qui recherchent la confrontation », dit Hamza, préoccupé.

« Je sais, Hamza », répondit Asaf. « J'ai essayé de bâtir des ponts, mais il semble que le fossé se creuse. J'espère seulement que nous trouverons un moyen de surmonter cette crise. »

« Je ferai aussi de mon mieux pour agir en médiateur », promit Hamza. « Nous ne devons pas laisser l'incompréhension et les préjugés détruire notre coexistence. »

Malgré les efforts d'Asaf et de Hamza, les tensions continuèrent d'augmenter. Les rumeurs de conflits imminents et de manœuvres politiques se répandirent comme une traînée de poudre dans la ville. La peur de l'inconnu et la perte de l'harmonie qui régnait autrefois à Médine pesaient lourdement dans l'air.

Tard un soir, alors qu'Asaf était assis chez lui, réfléchissant aux événements récents, il prit une décision. Il continuerait à se battre pour la paix et la compréhension entre les communautés. Asaf savait que les défis seraient immenses, mais il croyait fermement que les valeurs communes et le désir de vivre ensemble dans la paix étaient plus forts que toutes les différences.

L'expulsion des Banu Qaynuqa

L'atmosphère à Médine avait atteint son point de rupture. Les événements s'enchaînaient dans un tourbillon de tensions et de méfiance, désormais incontrôlables. Pour Asaf et sa tribu, les Banu Qaynuqa, une période sombre s'annonçait – ils allaient être expulsés de Médine.

La nouvelle tomba sur Asaf comme un coup de massue. Il se tenait dans sa boutique, les mains tremblantes, tandis qu'un messager lui annonçait la décision. « Vous avez trois jours pour quitter Médine », dit le messager d'une voix ferme. Ces mots résonnèrent dans la tête d'Asaf, qui, abasourdi, écoutait sans pouvoir réagir.

À la maison, l'atmosphère était lourde. Sa famille emballait leurs affaires en silence. La mère d'Asaf, une femme au fort caractère et à la profonde piété, tentait de cacher sa douleur, mais ses yeux trahissaient sa tristesse.

« Pourquoi devons-nous quitter notre maison, père ? », demanda son jeune frère d'une voix étranglée par les larmes.

Leur père, un homme sage et réfléchi, posa une main réconfortante sur son épaule. « Parfois, mon fils, la vie nous impose des épreuves que nous ne pouvons comprendre. Mais il faut rester fort et garder la foi. »

La nuit qui suivit, Asaf trouva peu de repos. Les pensées de ce voyage incertain et des épreuves à venir le hantaient. La perte de sa boutique, de sa maison et de la communauté à laquelle il appartenait pesait lourdement sur son cœur.

Le matin de leur départ, un silence oppressant régnait sur la ville. Asaf, sa famille et les autres membres de la tribu se rassemblèrent aux portes de la ville avec leurs maigres possessions. Leur voyage vers l'inconnu commençait.

« Nous nous retrouverons, Asaf », dit Hamza, venu leur dire adieu. « Je suis profondément désolé pour ce qui arrive. Ce n'est pas la voie de la paix et de la compréhension que nous espérions. »

Asaf acquiesça, incapable de prononcer un mot. La douleur était trop intense, la déception trop grande.

La caravane s'ébranla, lente et pesante. La ville, qui avait été leur foyer, disparut peu à peu derrière eux. Asaf jeta un dernier regard en arrière, une larme glissa sur sa joue. Il ne pouvait croire que cela marquait la fin.

Le voyage fut difficile et plein d'incertitudes. Ils durent traverser des contrées inhospitalières, souvent sans assez d'eau ni de nourriture. Les enfants et les personnes âgées souffraient particulièrement. Chaque soir, lorsqu'ils installaient leur camp, les membres de la tribu se regroupaient pour prier et se réconforter mutuellement.

« Nous ne devons pas perdre espoir », déclara le père d'Asaf lors d'une de ces réunions. « Nous sommes un peuple fort, et notre histoire est remplie d'épreuves que nous avons surmontées. Nous surmonterons aussi celle-ci. »

Ses paroles leur redonnaient du courage, mais l'incertitude et la peur persistaient. Où allaient-ils ? Où trouveraient-ils un nouveau foyer ? Ces questions pesaient lourdement sur leurs esprits.

Un soir, alors qu'ils se reposaient sous le ciel étoilé, la mère d'Asaf vint le voir. « Te souviens-tu des histoires que je te racontais quand tu étais enfant ? De nos ancêtres qui traversaient des déserts et des mers,

toujours à la recherche d'un lieu qu'ils pourraient appeler chez eux »,
dit-elle doucement.

« Oui, mère, je m'en souviens », répondit Asaf, la voix pleine de
nostalgie.

« Nous faisons partie de cette histoire, Asaf. Notre voyage actuel
n'est qu'un autre chapitre dans la longue histoire de notre peuple. Et
comme dans toutes les histoires, il y aura un lendemain pour nous
aussi », dit-elle en lui tenant tendrement la main.

Ces mots touchèrent profondément Asaf. Malgré la douleur et la
perte, il ressentait un lien fort avec son histoire et son peuple. Ce lien
lui donnait la force de continuer, pas à pas, jour après jour.

Le voyage se prolongeait, et à chaque étape, ils s'éloignaient un
peu plus de leur ancienne vie. Mais dans leurs cœurs, ils portaient les
souvenirs de Médine, l'espoir d'un avenir meilleur et la foi
inébranlable qu'au bout de leur chemin se trouverait un nouveau
départ.

Un nouveau départ en exil

Le soleil se levait à peine lorsqu'Asaf et sa famille arrivèrent dans
un petit village au nord, loin de la maison qu'ils avaient toujours
connue. C'était un lieu modeste, avec de simples maisons en terre et
des ruelles étroites, qui leur serviraient désormais de refuge.

Asaf ressentait une profonde fatigue, mais aussi un soulagement
inattendu. Enfin, ils pouvaient se reposer et poser leurs valises.
Pourtant, l'incertitude persistait – comment allaient-ils s'adapter à cet
environnement si étranger ?

Les premiers jours en exil furent marqués par la nouveauté et
l'étrangeté. La langue des habitants était proche, mais suffisamment
différente pour provoquer des malentendus. Les coutumes et
traditions différaient de celles de Médine, ce qui donnait à Asaf et sa
famille un sentiment d'isolement.

Mais Asaf était déterminé à bâtir une nouvelle vie. Il savait qu'il
devait rester fort pour sa famille. Il commença à entrer en contact avec
les habitants, à échanger avec eux et à apprendre leurs pratiques. Il

prêta main-forte lors des récoltes, répara des outils et, peu à peu, noua des liens.

Un jour, Asaf reçut une lettre d'un ami de la tribu des Banu Nadir. Ils s'étaient connus à Médine et avaient échangé des nouvelles depuis que leurs tribus avaient dû quitter leur terre natale. Cette lettre était un lien bienvenu avec son passé, un rappel qu'il n'était pas seul.

« Cher Asaf », lut-il, « j'espère que cette lettre te trouve, toi et ta famille, en bonne santé. Nous aussi, nous avons dû nous adapter à une vie en exil, une expérience qui nous a sans doute tous changés. Mais je suis convaincu que notre détermination et notre foi nous guideront à travers ces épreuves. »

Cet échange apporta un grand réconfort à Asaf. Il était rassurant de savoir que d'autres partageaient le même sort, et qu'ils formaient encore une communauté, même séparés par la distance.

Avec le temps, Asaf trouva sa place dans la communauté du village. Il ouvrit une petite boutique d'artisanat où il fabriquait des objets utilitaires et des bijoux. Il mit à profit les compétences acquises dans sa jeunesse et les adapta aux besoins de son nouvel environnement.

Sa boutique devint un lieu de rencontres et d'échanges. Les gens venaient non seulement pour acheter, mais aussi pour discuter. Asaf apprit à connaître leurs histoires – leurs joies, leurs préoccupations et leurs rêves. Malgré les différences, il découvrit qu'ils avaient tant en commun.

« Comment est-il possible que nous ayons tant de points communs, alors que nos chemins ont été si différents ? », lui demanda un jour un vieux villageois.

Asaf sourit. « Peut-être », répondit-il, « parce qu'au fond, nous sommes tous des êtres humains qui aspirent au bonheur et à une vie paisible. »

Asaf et sa famille rencontrèrent aussi des défis. Ils durent apprendre une nouvelle langue, s'adapter à des habitudes alimentaires différentes et célébrer les fêtes sans leur communauté habituelle. Mais ils trouvèrent aussi de la joie dans les petites choses – les rires des enfants qui se faisaient rapidement des amis, la beauté des paysages environnants et les petites réussites de chaque jour.

Peu à peu, ils commencèrent à se sentir chez eux. La mère d'Asaf, qui avait tant souffert au début de leur expulsion, commença à partager ses talents culinaires avec les femmes du village. Son père organisa des rencontres où ils parlaient de leur histoire et de leur culture, construisant des ponts entre leur passé et leur présent.

« Nous avons tellement perdu », dit un soir sa mère, « mais peut-être avons-nous aussi gagné quelque chose. Une nouvelle perspective, de nouveaux amis, une nouvelle manière de vivre. »

Asaf hocha la tête. Les blessures de l'expulsion ne guériraient jamais complètement, mais ils apprenaient à vivre avec. Ils construisaient une nouvelle vie, sur les ruines de l'ancienne, portés par l'espoir qu'un jour, peut-être, un chemin vers le retour ou un nouvel avenir s'ouvrirait.

Dans cette nouvelle vie en exil, Asaf trouva non seulement un moyen de survivre, mais aussi une nouvelle compréhension de la complexité de l'existence humaine. Il apprit que le changement est inévitable, mais qu'en chaque changement réside une opportunité – l'opportunité de recommencer, de grandir et d'évoluer.

Nouvelles de Médine

L'an 625 après J.-C. apporta de grands bouleversements dans la vie d'Asaf. Un vent frais soufflait à travers le village lorsqu'un voyageur arriva, porteur de nouvelles de Médine. Il annonça l'expulsion de la tribu des Banu Nadir, un clan avec lequel Asaf et sa famille avaient entretenu des relations amicales pendant de nombreuses années. La nouvelle bouleversa Asaf, ravivant de vieilles blessures et éveillant une profonde inquiétude quant à l'avenir.

Le soir venu, Asaf et sa famille se retrouvèrent dans la petite pièce de leur modeste demeure. Assis en cercle, chacun perdu dans ses pensées, jusqu'à ce qu'Asaf rompe le silence. « C'est donc arrivé », dit-il doucement. « Encore une communauté qui perd sa maison. Comment pouvons-nous continuer, alors que le monde autour de nous est si incertain ? »

Son père, un homme sage et plein de courage, répondit calmement : « Nous devons apprendre à nous adapter. Nos ancêtres ont traversé bien des tempêtes, et nous ferons de même. Mais il ne faut jamais oublier qui nous sommes et d'où nous venons. »

Ces paroles initièrent une longue discussion sur la résistance et l'adaptation, la survie et l'identité. La mère d'Asaf parla de l'importance de préserver et de transmettre leurs traditions. « Nous devons raconter nos histoires, chanter nos chansons, pour que nos enfants n'oublient jamais », dit-elle.

La sœur cadette d'Asaf, qui avait grandi à Médine et peinait à accepter les réalités de l'exil, exprima ses doutes. « Mais combien de temps pouvons-nous tenir, si le monde continue de changer aussi vite ? », demanda-t-elle.

Dans les jours qui suivirent, Asaf réfléchit longuement à ces questions. Il se promenait souvent, laissant ses pensées vagabonder tandis qu'il traversait les paysages pittoresques de l'exil. Un après-midi, il croisa l'ancien du village, un homme qui lui avait souvent donné de sages conseils.

« Je vois que tu portes un lourd fardeau, jeune Asaf », dit l'ancien, tandis qu'ils marchaient ensemble le long de la rivière.

« Oui », répondit Asaf. « Les nouvelles de Médine ne me quittent pas. Que va devenir notre communauté ? »

« L'histoire nous enseigne que le changement est la seule constante », répondit l'ancien. « Nous devons apprendre à vivre dans l'instant présent, à tirer le meilleur de chaque situation. La capacité de survivre et de s'adapter réside en chacun de nous. »

« Mais l'adaptation n'est-elle pas aussi une forme de perte ? », demanda Asaf.

« Parfois », dit l'ancien, pensif, « mais c'est aussi une opportunité de découvrir de nouvelles choses et de grandir. Ta communauté changera, oui, mais elle survivra et prospérera à sa manière. »

Asaf médita sur ces paroles. Dans les semaines qui suivirent, il organisa des rencontres avec les membres de sa communauté en exil. Ils discutèrent des moyens de préserver leurs traditions et leur culture tout en s'adaptant à leur nouvel environnement.

Un jour, ils se rassemblèrent pour célébrer une fête traditionnelle de leur terre d'origine. Ils se réunirent en plein air, sous un ciel étoilé.

Il y eut de la musique et des danses, des histoires furent racontées, et des plats de leur pays furent préparés.

« Tu vois », dit le père d'Asaf en regardant les enfants rire et jouer, « nous avons ramené un morceau de chez nous ici. Tant que nous sommes ensemble, nous portons notre culture et nos souvenirs en nous. »

Au milieu des festivités, Asaf trouva un moment de calme et leva les yeux vers le ciel étoilé. Il pensa à Médine, à tous les changements et défis qu'ils avaient traversés. Mais il ressentit aussi de l'espoir et de la confiance. Ils avaient beaucoup perdu, mais ils avaient aussi beaucoup gagné – la résilience, l'esprit de communauté, et la capacité de s'adapter et de grandir.

Dans les mois qui suivirent, Asaf écrivit régulièrement à des amis et des connaissances restés à Médine ou vivant ailleurs. Il leur racontait leurs efforts pour maintenir vivantes leurs traditions, les petites joies et les défis quotidiens de la vie en exil.

Avec chaque lettre qu'il envoyait et chaque réponse qu'il recevait, il ressentait un profond lien avec sa communauté, un lien qui transcendait la distance. Malgré les changements et les incertitudes, une chose restait claire : ils n'étaient pas seuls. Leurs histoires, leurs espoirs et leurs rêves continuaient de vivre, dans les cœurs et les esprits de chacun, unis par leur passé commun et l'espoir d'un avenir meilleur.

Le destin des Banu Qurayza

L'an 627 après J.-C. apporta à Asaf et à sa communauté en exil l'une des nouvelles les plus bouleversantes de leur époque : le destin tragique de la tribu juive des Banu Qurayza. Tôt un matin, alors que le froid perçait l'air, Asaf apprit la nouvelle d'un massacre survenu à Médine. La tribu des Banu Qurayza, autrefois une communauté prospère dont il connaissait bien les membres, avait été brutalement anéantie.

Asaf était assis avec quelques vieux amis et des membres de sa famille lorsqu'un messager arriva pour leur transmettre la nouvelle. L'air se chargea de choc et de tristesse lorsqu'ils apprirent que les hommes du clan Banu Qurayza avaient été exécutés. Les visages autour de lui pâlirent, et certains yeux se remplirent de larmes. Asaf sentit monter en lui une profonde détresse, mêlée de colère.

« Mais qu'en est-il des femmes et des enfants ? » demanda la sœur d'Asaf, sa voix tremblante d'angoisse.

Le messager baissa les yeux et répondit doucement : « Ils ont été faits prisonniers. Beaucoup ont été vendus en esclavage. Mohammed lui-même a pris l'une des femmes comme esclave. »

Cette révélation tomba comme un coup de tonnerre. L'idée que des femmes et des enfants qu'ils connaissaient – amis et voisins – vivaient désormais en captivité, réduits en esclavage, était insupportable. Asaf se remémorait les visages de ces femmes et enfants, se rappelant leurs rires, leurs rêves à Médine. Désormais, leurs rêves étaient brisés, leur sécurité volée, leur vie à jamais bouleversée.

Dans les jours qui suivirent, Asaf fut souvent plongé dans de profondes réflexions. Les événements soulevaient des questions douloureuses sur la foi, l'identité et la souffrance humaine. « Comment cela a-t-il pu arriver ? » se demandait-il sans cesse. « Comment des êtres humains peuvent-ils infliger autant de souffrance à d'autres ? »

Les discussions au sein de la communauté tournaient autour du thème de la résistance, de l'adaptation et de la survie. Certains parlaient de vengeance, d'autres de pardon. Mais pour Asaf, une chose était claire : rien ne ramènerait les vies perdues, et rien n'effacerait les souffrances subies.

Un soir, alors que le soleil se couchait et que la douce lumière orangée envahissait le ciel, Asaf s'assit seul, contemplant l'horizon. La beauté de cet instant contrastait cruellement avec l'obscurité qui envahissait son cœur. Dans ce moment de calme, il se fit une promesse silencieuse : il n'oublierait jamais. Il raconterait les histoires de ceux qui avaient péri, et il se battrait pour que leur mémoire perdure.

Le sort des Banu Qurayza n'était pas simplement une note de bas de page dans l'histoire ; c'était un rappel poignant de la fragilité de la vie et de la cruauté dont les hommes sont capables. Pour Asaf et tant d'autres, cet événement marqua un tournant, un moment qui changea à jamais leur vision du monde et la place qu'ils y occupaient.

Al-Andalus à l'ombre des Omeyyades

Al-Andalus, qui correspond à l'Espagne et au Portugal actuels, fut, du IXe au XIe siècle, un creuset de différentes cultures et religions. Cette époque marque une période significative dans l'histoire de la péninsule Ibérique sous domination musulmane, notamment sous le califat omeyyade de Cordoue.

Après la chute des Omeyyades à Damas en 750, la dynastie abbasside prit le pouvoir et transféra la capitale à Bagdad, entraînant des transformations majeures dans le monde islamique. Cependant, un prince omeyyade, Abd al-Rahman Ier, parvint à échapper aux Abbassides et s'établit en Al-Andalus, où il fonda l'Émirat de Cordoue en 756, qui devint plus tard le califat de Cordoue en 929. Sous la gouvernance des Omeyyades de Cordoue, Al-Andalus connut un essor culturel et scientifique remarquable, souvent appelé « l'âge d'or de l'islam en Espagne ».

En Al-Andalus, les arts, les sciences et la philosophie prospérèrent. Les communautés juives y jouèrent un rôle central dans cette effervescence culturelle. Elles bénéficièrent de la relative tolérance des gouvernants musulmans et contribuèrent largement à la vie intellectuelle et culturelle.

Cependant, malgré cette période de prospérité, les Juifs d'Al-Andalus n'échappèrent pas toujours à la persécution et aux conversions forcées. La communauté juive connut des moments de prospérité, mais également des périodes de répression. La situation se dégrada surtout avec l'ascension des Almoravides, puis des Almohades, deux dynasties musulmanes plus rigoristes qui prirent le pouvoir aux XIe et XIIe siècles.

Ces périodes d'oppression et de persécution eurent des répercussions profondes sur les communautés juives d'Al-Andalus. Beaucoup durent fuir, pratiquer leur religion en secret ou se convertir à l'islam. Ces choix conduisirent souvent à des conflits internes au sein des communautés, ainsi qu'à des luttes personnelles autour de la foi et de l'identité.

L'histoire d'Al-Andalus est un chapitre complexe qui reflète la cohabitation de différentes cultures et religions. Elle témoigne à la fois de périodes de coexistence et d'échanges culturels fructueux, mais aussi de tensions et de conflits. Pour la communauté juive, ces siècles furent marqués par un combat constant pour préserver leur identité et leur foi dans un contexte souvent difficile et changeant.

Peur et misère

La vie à Al-Andalus

Dans la vibrante ville de Cordoue, au cœur d'Al-Andalus, vivait Zara, une fillette juive pleine de vie âgée de dix ans. Son univers était empli des sons des rues animées, du parfum du pain fraîchement cuit provenant de la boulangerie locale, et des rires joyeux des enfants jouant dans les ruelles.

La famille de Zara habitait une maison modeste mais chaleureuse, près de la grande synagogue. Son père, Jacob, un érudit respecté, lui enseignait souvent les textes sacrés et les traditions de son peuple, tandis que sa mère, Esther, s'occupait du foyer et préparait de délicieux repas.

« Zara, viens, c'est l'heure de ta leçon », appela Jacob un matin. Zara adorait ces moments où son père lui lisait des passages des Écritures et lui racontait des histoires sur l'histoire de leur peuple.

« Papa, raconte-moi encore des histoires sur le roi Salomon », demanda Zara en s'installant confortablement sur un coussin.

« Salomon était un roi sage », commença Jacob. « Il savait apporter la paix et la prospérité à son royaume. Mais il comprenait aussi que la vraie sagesse réside dans le cœur, pas seulement dans l'esprit. »

Les yeux de Zara brillaient de curiosité en écoutant les paroles de son père, s'imaginant les grands palais et les décisions éclairées du roi Salomon.

Cependant, l'atmosphère harmonieuse de Cordoue commençait progressivement à changer. Zara remarqua que les adultes parlaient plus souvent à voix basse, et une tension grandissante semblait flotter dans l'air. Un jour, elle surprit ses parents en pleine conversation préoccupée.

« Les Almoravides gagnent du pouvoir », dit Esther doucement. « J'ai entendu dire qu'ils sont très stricts avec ceux qui ne suivent pas leur religion. »

« Nous devons rester forts dans notre foi et solidaires », répondit Jacob avec détermination. « Notre communauté a déjà survécu à de nombreuses tempêtes. Celle-ci ne sera pas différente. »

Un après-midi, alors qu'elle jouait avec ses amis, Zara remarqua que certains voisins quittaient leurs maisons, chargés de quelques effets personnels. Elle vit l'inquiétude dans les yeux de ses parents et entendit des murmures au sujet de persécutions et de fuites.

« Maman, pourquoi les gens partent-ils ? » demanda Zara un soir, en voyant que la maison d'en face était vide.

« Parfois, les gens doivent quitter leur foyer pour chercher la sécurité, ma chérie », répondit Esther doucement. « Mais nous, nous restons ici. C'est notre maison. »

Zara ne put ignorer la préoccupation dans la voix de sa mère et ressentit une ombre invisible s'étendre lentement sur son petit monde.

Dans les semaines et mois suivants, Zara vit comment la vie à Al-Andalus changeait. Les rues devenaient plus silencieuses, certains de ses amis disparaissaient, et les discussions entre adultes devenaient plus graves. Le monde de Zara, autrefois rempli de rires et de joie, semblait désormais plongé dans une spirale de peur et d'incertitude grandissante. Malgré les étreintes rassurantes de ses parents et les paroles réconfortantes de son père, Zara ressentait une inquiétude croissante au fond d'elle.

« Nous devons rester unis », répétait souvent Jacob. « Notre communauté, notre foi, c'est ce qui nous guidera à travers ces temps difficiles. »

Zara, encore enfant, ne comprenait pas pleinement l'ampleur des événements qui se déroulaient autour d'elle. Mais elle sentait qu'un changement inévitable approchait, quelque chose qui pourrait bouleverser à jamais son petit monde insouciant.

L'ombre de la persécution

Dans les rues de Cordoue, autrefois animées par les rires joyeux et les cris des enfants qui jouaient, régnait désormais un silence palpable. En marchant dans les ruelles étroites, Zara remarquait les regards des passants, où la peur se lisait dans leurs yeux. L'arrivée des nouveaux dirigeants, les Almoravides, avait semé une vague d'incertitude au sein de la communauté juive.

Un matin, alors que Zara s'occupait de ses tâches quotidiennes et veillait sur ses jeunes frères et sœurs, elle aperçut un groupe de fanatiques religieux traversant la ville. Son cœur s'accéléra à cette vue. « Que viennent-ils faire ici ? » se murmura-t-elle. Elle accéléra le pas, évitant de croiser leurs regards.

Dans sa famille, les discussions étaient devenues plus graves. « Vous devez être prudents. Les temps changent », déclara Jakob, son père, le visage assombri par l'inquiétude. « Il pourrait devenir dangereux de se montrer ouvertement en tant que Juifs. » Zara sentit une boule se former dans sa gorge. Pourquoi devaient-ils se cacher ? Pourquoi étaient-ils soudain traités de cette manière ?

Le soir venu, lors du rassemblement familial, Zara raconta à ses parents ce qu'elle avait vu, tandis que les paroles de son père résonnaient encore en elle. Jakob et Esther échangèrent des regards préoccupés. « Nous devons rester forts et unis », affirma Jakob d'une voix ferme. « Nos ancêtres ont traversé de nombreuses épreuves, et nous surmonterons celle-ci aussi. »

Les jours passaient, et les tensions ne cessaient de croître à Cordoue. Les commerces juifs étaient évités, et les rires d'autrefois avaient disparu des rues. La famille de Zara se réunissait de plus en plus souvent pour prier et demander conseil. La synagogue, autrefois un lieu de vie et de partage, semblait désormais silencieuse et abandonnée.

Un jour, des rumeurs circulèrent, évoquant des conversions forcées à l'islam pour les Juifs. « Ils ne peuvent pas faire ça ! » s'indigna Zara en apprenant la nouvelle. « Notre foi fait partie de nous. Comment peuvent-ils nous demander de l'abandonner ? »

« Parfois, Zara, les gens, dans leur peur et leur ignorance, deviennent cruels », expliqua doucement Jakob. « Ils craignent ce qu'ils ne comprennent pas. Mais nous ne devons pas renier notre foi. Elle est la lumière qui nous guide dans l'obscurité. »

Les nouvelles des conversions forcées et des répressions se répandirent comme une traînée de poudre au sein de la communauté juive. « Nous devons trouver un moyen de protéger nos enfants », déclara l'un des anciens. « Il est peut-être temps de réfléchir à la fuite. »

L'idée de fuir suscita une vague d'angoisse. Zara ne pouvait imaginer quitter sa maison, les rues où elle avait grandi, ses amis, sa communauté. « Sommes-nous vraiment obligés de partir, papa ? » demanda-t-elle, les larmes aux yeux.

« Parfois, mon enfant, le chemin vers la paix et la sécurité passe par l'exil », répondit Jakob. « Mais où que nous allions, nous emportons avec nous nos histoires, notre foi et nos souvenirs. Cela, personne ne pourra jamais nous l'enlever. »

Les nuits étaient désormais ponctuées de murmures et de réunions secrètes, tandis que la communauté délibérait sur son avenir. Chaque jour apportait son lot de nouvelles craintes et de nouveaux défis. La vie autrefois insouciante de Zara était désormais marquée par le poids de la persécution et l'incertitude quant à l'avenir.

Dans cette période de ténèbres, Zara s'accrochait aux paroles de son père : « Notre foi est notre lumière. » Cette lumière, bien que vacillante sous l'ombre de la persécution, ne s'éteignit jamais tout à fait dans son cœur.

La perte de la normalité

Les murs de la maison de Zara, qui autrefois offraient sécurité et chaleur, semblaient désormais presque oppressants. Chaque jour qui passait à Cordoue emportait un peu plus de cette normalité que Zara et sa famille avaient connue. Les ruelles étroites et les marchés animés, autrefois pleins de vie, s'étaient transformés en lieux d'incertitude et de méfiance.

Un soir, alors que Zara, ses parents et ses frères et sœurs étaient réunis autour de la petite table à manger, Jakob aborda le sujet qui pesait sur tous les cœurs. « Nous ne pouvons plus prétendre que tout est normal. La situation devient de plus en plus dangereuse pour nous, les Juifs. » Sa voix était lourde, et ses yeux, habituellement pétillants, s'assombrissaient d'inquiétude.

« Mais où pourrions-nous aller ? » demanda Esther, la mère de Zara, la voix tremblante. « C'est ici que nous sommes nés et avons grandi. C'est notre maison. »

« Je sais, Esther », répondit Jakob, « mais *notre devoir premier est de protéger nos enfants. J'ai entendu parler d'un village dans les montagnes où les Juifs peuvent encore vivre en sécurité.* »

Zara écoutait la conversation, son cœur battant plus fort. L'idée de quitter ses amis, son école et tout ce qu'elle connaissait la terrifiait. « Et Hannah et Samuel ? » demanda-t-elle, parlant de deux de ses meilleurs amis. « Est-ce qu'eux aussi partiront ? »

« Beaucoup de nos voisins envisagent de fuir », répondit Jakob. « Mais c'est une décision difficile. Certains ont déjà choisi de se convertir. »

La nouvelle que certains de ses voisins juifs avaient abandonné leur foi frappa Zara de plein fouet. « Pourquoi feraient-ils ça ? » demanda-t-elle, incrédule.

« Par peur, Zara », expliqua doucement Jakob. « Parfois, la peur est si grande qu'elle pousse les gens à faire ce qu'ils pensent être nécessaire pour survivre. »

Dans les jours qui suivirent, Zara observa comment la vie dans sa communauté continuait de changer. Les commerces, autrefois tenus par des Juifs, fermaient ou changeaient de propriétaires. De plus en plus de ses voisins juifs disparaissaient – certains fuyaient, d'autres se convertissaient.

Les tensions en ville grandissaient, tout comme la peur de Zara. Elle évitait de sortir seule et même à l'école, elle ne se sentait plus en sécurité. Ses amies musulmanes, avec qui elle jouait et riait autrefois, la regardaient maintenant différemment. Leurs regards étaient plus froids, leurs conversations plus distantes.

« Les gens changent », dit un jour Zara à son père. « Même ceux que je considérais comme des amis. »

« Oui, ils changent », répondit Jakob, pensif. « Mais souviens-toi, Zara, que tout le monde n'est pas comme ça. Il y a encore des gens qui feront ce qui est juste, même dans les temps les plus sombres. »

Lorsque la nouvelle tomba que l'école juive allait fermer, le monde de Zara s'effondra. L'école n'était pas seulement un lieu d'apprentissage, c'était un refuge, un lieu de communauté et de foi. «

Qu'adviendra-t-il de notre éducation ? » demanda-t-elle en apprenant la nouvelle.

« Nous trouverons des solutions, Zara », la rassura son père. « Notre histoire et nos traditions sont puissantes. Elles ne peuvent pas être simplement effacées. Nous enseignerons à la maison, en secret, s'il le faut. »

La réalité des conversions forcées et de l'isolement croissant frappa durement la famille. Les discussions sur la fuite devinrent plus intenses. « C'est une décision difficile », dit Esther un soir. « Mais je crois que nous n'avons plus le choix. Nous devons partir pour un endroit plus sûr. »

Ce soir-là, Zara se coucha, incapable de trouver le sommeil. Elle pensait à sa maison, ses amis, son école – tout ce qu'elle devrait abandonner. Mais au fond d'elle-même, elle savait que la sécurité de sa famille était la priorité. Les larmes aux yeux et le cœur lourd, elle finit par s'endormir, incertaine de ce que l'avenir lui réservait, mais déterminée à affronter son destin avec courage et espoir.

Espoirs cachés

Dans ce nouvel environnement inconnu, loin de Cordoue, Zara se retrouvait dans un monde très différent de tout ce qu'elle avait connu jusqu'à présent. Sa famille avait trouvé refuge dans les montagnes, dans un petit village considéré comme un havre de paix pour les Juifs. Mais même ici, la prudence et la discrétion étaient de rigueur.

Dans cette nouvelle réalité, Zara apprenait à préserver son identité en secret. La maison, qui était désormais leur refuge, devenait un lieu où l'on protégeait discrètement les traditions et les coutumes. Les bougies du sabbat étaient allumées derrière des fenêtres soigneusement voilées, et les prières chuchotées pour ne pas attirer l'attention de l'extérieur.

Sa mère, Esther, avait pris l'habitude de partager les écrits sacrés et les prières avec Zara et ses frères et sœurs, afin de maintenir leurs traditions vivantes. « Il est essentiel que vous appreniez cela », leur expliquait-elle doucement, « pour que notre culture et notre foi survivent, même en période de persécution. »

Zara passait souvent des nuits éveillée, écoutant les histoires et les enseignements de sa mère, gravant chaque mot dans sa mémoire. Ces moments étaient pour elle une source de force et d'espoir, une forme discrète de résistance face à l'oppression et aux persécutions qu'ils avaient subies.

Un jour, des nouvelles leur parvinrent concernant des pogroms dans d'autres régions d'Al-Andalus. Des Juifs avaient été brutalement assassinés, simplement en raison de leur foi. Ce jour-là, Jakob, le père de Zara, rentra de son travail particulièrement pensif. « Le monde dans lequel nous vivons est rempli de haine et de peur », dit-il tristement. « Mais nous ne devons pas perdre espoir. Notre force réside dans notre foi et dans notre communauté. »

La nouvelle des pogroms plongea la famille dans une grande inquiétude. « Comment les gens peuvent-ils être aussi cruels ? » demanda Zara, les yeux remplis de larmes.

« C'est difficile à comprendre », répondit sa mère. « Mais en temps de crise, les gens révèlent parfois leur véritable nature. Nous devons rester forts et nous battre pour ce qui est juste. »

Dans ces moments sombres, les rencontres secrètes devinrent une bouée de sauvetage pour Zara et sa famille. Ils se réunissaient clandestinement avec d'autres familles juives pour prier, étudier et se soutenir mutuellement. Ces rassemblements avaient toujours lieu en secret, souvent la nuit, sous le couvert de l'obscurité.

Ces réunions apportaient à Zara un réconfort certain. Elles lui donnaient l'impression de ne pas être seule, de faire partie d'une communauté plus vaste, soudée malgré les épreuves. Elle écoutait des récits de résistance et de courage, des histoires de personnes qui refusaient de renoncer à leur foi malgré les dangers.

« Nos traditions sont nos armes », déclara un vieil homme lors de l'une de ces réunions. « Tant que nous préserverons nos histoires, nos chants et nos prières, ils ne pourront pas nous briser. »

Zara comprit alors la puissance de ces mots. Elle réalisa que son identité et son héritage ne résidaient pas seulement dans les textes sacrés et les pratiques religieuses, mais aussi dans les histoires et les expériences de sa communauté.

Les mois passèrent, et avec le temps, la détermination de Zara grandissait. Elle se mit à étudier plus intensivement l'hébreu et les textes sacrés. Sa mère lui apprit à préparer les plats traditionnels juifs, tandis que son père lui racontait l'histoire de leur peuple.

« Un jour, lorsque tout cela sera terminé », lui dit son père, « tu transmettras ces histoires. Tu raconteras aux gens ce que nous avons vécu et comment nous avons préservé notre foi. »

Ces paroles résonnèrent profondément en Zara. Elle ressentait une grande responsabilité de maintenir vivantes les mémoires et les enseignements de son peuple. Dans un monde entouré de ténèbres, ces moments de partage et d'apprentissage devinrent un phare d'espoir, une promesse que la flamme de leur foi et de leur culture ne s'éteindrait jamais.

Les Almohades et la souffrance des Juifs en Al-Andalus

Au XIe siècle, la communauté juive d'Al-Andalus, l'actuelle Espagne, traversa l'une des périodes les plus sombres de son histoire. L'arrivée des Almohades, une dynastie musulmane berbère venue d'Afrique du Nord, marqua le début d'une ère d'intolérance et de persécutions, bouleversant radicalement la coexistence pacifique entre les religions.

Les Almohades prônaient une interprétation rigide de l'islam, ne laissant aucune place à la diversité religieuse. Ils considéraient les Juifs et les Chrétiens comme des infidèles et exigeaient leur conversion à l'islam. Cela entraîna une politique de conversions forcées, perturbant profondément la vie sociale et religieuse de la communauté juive.

Les Juifs qui refusaient de se convertir étaient confrontés à une violence brutale. Les synagogues furent systématiquement détruites, et les écrits sacrés brûlés. Ils perdirent le droit de pratiquer leur foi publiquement et furent isolés du reste de la société. Beaucoup furent assassinés, tandis que d'autres n'eurent d'autre choix que l'exil pour rester fidèles à leur foi.

Ces persécutions eurent également des répercussions psychologiques profondes. Les Juifs vivaient dans une peur constante d'être découverts et victimes de violences. Des familles furent déchirées, et les communautés autrefois prospères étaient désormais marquées par la méfiance et le désespoir. La conversion forcée posa un dilemme moral à de nombreux Juifs : perdre leur identité religieuse ou affronter la mort.

La période des Almohades constitue ainsi un chapitre sombre de l'histoire des Juifs, marqué par la perte, le traumatisme et la destruction d'une culture autrefois florissante. Cette époque douloureuse témoigne des conséquences dévastatrices de l'intolérance et du fanatisme religieux sur des individus et des communautés innocentes.

Les blessures de la mémoire

La vie avant la tempête

Dans la ville fortifiée de Cordoue, où les rues résonnaient de savoir et de richesse culturelle, vivait Samuel, un médecin juif respecté. Sa journée commençait au son du muezzin appelant les musulmans à la prière, tandis que les cloches des églises tintaient en arrière-plan. Cette harmonie religieuse était la marque distinctive d'Al-Andalus.

Samuel habitait une maison modeste mais accueillante dans le quartier juif, entouré de sa famille aimante. Sa femme, Leah, une femme sage et attentionnée, apportait douceur et chaleur à leur foyer. Ils avaient deux enfants, David et Esther, qui jouaient avec les autres enfants du quartier, sans se soucier de leurs différences religieuses.

En tant que médecin, Samuel jouissait d'une grande influence au sein de sa communauté. Son expertise médicale bénéficiait non seulement aux Juifs, mais à tous les habitants de Cordoue. Il passait la plupart de son temps dans son cabinet, où il soignait des patients de toutes conditions, des paysans modestes aux nobles influents.

Malgré son emploi du temps chargé, Samuel trouvait toujours du temps pour enseigner les Écritures et les traditions à ses enfants. Il était convaincu que l'éducation et le savoir constituaient les piliers de leur identité juive. Le soir, il retrouvait souvent des amis et des érudits pour discuter de théologie, de médecine et d'astronomie. Ces échanges étaient toujours animés et enrichissants.

Cependant, cette existence paisible fut bientôt troublée par de sombres nouvelles. Des rumeurs circulaient au sujet des Almohades, une secte musulmane fanatique venant du sud, qui avançait inexorablement vers le nord. On parlait de conversions forcées et de cruautés infligées aux non-musulmans. D'abord perçues comme des exagérations, ces histoires suscitaient de plus en plus de crainte à mesure que les Almohades poursuivaient leurs conquêtes.

Samuel se souvint d'une soirée où il était assis dans la cour de sa maison avec des amis. L'air était embaumé par les parfums du jardin, et le doux son d'un luth résonnait.

« Avez-vous entendu parler des Almohades ? », demanda Jakob, un ami proche et érudit. « On dit que ces fanatiques n'ont aucune tolérance pour les chrétiens ni pour les Juifs. »

« Nous ne devrions pas prendre ces rumeurs au sérieux », répondit Samuel, essayant de rester optimiste. « Ici, à Cordoue, nous vivons en paix depuis des siècles. Nos voisins chrétiens et musulmans nous respectent. »

« Mais les Almohades sont différents », intervint Rachel, la belle-sœur de Samuel. « Ils suivent une interprétation beaucoup plus stricte de l'islam. J'ai entendu dire qu'ils transforment complètement les villes qu'ils conquièrent. »

« Que devrions-nous faire alors ? », demanda Leah, inquiète. « Nous ne pouvons pas simplement tout abandonner. »

« Nous prions », répondit Samuel. « Et nous espérons que la tempête nous épargnera. »

Ces conversations devinrent de plus en plus fréquentes au fil des semaines. Les nouvelles sur la brutalité des Almohades faisaient frémir la communauté. Les rues de Cordoue, autrefois animées de rires et de conversations, étaient désormais envahies par une lourde atmosphère de silence oppressant.

Un matin, alors que Samuel ouvrait son cabinet, il remarqua un changement dans l'air. Les rues étaient presque désertes, et les rares personnes qu'il croisa évitaient son regard. Un sombre pressentiment l'envahit. Il savait que le monde tel qu'il le connaissait était sur le point de changer irrémédiablement.

Le début de la fin

La noirceur de la nuit semblait s'étendre sur Cordoue ce matin-là, lorsqu'une nouvelle terrifiante arriva : les Almohades étaient aux portes de la ville. Samuel, debout dans son cabinet, sentit une étreinte glaciale saisir son cœur. Les rumeurs qui circulaient dans les rues étaient devenues une horrible réalité.

Les premières heures de l'attaque furent un chaos de cris, de fumée et de terreur. Samuel regarda par la fenêtre et vit des hommes armés envahir la ville, leurs hurlements résonnant dans les ruelles. Avec horreur, il observa un groupe d'Almohades attaquer une synagogue. Ils en arrachèrent hommes, femmes et enfants, les frappant brutalement, avant de mettre le bâtiment en flammes. Les rouleaux de la Torah, vieux de plusieurs siècles, furent jetés à terre et brûlés. Les colonnes de fumée s'élevant vers le ciel semblaient annoncer les souffrances à venir.

L'esprit de Samuel s'emballa. Il devait mettre sa famille à l'abri. « Leah, David, Esther, nous devons nous cacher ! », cria-t-il en entrant précipitamment chez lui. Mais les rues n'étaient plus un refuge sûr. Partout autour d'eux, la civilisation s'effondrait. Les maisons étaient pillées, et des gens assassinés en pleine rue. Le sang des innocents teignait les pavés de rouge.

Ils s'enfuirent vers une cave secrète, préparée à l'avance par certains membres de la communauté. Là, ils retrouvèrent d'autres familles terrifiées, serrées les unes contre les autres, murmurant des prières.

Dans les jours qui suivirent, Cordoue se transforma en champ de bataille. Samuel entendit des récits qui glaçaient le sang – des femmes violées sous les yeux de leurs familles, des vieillards atrocement torturés. Les Almohades semblaient prendre plaisir à semer la peur et la terreur.

Malgré le danger, Samuel prit la décision d'aider les Juifs blessés. La nuit, il sortait de sa cachette pour chercher des survivants. Ce qu'il découvrit allait le hanter pour le reste de sa vie. Des enfants, dont les yeux innocents avaient vu l'horreur ; des mères pleurant leurs fils assassinés. Et partout, les traces de la violence : des corps mutilés, des maisons incendiées, l'écho du désespoir.

Un soir, alors que Samuel soignait un jeune homme grièvement blessé, il entendit les pleurs d'une femme. C'était Rebecca, une voisine. Entre deux sanglots, elle lui raconta que son mari avait été capturé par les Almohades. « Ils voulaient le forcer à se convertir à l'islam. Quand il a refusé, ils l'ont décapité devant moi... » Sa voix se brisa. Le désespoir dans ses yeux était indescriptible.

Ces histoires étaient loin d'être rares. De nombreux Juifs étaient contraints de renier leur foi pour survivre. Les Almohades ne toléraient aucune autre religion que l'islam. Pour beaucoup, cela signifiait soit la conversion, soit la mort.

Les jours et les nuits se succédaient, Samuel soignait inlassablement les blessés, toujours dans la peur d'être découvert.

Mais à chaque nouvelle aube, l'espoir s'amenuisait. La violence des Almohades semblait sans fin, et la communauté juive autrefois si vivante de Cordoue n'était plus qu'une ombre d'elle-même.

Dans un moment de silence, épuisé, Samuel s'assit dans un coin de sa cachette, observant les visages des personnes rassemblées autour de lui. Chaque visage portait les marques de l'horreur vécue. C'est alors qu'il comprit que Cordoue, la ville qu'il avait connue et aimée, était perdue à jamais. Les Almohades n'avaient pas seulement détruit leurs maisons et leurs synagogues, ils avaient déchiré le tissu même de leur communauté, autrefois fondée sur la tolérance et la coexistence. Dans l'obscurité de cette cave, entouré des cœurs et des âmes brisés de sa communauté, Samuel ressentit la véritable perte – celle de sa maison, de son identité et de ses espoirs.

Espoirs perdus

Dans l'ombre des ruelles dévastées de Cordoue, Samuel avançait prudemment, toujours sur ses gardes face aux patrouilles des Almohades. La ville, autrefois un centre de culture et de savoir, n'était plus qu'un lieu de terreur et de désolation. Samuel, qui avait autrefois été un médecin respecté au sein de cette communauté florissante, se sentait désormais comme un fantôme, errant dans les ruines de sa vie passée.

Un matin, alors qu'il arpentait les rues vides à la recherche de nourriture et de médicaments, il croisa son vieil ami Benjamin. Benjamin était un enseignant, un homme d'esprit et de foi profonde. Mais en le voyant, Samuel eut du mal à reconnaître l'homme brisé qui se tenait devant lui. « Samuel, ils m'ont trouvé », murmura Benjamin d'une voix tremblante. « Ils exigent que je me convertisse. »

Samuel ressentit une douleur vive dans son cœur. « Benjamin, il faut que tu restes fort », dit-il doucement. « Nous devons garder notre foi, quoi qu'il en coûte. » Benjamin hocha tristement la tête, les larmes aux yeux. « Je ne peux pas me convertir, Samuel. Ce serait la mort de mon âme. »

Le lendemain, alors que Samuel déambulait à nouveau dans la ville, il entendit une foule agitée. Son cœur s'accéléra tandis qu'il s'approchait de la scène. Ce qu'il découvrit le glaça d'effroi :

Benjamin avait été capturé par les Almohades. Ils l'avaient attaché à un poteau au centre de la place, l'accusant d'hérésie.

« Convertis-toi à l'islam ou tu mourras ! » cria l'un des guerriers. Benjamin le fixa droit dans les yeux, son regard empli de détermination. « Je resterai fidèle à ma foi », répondit-il fermement.

Samuel, caché dans la foule, sentit les larmes de colère et de tristesse lui monter aux yeux. Il voulait intervenir, mais il savait que cela signerait sa propre fin. La foule hurlait, certains réclamaient la mort de Benjamin, d'autres imploraient la pitié. Mais les Almohades restaient impitoyables. D'un coup brutal, Benjamin fut décapité. Son corps s'effondra, tandis que son sang inondait le pavé. Samuel détourna le regard, le cœur brisé, l'âme déchirée.

Dans les jours qui suivirent, Samuel se replia de plus en plus sur lui-même. Les événements l'avaient profondément marqué. Il n'avait pas seulement perdu un ami, mais aussi une partie de lui-même. Pendant les longues nuits, il méditait sur la perte de son identité. Les Almohades n'avaient pas seulement tué des hommes, ils avaient anéanti une culture, une histoire, une identité.

La communauté juive, autrefois partie intégrante du riche tissu social de Cordoue, se retrouvait désormais isolée, apeurée et désespérée. Beaucoup avaient été forcés de se convertir pour survivre, tandis que d'autres avaient fui ou avaient été tués. Les rues, autrefois animées par les prières en hébreu et l'odeur de la challah fraîchement cuite, étaient désormais silencieuses et vides.

Samuel, assis parmi les décombres d'une ancienne synagogue, tenait dans ses mains tremblantes un rouleau de Torah partiellement brûlé. « Où es-tu, Dieu ? » murmura-t-il. « Comment as-tu pu laisser tes enfants souffrir ainsi ? » La fumée des écritures brûlées s'élevait dans les airs, comme si c'était le dernier souffle de prière de toute la communauté.

Le poids de la réalité, que son monde, sa culture, sa foi et son histoire avaient été effacés, pesait lourdement sur les épaules de Samuel. Dans les rues désertes de Cordoue, il ne trouvait que les fantômes de son passé, les échos de rires, de discussions et de célébrations partagées.

Samuel, autrefois un homme de foi et d'espoir, se sentait désormais vide et brisé. Les atrocités auxquelles il avait assisté, la brutalité et la haine qui avaient détruit son monde, le plongeaient dans le doute. Le doute sur l'humanité, sur l'existence d'une puissance supérieure qui permettrait de telles cruautés.

Dans cette obscurité, entouré par la destruction de sa communauté, de sa culture et de sa foi, Samuel comprit qu'il n'avait pas seulement perdu un ami, mais aussi l'innocence de son monde. Les espoirs perdus, qui autrefois brillaient dans les rues de Cordoue, étaient désormais enterrés sous les décombres d'une civilisation détruite.

Dans l'ombre de la peur

Dans les ruelles sombres de Cordoue, caché aux yeux des Almohades, Samuel se déplaçait discrètement d'une cachette à l'autre. Les événements des dernières semaines l'avaient profondément marqué. Après la mort de son ami Benjamin et la persécution implacable de sa communauté, Samuel se retrouvait face à un choix impossible : renoncer à sa foi ou mourir.

Un soir, alors que les rues de Cordoue étaient enveloppées d'un silence inquiétant, on frappa doucement à la porte de Samuel. C'était le rabbin David, un vieil ami et confident. « Samuel, il est temps », dit-il d'une voix grave. « Tu dois prendre une décision. »

Samuel le regarda, les yeux remplis de peur. « Mais je ne peux pas abandonner ma foi, David. C'est tout ce que j'ai. » Le rabbin posa une main réconfortante sur son épaule. « Tu peux te convertir en apparence pour survivre, Samuel. Garde ta foi dans ton cœur. C'est la seule solution. »

À contrecœur, Samuel acquiesça. Le lendemain, dans une petite mosquée à la périphérie de la ville, il prononça la Shahada, la profession de foi musulmane, et prit un nouveau nom. Mais dans son cœur, il murmurait une prière juive, une déclaration silencieuse de fidélité à sa véritable foi.

Pendant les mois qui suivirent, Samuel mena une double vie. Le jour, il était un médecin musulman offrant ses services à la communauté. Mais la nuit, à l'abri de l'obscurité, il retrouvait secrètement d'autres Juifs qui, eux aussi, étaient contraints de cacher leur foi.

Ces rencontres avaient lieu dans des caves abandonnées ou derrière des portes closes. Samuel soignait les blessés, prodiguait des conseils et relayait des nouvelles. Dans ces moments-là, il n'était plus le médecin musulman, mais le guérisseur juif, un gardien de l'espoir dans un monde plongé dans le désespoir.

Un soir, lors de l'une de ces réunions clandestines, une jeune femme nommée Sarah entra dans la pièce. Elle était faible, pâle, visiblement dans un état critique. « S'il vous plaît, aidez-moi », murmura-t-elle. Samuel s'approcha d'elle avec précaution. « Que t'est-il arrivé ? », demanda-t-il.

« J'ai été blessée en tentant de fuir », répondit-elle doucement. « Je n'avais nulle part où aller. » En examinant son bras, Samuel découvrit une profonde blessure. Tandis qu'il la soignait, Sarah lui raconta son histoire. Elle avait été blessée en essayant d'échapper aux Almohades et vivait depuis lors dans la clandestinité.

« Tu n'es pas seule », lui dit Samuel en bandant sa plaie. « Nous sommes nombreux à lutter, cachés. Nous restons unis, en secret. » Les yeux de Sarah s'emplirent de larmes de gratitude.

Au cours des semaines suivantes, Samuel rendit visite à Sarah à plusieurs reprises pour soigner sa blessure. À chaque visite, ils échangeaient des histoires et des paroles d'encouragement. Dans ces moments de tranquillité, loin de la brutalité du monde extérieur, ils trouvaient un réconfort dans leur foi commune et l'espoir d'un avenir meilleur.

Cependant, vivre dans l'ombre comportait de nombreux dangers. Samuel devait constamment être sur ses gardes pour ne pas être découvert. Chaque pas hors de chez lui pouvait être le dernier. La peur l'accompagnait en permanence, guettant dans chaque coin sombre, dans chaque regard furtif.

Malgré les risques, Samuel ne cessa jamais de servir sa communauté. Il savait que beaucoup dépendaient de lui. Il était leur lien avec le monde extérieur, leur source de soins médicaux et, dans bien des cas, leur seul espoir.

Samuel ressentait profondément le poids de cette responsabilité. Chaque jour, il luttait contre la peur d'être démasqué et s'inquiétait pour ceux dont il avait la charge. Mais il savait qu'il devait continuer. Il ne pouvait pas abandonner sa communauté.

Lors des longues nuits, seul dans sa chambre, Samuel se permettait de rêver à une vie après les Almohades. Une vie où il pourrait pratiquer sa foi librement, sans crainte de persécution ou de mort. Une vie où sa communauté pourrait à nouveau vivre en paix.

Mais ces rêves étaient fugaces, brisés par la dure réalité de son existence actuelle. Vivant dans l'ombre de la peur, Samuel restait le pilier de sa communauté, un héros silencieux dans une époque de ténèbres et de désespoir.

La flamme de la mémoire

Enveloppé par l'obscurité de la nuit, Samuel se retrouvait souvent dans une petite pièce cachée où lui et quelques personnes de confiance se réunissaient. Là, loin des yeux vigilants des Almohades, il conservait une petite collection de textes juifs – des fragments du Talmud, des copies de la Torah, ainsi que quelques pages de textes mystiques. Pour Samuel, ces écrits étaient bien plus que de simples mots sur du papier ; ils étaient une fenêtre ouverte sur son âme, un phare dans un monde plongé dans les ténèbres.

Ce soir-là, la pièce n'était éclairée que par une petite lampe à huile, projetant une lueur chaude mais faible sur les pages anciennes. Samuel était assis en cercle avec quelques autres Juifs cachés, leurs visages engloutis par les ombres, mais leurs yeux brillaient de détermination et d'espoir.

« Nous ne devons jamais oublier qui nous sommes », murmura Samuel, caressant doucement les lignes anciennes du bout des doigts. « Ces mots sont notre héritage, notre lien avec nos ancêtres. Ils nous rappellent notre histoire, notre culture et notre foi. »

Les autres acquiescèrent. Un homme âgé, nommé Ezra, dont le visage était marqué par de profondes rides, prit la parole : « Ces textes sont l'élixir de vie de nos âmes. C'est en eux que nous trouvons réconfort et sagesse, même dans les moments les plus sombres. »

Samuel leva les yeux. « C'est exactement cela. Ils sont la lumière qui nous guide à travers cette obscurité. » Il s'arrêta un instant, puis ajouta : « Et c'est pour cela que nous devons continuer, que nous devons résister. »

Le groupe passa des heures à étudier et à discuter des textes. Ils parlaient des enseignements des anciens rabbins, débattaient de diverses interprétations et se réconfortaient avec des récits de la foi et de l'histoire juives. En ces instants, Samuel se sentait connecté – non seulement aux personnes autour de lui, mais aussi à sa communauté et à son histoire.

Alors que la nuit avançait et que le silence du refuge n'était rompu que par le doux crépitement de la lampe, Samuel commença à réfléchir à l'importance de la mémoire. « La mémoire », dit-il lentement, « est notre arme la plus puissante contre l'oubli. C'est elle qui nous maintient en vie, qui nous donne de l'espoir. »

Sarah, la jeune femme que Samuel avait soignée, prit la parole à voix basse : « Je me souviens des jours avant que tout cela ne commence. De la joie, de la paix, de la communauté. Ces souvenirs me donnent la force de tenir bon. »

« C'est exactement ce que je veux dire », répondit Samuel. « Nous devons nous rappeler qui nous étions et qui nous sommes. Et nous devons veiller à ce que le monde ne nous oublie pas. »

Le groupe resta encore un moment ensemble, réconforté par leur communauté et renforcé par leurs souvenirs et leur foi. Lorsque l'aube approcha et qu'il fut temps de se séparer, Samuel regarda les vieux textes devant lui.

« Nous ne devons jamais laisser ces mots mourir », dit-il avec détermination. « Ils sont le feu qui brûle dans nos cœurs, la flamme de la mémoire, qui ne doit jamais s'éteindre. »

Sur ces mots, ils rangèrent soigneusement les textes et quittèrent leur cachette, prêts à affronter à nouveau le monde dangereux des Almohades. Mais dans leurs cœurs, ils portaient la lumière éclatante de l'espoir et de la mémoire.

Dans les jours et les semaines qui suivirent, Samuel resta fidèle à ses principes. Il continua d'aider sa communauté, de cacher sa foi aux yeux des oppresseurs et de préserver l'héritage précieux de la tradition juive.

Dans des moments de réflexion silencieuse, Samuel pensait à l'avenir de sa communauté. Il savait que la lutte pour la survie et la préservation de leur identité ne serait pas facile. Mais il était également convaincu de la nécessité de résister à l'oppression et à l'oubli.

« La flamme de la mémoire ne doit jamais s'éteindre », murmura-t-il dans la nuit. « Elle nous guidera, nous donnera de l'espoir et nous rappellera qui nous sommes. »

Avec ces pensées, Samuel leva les yeux vers le ciel étoilé et trouva du réconfort en sachant que, malgré la noirceur des temps, il y avait toujours une étincelle de lumière qui brillait dans l'obscurité.

La Première Croisade

En 1096, au début de la Première Croisade, les communautés juives d'Europe, notamment celles de la région du Rhin, traversèrent une période d'épreuves et de souffrances inimaginables. Cette sombre époque fut marquée par une violence extrême, des persécutions et des pogroms massifs contre les Juifs, perpétrés par les croisés et les populations locales.

La Première Croisade fut prêchée par le pape Urbain II avec pour objectif de libérer la Terre Sainte de la domination musulmane. Cependant, à mesure que les croisés traversaient l'Europe, un zèle religieux grandissait en eux, et leur fureur ne se dirigea pas uniquement contre les musulmans, mais également contre les Juifs. Aux yeux des croisés, les Juifs étaient considérés comme des « meurtriers du Christ » et devenaient ainsi des cibles légitimes de leur guerre sainte.

Les pogroms commencèrent dans la région du Rhin, où les communautés juives de villes comme Spire, Worms et Mayence, parmi les plus anciennes et les plus respectées d'Europe, furent soudainement prises pour cibles de violentes attaques. De nombreux croisés estimaient que le combat contre les « infidèles » devait commencer chez eux.

Les Juifs furent massacrés, leurs synagogues détruites, et leurs textes sacrés profanés. Les récits de l'époque décrivent comment hommes, femmes et enfants furent tués sans pitié. De nombreux membres des communautés juives choisirent le suicide plutôt que la conversion forcée au christianisme. Des familles furent déchirées, et les survivants laissés dans la ruine.

Ces événements marquèrent le début d'une longue histoire de persécutions et de souffrances pour le peuple juif en Europe. Ils laissèrent une profonde cicatrice dans la mémoire collective juive, engendrant une peur et une insécurité qui perdurèrent pendant des siècles.

Le souvenir de ces atrocités occupe une place centrale dans l'histoire et l'identité juives. Il témoigne de la résilience et de la foi inébranlable d'une communauté qui, malgré des cruautés et des pertes inimaginables, a su préserver sa religion et sa culture.

Cette vue d'ensemble introductive vise à mettre en lumière l'ampleur des horreurs auxquelles les Juifs furent confrontés pendant la Première Croisade, tout en offrant une compréhension plus profonde des conséquences psychologiques et culturelles à long terme qui en découlèrent.

La cruche brisée

Une vie paisible

Dans la pittoresque ville de Spire, située sur les rives du puissant Rhin, Jakob, un marchand juif, menait une vie marquée par des échanges pacifiques et une communauté profondément enracinée. Ses journées étaient rythmées par les affaires de son commerce et par le bien-être de sa famille, qui vivait au cœur de la dynamique communauté juive de Spire.

Les journées de Jakob commençaient toujours avant l'aube, lorsque les premiers rayons du soleil filtraient doucement à travers les fenêtres de sa maison modeste mais chaleureuse. Il partageait sa vie avec sa femme bien-aimée, Sarah, et leurs deux enfants, le sage Moïse et la vive Rivka.

Son commerce d'épices n'était pas seulement une source de revenus, mais aussi un lieu de rencontre pour la communauté juive. C'était là que l'on échangeait des nouvelles, que l'on concluait des affaires et que des amitiés se nouaient. Grâce à ses connaissances des épices et des tissus venus de contrées lointaines, Jakob jouissait d'un grand respect, aussi bien de la part des Juifs que des chrétiens.

Cependant, l'atmosphère paisible de Spire commença à changer lorsque des rumeurs d'une croisade imminente se répandirent dans la ville. Ces nouvelles, d'abord perçues comme de simples rumeurs lointaines, devinrent rapidement une menace tangible pour la communauté juive. Les habitants commencèrent à chuchoter avec inquiétude, et les rues autrefois si animées furent envahies par un sentiment de peur.

Un matin, alors que Jakob préparait son magasin pour la journée, son bon ami et voisin Benjamin entra. Le visage de Benjamin était marqué par l'inquiétude.

« Jakob, as-tu entendu ? » demanda Benjamin à voix basse. « On dit que les croisés traversent le pays. Il y a des rumeurs selon lesquelles ils ne veulent pas seulement combattre les musulmans en Terre Sainte, mais aussi s'en prendre aux Juifs ici. »

Jakob sentit une boule se former dans son estomac. « Mais pourquoi nous attaqueraient-ils ? Nous n'avons rien à voir avec leur guerre. »

« Je ne sais pas, Jakob. Mais ces rumeurs sont inquiétantes. On dit qu'ils tuent tous ceux qui ne se rallient pas à leur foi », répondit Benjamin, visiblement préoccupé.

Les deux hommes discutèrent longuement, partageant leurs peurs et leurs préoccupations. Jakob avait du mal à imaginer que ses voisins chrétiens, avec qui il avait vécu en paix si longtemps, puissent soudainement devenir des ennemis.

En rentrant chez lui ce soir-là, il observa les rues et les visages des gens autour de lui d'un œil nouveau. Les ombres du crépuscule semblaient plus sombres, et le vent chuchotait des présages funestes.

De retour chez lui, Jakob confia ses inquiétudes à Sarah. « J'ai peur pour nous, pour les enfants. Et si ces rumeurs étaient vraies ? Et si les croisés venaient vraiment ? »

Sarah le regarda avec amour et force. « Nous devons avoir confiance en Dieu, Jakob. Nous avons surmonté bien des épreuves, et nous surmonterons celle-ci aussi. »

Les jours qui suivirent furent marqués par une tension palpable, comme un épais brouillard qui enveloppait la ville. Jakob s'efforçait de se concentrer sur son travail, mais la peur grandissante au sein de la communauté était omniprésente. Les rumeurs se transformèrent en avertissements chuchotés, puis en récits terrifiants sur l'approche des croisés.

La communauté juive commença à se préparer au pire. Certains parlaient de fuir, d'autres de se cacher. Mais où pouvaient-ils aller ? Ils étaient citoyens de Spire, c'était ici leur chez-soi.

Jakob passa de nombreuses nuits sans sommeil, préoccupé par le sort de sa famille et de sa communauté. Le monde paisible qu'il avait connu vacillait, et il se retrouvait au bord d'un gouffre, face à une angoisse et une incertitude grandissantes.

Les premiers signes du malheur

Au cours des semaines suivantes, des nuages sombres s'amoncelèrent au-dessus de Spire. L'arrivée des croisés dans la région n'était plus une simple rumeur, mais une effrayante réalité. Chaque jour qui passait apportait son lot de tensions grandissantes dans la ville. Les croisés, animés par un mélange de ferveur religieuse et de convoitise, avaient entamé leur marche, laissant derrière eux une traînée de dévastation.

Jakob observait avec inquiétude le changement d'atmosphère à Spire. Les rues, autrefois pleines de vie et de voix joyeuses, étaient désormais empreintes de silence et de tension. Les échanges avec ses voisins chrétiens, autrefois chaleureux et ponctués de conversations amicales, étaient devenus brefs et méfiants. C'était comme si un fossé invisible s'était creusé entre eux.

Un matin, alors que Jakob ouvrait son commerce, il entendit des cris et le bruit métallique des armes. Inquiet, il se précipita vers la porte pour voir ce qui se passait. Sur la place du marché, une foule en colère s'était rassemblée. Au centre, des croisés vêtus de leurs habits grossiers ornés de croix, les visages marqués par la haine et le fanatisme, haranguaient la population.

« Convertissez-vous ou mourez ! » hurla l'un des croisés, brandissant son épée d'un geste menaçant. « L'heure du jugement est arrivée ! »

Jakob sentit son cœur s'emballer dans sa poitrine. Il avait entendu parler des atrocités commises par les croisés, mais les voir de ses propres yeux, menaçant la ville et ses habitants, était une tout autre réalité. Il aperçut certains de ses amis et voisins juifs parmi la foule, leurs visages empreints de peur.

Soudain, un tumulte éclata. Quelques jeunes hommes de la communauté juive, poussés par le désespoir et la colère, tentèrent de s'opposer aux croisés. Mais ils étaient mal armés et ne faisaient pas le poids face aux guerriers lourdement équipés.

Jakob regarda, impuissant, alors qu'un jeune homme qu'il connaissait depuis son enfance était brutalement jeté à terre par un croisé. Il voulut intervenir, mais ses jambes restèrent figées, paralysées par la peur.

« Ça suffit ! » hurla le chef des croisés. « Chaque Juif de cette ville devra choisir : accepter le Christ ou trouver la mort. »

La foule se dispersa lentement, laissant derrière elle une atmosphère de terreur et d'incertitude. Tremblant, Jakob retourna dans son magasin, les images de la violence gravées dans sa mémoire.

Dans les jours qui suivirent, la communauté juive se réunit lors de réunions improvisées pour discuter de leur avenir. Certains suggéraient de fuir, d'autres tentaient d'imaginer un dialogue avec les croisés. Mais où pouvaient-ils fuir ? Et comment négocier avec des hommes dont les cœurs étaient remplis de haine ?

Jakob et sa famille passaient leurs nuits dans la peur et l'incertitude. Ensemble, ils priaient, implorant Dieu de les protéger et de leur accorder sa miséricorde. Mais à chaque jour qui passait, l'espoir s'amenuisait.

Les attaques contre les Juifs se multiplièrent. Les maisons furent pillées, les commerces détruits. Jakob voyait son monde s'effondrer en morceaux, se sentant impuissant face à la destruction. La cohabitation pacifique, qui avait mis des années à se construire, se désintégrait en quelques jours sous la pression de la haine et de la violence.

Un soir, une rumeur se répandit : une foule de croisés et de citoyens en colère était en route pour attaquer le quartier juif. Jakob rassembla en hâte quelques affaires. Il savait que la situation était devenue une question de vie ou de mort.

« Nous devons nous cacher », dit-il à Sarah, qui serrait leurs enfants contre elle, les larmes aux yeux.

Dans l'obscurité de la nuit, ils se glissèrent hors de leur maison, empruntant les ruelles étroites, toujours sur leurs gardes face aux patrouilles qui rôdaient. Le cœur battant, ils tressaillaient au moindre bruit.

Ils trouvèrent refuge dans la cave d'un ami chrétien, qui, malgré le danger pour sa propre vie, accepta de les cacher. Là, dans l'obscurité et le silence de leur cachette, ils écoutèrent les cris et le tumulte qui montaient des rues.

Cette nuit-là, de nombreux amis et voisins perdirent la vie. Les récits qui circulaient le lendemain étaient empreints d'une cruauté et d'une brutalité inimaginables. Des familles furent séparées, des hommes tués sous les yeux de leurs proches.

Jakob et sa famille survécurent à cette nuit, mais la vie telle qu'ils la connaissaient était à jamais perdue. Leur avenir s'annonçait incertain, marqué par la peur et la menace constante de nouvelles violences. Le calme et la paix qui régnaient autrefois à Spire n'étaient plus qu'un lointain souvenir, désormais éclipsé par les premiers signes du malheur.

Le massacre commence

Les jours qui suivirent apportèrent une cruauté et une terreur que Jakob n'aurait jamais pu imaginer, même dans ses pires cauchemars. Le quartier juif de Spire, autrefois un lieu de commerce et de vie communautaire, se transforma en un véritable champ de bataille. Les croisés, animés par une haine fanatique et une soif de pillage, envahirent les rues, semant la mort et la destruction sur leur passage.

Un matin lourd et étouffant, imprégné de l'odeur de fumée et de sang, l'horreur frappa à la porte de Jakob. Une horde de croisés, leurs visages déformés par la rage et la soif de sang, envahit sa maison. Ce qui se déroula devant les yeux de Jakob ressemblait à un cauchemar éveillé. Impuissant, il assista à la destruction de tout ce qui constituait sa vie.

Sarah, sa femme bien-aimée, tenta désespérément de protéger leurs enfants, les poussant vers les coins les plus reculés de la maison. Mais ses efforts furent vains. Les croisés étaient impitoyables. Avec une violence brutale, ils arrachèrent la famille, leurs cris résonnant dans la tête de Jakob.

Un des croisés, un homme imposant avec une croix rouge sur la poitrine, saisit Sarah. « Païenne ! » cracha-t-il en la tirant violemment par les cheveux. Les supplications de Sarah pour obtenir la clémence se perdirent dans le vacarme et le chaos.

Les enfants, petits et terrifiés, s'accrochaient les uns aux autres, les yeux écarquillés d'effroi. Le fils aîné de Jakob, Benjamin, âgé de seulement douze ans, fut jeté à terre par un autre croisé, qui le roua de coups jusqu'à ce qu'il ne bouge plus.

Jakob, quant à lui, fut brutalement maîtrisé et ligoté. Ses appels à l'aide, ses supplications pour épargner sa famille restèrent sans réponse. Les croisés riaient et se moquaient de lui tout en pillant sa maison, emportant tout ce qui avait de la valeur et détruisant le reste.

Les sanglots et les lamentations de sa femme et de ses enfants furent les derniers sons que Jakob entendit avant de sombrer dans l'inconscience. Lorsqu'il se réveilla, tout était silencieux. Il se trouvait étendu sur le sol de sa maison dévastée, les mains et les pieds ensanglantés et meurtris d'avoir lutté contre ses liens.

Avec peine, il parvint à se libérer et se releva, vacillant. Le spectacle qui s'offrit à lui était indescriptible. Ce qui avait été son foyer n'était plus qu'un tas de ruines, les débris de leur vie éparpillés partout.

Mais le pire fut la vue de sa famille. Sarah gisait, sans vie, dans un coin de la pièce, le visage marqué par des larmes et du sang. Benjamin et les autres enfants étaient également morts, brutalement assassinés par les croisés.

Jakob tomba à genoux, ses larmes se mêlant à la poussière et au sang sur le sol. Il hurla de douleur et de désespoir, un cri qui exprimait toute la dévastation de son cœur brisé. Il ne pouvait pas comprendre comment une telle horreur était possible, comment des êtres humains pouvaient se transformer en monstres.

Dans les heures qui suivirent, Jakob erra comme un fantôme à travers les rues de Spire. Partout où il allait, il voyait les mêmes scènes d'horreur : des maisons en flammes, des corps abandonnés, des femmes et des enfants en pleurs, inconsolables face à la perte de leurs proches.

La communauté juive, autrefois prospère et vivante, n'était plus qu'une ombre d'elle-même. Beaucoup avaient perdu la vie, d'autres s'étaient enfuis ou se cachaient, terrifiés et désespérés.

Jakob, qui avait tout perdu, se sentait vide et brisé. La foi qui lui avait autrefois apporté du réconfort et du soutien semblait maintenant lointaine et vide de sens. Dans son désespoir, il tourna le dos aux ruines de sa vie et quitta Spire, sans savoir où le mènerait son chemin.

Il erra sans but, hanté par les souvenirs et le chagrin qui le consumaient. Les images du massacre le poursuivaient jusque dans ses rêves, le réveillant en sueur au milieu de la nuit. Le cœur de Jakob était empli de tristesse, de colère et d'une profonde impuissance.

Fuite et persécution

Le monde tel que Jakob l'avait connu était en ruines. Poussé par une nécessité brûlante de survivre et par le désir profond d'échapper au cauchemar qu'était devenue sa vie, il se joignit à un petit groupe de survivants juifs, eux aussi en fuite.

Le groupe, composé d'hommes, de femmes et de quelques enfants, offrait un spectacle désolant. Leurs visages reflétaient l'immense perte et le désespoir qu'ils avaient tous endurés. Mais ils partageaient non seulement leur douleur, mais aussi une farouche détermination à survivre, coûte que coûte.

Les premiers jours de leur fuite furent un combat incessant. La faim, la soif et l'épuisement les accablaient alors qu'ils avançaient à travers forêts et champs, toujours sous la menace d'être découverts. Ils avaient entendu parler d'autres massacres perpétrés par les croisés, tels des prédateurs poussés par la haine et la cupidité.

Une nuit, alors qu'ils se cachaient dans une grange abandonnée, une vive dispute éclata. Certains voulaient tenter de franchir la frontière pour fuir vers un pays voisin, tandis que d'autres prônaient de se cacher dans les bois. Jakob, encore engourdi par le chagrin et le choc, n'avait presque plus la force de participer à la discussion. Les souvenirs de sa famille, de tout ce qu'il avait perdu, le paralysaient.

Le lendemain, ils tombèrent sur un groupe de paysans locaux. D'abord pleins d'espoir, croyant trouver de l'aide, ils furent vite saisis d'effroi. Ces paysans, d'abord compatissants en apparence, se révélèrent être des ennemis prêts à les livrer aux croisés. In extremis, le groupe parvint à s'enfuir, mais cet événement laissa une profonde méfiance envers quiconque croisait leur chemin.

Jakob luttait non seulement pour sa survie physique, mais aussi contre ses démons intérieurs. Les images du massacre, la perte de sa famille, la douleur insensée — tout cela le hantait jour et nuit. Il se sentait déchiré entre le désir de survivre et l'envie de simplement abandonner pour échapper à la souffrance.

Au fil des semaines, le groupe perdit de nombreux membres — certains moururent de maladie, d'autres furent capturés ou simplement abandonnèrent. Jakob lui-même atteignit un point de rupture. Un soir, alors qu'ils se cachaient dans une cabane en ruine, il s'effondra.

« Je n'en peux plus », murmura-t-il, sa voix n'étant qu'un souffle dans le silence de la nuit. Une vieille femme, qui avait perdu toute sa famille, s'assit à ses côtés. Elle lui parla doucement, partageant son propre récit de perte. Ses paroles n'étaient pas réconfortantes, mais une simple reconnaissance de leur douleur commune. Cette nuit-là, ils pleurèrent ensemble, deux âmes brisées, unies par leur deuil.

La fuite se poursuivit, un interminable périple à travers un monde hostile et cruel. Ils évitaient les villages et les villes, se déplaçaient sous le couvert de la nuit, constamment en alerte face aux dangers. La nourriture et l'eau étaient devenues des denrées rares, et chaque jour était une bataille contre l'épuisement et le désespoir.

Lorsqu'ils apprirent qu'un village éloigné pouvait offrir refuge, une lueur d'espoir naquit en eux. Ils rassemblèrent leurs dernières forces pour s'y rendre, motivés par le désir de sécurité et de répit.

Le village s'avéra être un véritable salut. Habité par une petite communauté chrétienne, les villageois, compatissants, décidèrent de cacher les réfugiés juifs malgré les risques. Jakob et les autres survivants trouvèrent enfin un endroit où respirer, manger et dormir sans vivre dans la peur constante.

Dans ce village, Jakob trouva également un souffle d'espoir. La bonté de quelques personnes, prêtes à risquer leur vie pour protéger des étrangers, fut comme un rayon de lumière dans l'obscurité. Cela lui donna la force de continuer à vivre, malgré la souffrance incommensurable qu'il avait endurée.

Jakob savait que le chemin vers la guérison serait long et ardu. Les cicatrices laissées par les événements ne guériraient jamais complètement. Mais au milieu du désespoir et de la douleur, il trouva une raison de continuer à se battre : la mémoire de sa famille, l'amour qu'ils avaient partagé et l'espoir qu'un jour, justice et paix reviendraient.

La fin et l'héritage

Des années s'étaient écoulées depuis les terribles événements qui avaient bouleversé à jamais la vie de Jakob. Autrefois marchand juif prospère à Spire, il n'était plus que l'ombre de lui-même, un homme brisé dont le visage, marqué par les années, portait les traces d'innombrables larmes et de nuits sans sommeil. Il vivait désormais seul, dans une petite cabane à la périphérie du village qui avait offert refuge à lui et aux quelques survivants.

Ce matin-là, morne et gris, la lumière du soleil perçait à peine à travers les épais nuages. Jakob sentait que son heure approchait. Allongé dans son modeste lit, sa respiration était irrégulière et faible. Autour de lui, seuls quelques objets personnels évoquaient la vie qu'il avait autrefois menée. Son esprit, quant à lui, vagabondait parmi les souvenirs d'avant la tragédie.

Les réminiscences de sa famille – sa femme, ses enfants – l'amour et la chaleur qu'ils avaient partagés, semblaient désormais comme des rêves lointains, estompés par le brouillard du temps. La douleur et les pertes qu'il avait subies pesaient lourdement sur son âme. Pourtant, il se souvenait aussi des moments de bonté et d'humanité qui l'avaient aidé à tenir bon pendant ces périodes sombres. Ces éclairs de lumière lui avaient donné la force de continuer.

Jakob se remémorait les visages des villageois qui, malgré les risques pour leur propre vie, lui étaient venus en aide, ainsi qu'aux autres Juifs en fuite. Leurs actes étaient des preuves que, même au cœur des ténèbres les plus profondes, l'espoir pouvait encore briller. Cette pensée l'avait porté à travers les années, lui permettant de supporter une souffrance indicible.

Au fil de la journée, quelques villageois vinrent lui rendre visite, lui apportant de quoi manger et boire. Mais Jakob savait qu'il ne toucherait plus à rien de tout cela. Il s'était déjà résigné à quitter ce monde.

D'une voix faible, il demanda à un jeune homme, qui venait souvent le voir, de s'asseoir près de lui. « Je veux te raconter quelque chose », commença Jakob, la voix tremblante. « À propos de ce qui s'est passé, des gens que j'ai aimés et des leçons que j'ai apprises. »

Le jeune homme écouta attentivement tandis que Jakob se lançait dans son récit. Il parla des jours heureux à Spire, de sa famille, de son commerce, et de la communauté juive, autrefois si vivante et pleine d'espoir. Puis vinrent les moments sombres, les massacres, la perte de tout ce qui lui était cher.

« Mais il est important que tu saches que, malgré toute l'horreur que nous avons vécue, il y avait encore des gens qui faisaient le bien », poursuivit Jakob. « Des personnes qui ont montré que la compassion et l'humanité pouvaient survivre, même dans les heures les plus sombres. »

Le jeune homme acquiesça, absorbant chacune de ses paroles. « Ton histoire continuera de vivre », promit-il. « Nous n'oublierons pas. »

Les yeux de Jakob se remplirent de larmes, des larmes de gratitude et d'adieu. Un sentiment de paix l'envahit ; il était prêt à quitter ce monde, sachant que son histoire serait transmise, que la douleur et la souffrance, mais aussi l'amour et l'espoir qu'il avait connus, ne seraient pas oubliés.

À mesure que la nuit tombait, Jakob sentait ses forces l'abandonner. Ses pensées s'évanouissaient peu à peu, mais une ultime sensation de satisfaction l'accompagnait. Il avait tenu bon, avait résisté au désespoir, et il était resté un témoin des événements qui avaient non seulement changé sa vie, mais aussi celle de tant d'autres, pour toujours.

Dans ses derniers moments, il murmura une prière silencieuse, non seulement pour lui-même, mais pour tous ceux qui avaient souffert, pour ceux qui avaient perdu la vie, et pour ceux qui viendraient après lui. Il implorait la paix, la compréhension, et espérait que l'humanité ne se perde jamais dans les ténèbres de la haine.

Lorsque Jakob ferma les yeux pour la dernière fois, ce n'était pas seulement sa vie qui s'achevait, mais aussi un chapitre de l'histoire de la communauté juive de Spire. Ce qui perdurait cependant, c'était l'héritage de ses souvenirs, l'histoire d'une souffrance mêlée à l'espoir, d'une perte compensée par l'humanité. Cette histoire serait transmise à travers les générations, comme un rappel et un appel à ne jamais oublier, afin que les erreurs du passé ne se reproduisent pas, et que l'avenir soit éclairé par les leçons de l'histoire.

Yémen

Au XIIe siècle, les Juifs du Yémen, comme dans de nombreux pays à majorité islamique, étaient connus sous le nom de dhimmis – un terme désignant les non-musulmans vivant sous domination islamique. Ce statut leur offrait à la fois protection et restrictions. En tant que dhimmis, les Juifs et les chrétiens étaient, par exemple, protégés contre les persécutions (contrairement aux adeptes d'autres religions, qui pouvaient être tués), mais ils devaient payer un impôt spécial appelé jizya et se soumettre à diverses limitations concernant leur pratique religieuse et leur vie publique, acceptant ainsi la domination musulmane.

La vie de la communauté juive était profondément ancrée dans sa foi et ses traditions. Les Juifs vivaient souvent dans des quartiers spécifiques, disposant de leurs synagogues, écoles et institutions sociales. Le commerce était une activité courante, et de nombreux Juifs travaillaient comme marchands, artisans ou exerçaient d'autres professions. Malgré les restrictions, ils parvenaient souvent à mener une vie paisible et productive.

Cependant, ces communautés étaient aussi très vulnérables aux caprices des dirigeants politiques et religieux. Au XIIe siècle, sous la domination des imams zaydites, la situation des Juifs s'est considérablement détériorée. Les imams zaydites étaient connus pour leur approche rigide, voire fanatique, des questions religieuses, ce qui a conduit à une augmentation des répressions et des restrictions pour la population juive.

Les persécutions prenaient souvent des proportions cruelles. Les conversions forcées n'étaient pas rares, et ceux qui refusaient de se convertir à l'islam risquaient des châtiments brutaux. Des familles étaient séparées, et de nombreux Juifs ont perdu la vie, leur foyer et leurs moyens de subsistance. Cette période était marquée par la peur, l'incertitude et une lutte acharnée pour la survie.

Malgré cette époque de souffrance, les Juifs du Yémen ont fait preuve d'une résilience impressionnante. Ils ont préservé leurs traditions, pratiqué leur foi en secret et se sont soutenus mutuellement dans les moments de crise. Les récits de cette époque témoignent de leur courage, de leur force et de leur inébranlable espoir, même dans les conditions les plus difficiles.

La Voix de Sanaa

Dhimmis avant la tempête

Dans les ruelles étroites de Sanaa, entouré de vieilles maisons en pierre et de l'effervescence du marché, David, un marchand juif de tissus, menait une vie modeste. Son petit magasin, où l'on trouvait des étoffes de toutes les couleurs et motifs imaginables, était réputé pour la qualité et la diversité de ses produits. Malgré son statut de dhimmi, qui faisait de lui et de sa famille des non-musulmans protégés sous la domination islamique, il jouissait d'un certain respect au sein de sa communauté.

La famille de David était le pilier de sa vie. Sa femme, Mirjam, une femme intelligente et attentionnée, se consacrait avec amour à leurs trois enfants. Leur appartement, situé au-dessus de la boutique, était modeste, mais empli de chaleur familiale et des senteurs de pain fraîchement cuit. Chaque vendredi, pour le sabbat, la famille se réunissait pour savourer ce moment sacré de repos et préserver leurs traditions.

La communauté juive de Sanaa était unie, et chacun connaissait l'autre. Malgré les restrictions auxquelles ils étaient soumis en tant que dhimmis – comme le paiement de la jizya et les limitations concernant les pratiques religieuses publiques –, ils menaient une vie imprégnée de foi et de culture. Le magasin de David n'était pas seulement un lieu de commerce, mais aussi un point de rencontre où l'on venait discuter et échanger des nouvelles.

Cependant, cette routine paisible fut brusquement interrompue lorsque des rumeurs commencèrent à circuler dans les rues de Sanaa. On parlait d'un changement dans l'attitude des imams zaydites envers les Juifs. Certains évoquaient de nouvelles lois qui rendraient la vie des dhimmis encore plus difficile, d'autres murmuraient même des conversions forcées.

David sentait la peur grandir au sein de la communauté. Un jour, alors qu'il triait ses marchandises, son ami et voisin Samuel entra dans la boutique. Le visage de Samuel était marqué par l'inquiétude.

« Tu as entendu ? », demanda Samuel à voix basse, après s'être assuré qu'ils étaient seuls. « On dit que les imams prévoient de nous donner le choix : la conversion ou l'exil. »

La main de David s'arrêta net à ces mots. « Ça ne peut pas être vrai », répondit-il. « Nous avons toujours payé nos impôts et respecté les lois. Pourquoi nous persécuteraient-ils maintenant ? »

« Je ne sais pas, David », répondit Samuel. « Mais je crains que nous devions nous préparer au pire. Ce ne serait pas la première fois que les vents tournent contre nous. »

Les jours suivants furent remplis d'incertitude et de conversations à voix basse. David remarqua que certains de ses clients musulmans commençaient à éviter sa boutique. L'agitation habituelle des marchés semblait s'estomper sous la tension grandissante. De plus en plus, il croisait des regards méfiants et entendait des murmures.

Un matin, en ouvrant son magasin, David découvrit un symbole peint sur sa porte – un signe de haine sans équivoque. Son cœur se serra. Les nouvelles de conversions forcées et de violences contre les Juifs, qui n'étaient d'abord que des rumeurs, semblaient désormais devenir une amère réalité.

Ces événements n'étaient que le début d'une sombre période, durant laquelle la communauté juive de Sanaa et de tout le Yémen allait être frappée par la persécution et la souffrance. C'était le début d'une tempête qui allait bouleverser à jamais la vie de David et de sa famille.

La vague de persécution

La peur grandissante qui se répandait dans la communauté juive de Sanaa était presque palpable lorsque les premières attaques contre des familles juives commencèrent. David, qui s'était jusque-là bercé dans l'illusion d'une sécurité quotidienne, se retrouva soudain plongé dans un cauchemar.

C'était un après-midi ordinaire, quand soudain des cris retentirent et le bruit de verre brisé envahit la rue. David se précipita à la porte de son magasin et vit une foule en colère déferler dans les ruelles. Leur cible : les maisons et commerces des Juifs. Avec horreur, David observa ses voisins se faire attaquer et leurs biens être détruits. Il sentit un frisson glacé de terreur lorsqu'il comprit que cette vague de violence se dirigeait inexorablement vers sa propre maison.

David retourna en hâte dans son magasin et barricada la porte du mieux qu'il put. Sa famille s'était rassemblée à l'arrière de la maison, entourée des rouleaux de tissu qui ne leur offraient désormais plus aucune protection. Mirjam tenait fermement leurs enfants dans ses bras tandis que David, à travers un mince interstice dans les rideaux, essayait de voir ce qui se passait à l'extérieur.

« Que devons-nous faire, David ? », murmura Mirjam, alors que les cris et le chaos dehors se rapprochaient.

« Il faut rester ici et espérer qu'ils passent leur chemin », répondit David d'une voix étouffée.

Mais cet espoir fut de courte durée. Soudain, des pierres fracassèrent les fenêtres et heurtèrent les portes de leur maison. La peur se transforma en panique lorsque la porte céda sous les coups, et qu'un groupe d'hommes furieux fit irruption dans la boutique.

David s'interposa pour protéger sa famille, mais il ne pouvait rien contre leur violence. Les assaillants pillèrent le magasin, détruisant les précieux tissus et semant le chaos. Certains frappèrent David alors qu'il tentait de les arrêter. Mirjam, en larmes, serrait les enfants contre elle, impuissante.

Lorsque les agresseurs s'en allèrent finalement, ils laissèrent derrière eux une boutique en ruines et une famille plongée dans le choc et le désespoir. David, couvert de sang et d'ecchymoses, parvint à rejoindre sa famille.

« Nous ne pouvons pas rester ici », dit-il d'une voix rauque. « C'est trop dangereux. »

Les jours suivants furent marqués par la peur et l'incertitude. La communauté juive, autrefois intégrée à la vie de la ville, était désormais évitée et en proie à l'hostilité. David et sa famille vivaient dans une crainte constante de nouvelles attaques. Leur quotidien avait été détruit ; le magasin, autrefois source de fierté et de subsistance, n'était plus que l'ombre de ce qu'il avait été.

Puis vint l'annonce que les imams zaydites avaient posé un ultimatum : se convertir à l'islam ou être expulsés. David se retrouva face à une décision impossible. Sa foi lui était profondément précieuse, mais la sécurité de sa famille était en jeu.

« Que devons-nous faire, David ? », demanda Mirjam dans le silence d'une nuit, alors qu'ils étaient assis ensemble. « Comment pouvons-nous rester ici dans de telles conditions ? »

David regarda les visages de sa famille, les yeux de ses enfants emplis de peur et d'incompréhension. « Je ne sais pas, Mirjam », répondit-il doucement. « Mais je sais que je ferai tout pour vous protéger. »

Les jours suivants furent empreints de discussions épuisantes et de décisions difficiles. Certains de leurs amis et voisins choisirent la conversion, poussés par la peur et le désir de protéger leurs proches. D'autres commencèrent secrètement à organiser leur fuite.

Pour David et sa famille, chaque jour était une épreuve. Le choix entre leur foi et leur sécurité déchirait leur cœur. Ils savaient que, quelle que soit leur décision, leur vie en serait à jamais transformée.

Cette sombre période de l'histoire de la communauté juive de Sanaa témoigne des souffrances et des déchirements qu'ils ont vécus. La persécution qu'ils subissaient n'était pas seulement une attaque contre leur bien-être matériel, mais aussi contre leur identité et leur foi. Au milieu de ces épreuves, la question de savoir comment envisager l'avenir restait une source de peur et d'incertitude constante.

Espoir caché

Dans les jours qui suivirent les attaques dévastatrices contre sa famille et son commerce, David se retrouva dans un monde qu'il ne reconnaissait plus. Les rues de Sanaa, autrefois animées et pleines de couleurs et de sons, étaient désormais empreintes de méfiance et de peur. Pourtant, au milieu de cette atmosphère de désespoir, un mince espoir commençait à poindre.

Malgré le danger imminent, David et certains membres de la communauté juive se réunissaient en secret. Ces rencontres avaient lieu au plus profond de la nuit, dans des pièces dissimulées des maisons. C'était une entreprise risquée, car une découverte par les autorités zaydites aurait pu avoir des conséquences fatales.

« Nous devons préserver notre foi et nos traditions », chuchota David lors de l'une de ces réunions nocturnes. « Ils ne doivent pas nous voler notre identité. »

Les hommes et les femmes rassemblés autour de lui acquiescèrent, bien que la peur se lise dans leurs yeux. Ils discutaient de la façon de cacher leurs écrits et leurs prières, de transmettre leurs coutumes à la jeune génération et de s'entraider en ces temps difficiles.

« Nous devons rester unis », ajouta Mirjam, assise aux côtés de David. « Plus que jamais. »

Ses mots contrastaient avec la méfiance et l'isolement qui régnaient à l'extérieur de ces murs. Dans ces réunions, ils trouvaient un petit refuge, une communauté qui, dans l'obscurité de la nuit, offrait un mince rayon d'espoir.

Cependant, le danger restait toujours présent. Un jour, alors que David se trouvait au marché, il remarqua que deux hommes le surveillaient. Leur regard était dur et méfiant. David sentit son cœur s'emballer, et il s'empressa de terminer ses courses pour rentrer chez lui.

« Ils nous observent », avertit-il Mirjam, haletant en arrivant à la maison. « Nous devons être plus prudents. »

La peur constante d'être découverts rendait la vie encore plus difficile. Chaque sortie devenait une source d'angoisse. Pourtant, ils tenaient bon, poursuivant leurs réunions secrètes, déterminés à préserver leur culture et leur foi.

La solidarité au sein de la communauté était devenue un pilier essentiel de leur survie. Ils partageaient de la nourriture, s'apportaient un soutien moral et échangeaient des informations. Ces gestes de solidarité étaient non seulement un acte de résistance face à leurs persécuteurs, mais aussi une preuve de leur résilience et de leur foi.

Un soir particulièrement sombre, alors que le groupe se réunissait de nouveau, un vieil homme, Moshe, prononça des paroles d'encouragement. « Nous ne devons pas perdre espoir », dit-il. « Notre histoire nous a appris qu'il y a toujours de la lumière, même dans les moments les plus sombres. Nous devons garder cette lumière dans nos cœurs. »

Ces mots insufflèrent de la force au groupe. Malgré les intimidations et les souffrances qu'ils enduraient chaque jour, ils trouvaient du réconfort et du courage dans leur communauté.

Perte et héritage

Dans les ruelles étroites de Sanaa, un silence oppressant régnait, seulement interrompu par le bruit lointain de pas. David, assis dans sa petite échoppe, ressentait un malaise grandissant au creux de l'estomac. Quelque chose n'allait pas.

Soudain, les portes furent brutalement défoncées. Des soldats armés des imams zaydites envahirent les lieux, leurs visages durs et impitoyables. « David, tu es arrêté pour trahison et hérésie ! », cria l'un des soldats.

David fut emmené avec d'autres membres de sa communauté. La nouvelle se répandit comme une traînée de poudre, et il devint vite évident qu'un traître avait dû les dénoncer. Quelqu'un avait révélé leurs réunions secrètes et leurs plans aux autorités.

Les jours suivants, David et les autres prisonniers furent détenus dans une sombre prison. Les conditions étaient atroces : peu de nourriture, de l'eau sale et presque aucune lumière. Malgré tout, David resta ferme dans sa foi, bien que la peur et l'incertitude grandissent.

Un matin, ils furent sortis de leurs cellules et conduits sur une place publique. Une foule s'y était déjà rassemblée, leurs visages marqués par la curiosité, la peur et la haine.

« Vous avez le choix », proclama bruyamment le bourreau. « Convertissez-vous à l'islam ou vous serez décapités en public. » Ces mots résonnèrent sur la place, alors que la foule écoutait attentivement.

David se tenait là, son cœur battant à tout rompre. Il regarda dans les yeux de ses amis et des membres de sa famille qui se trouvaient à ses côtés. Certains pleuraient, d'autres affichaient un courage déterminé.

« Je ne me convertirai pas », déclara David d'une voix ferme, bien que tout son corps tremblât. « Je ne renoncerai pas à ma foi. »

D'autres suivirent son exemple, tandis que quelques-uns, poussés par la peur de la mort, choisirent la conversion. La foule réagit de manière diverse à chaque décision.

Pour David et ceux qui refusèrent de se convertir, la fin fut rapide et brutale. Les bourreaux exécutèrent leur tâche cruelle sous les yeux de la foule. Ce fut un moment de douleur profonde et de tristesse.

Dans les jours et les semaines qui suivirent cet événement, le courage et la détermination de David devinrent un symbole de résistance et d'espoir au sein de la communauté juive de Sanaa. Son histoire fut racontée et transmise, devenant un héritage vivant pour les générations futures.

Malgré la persécution continue, les membres restants de la communauté restèrent fidèles à leur foi, inspirés par l'exemple de David. Ils se rappelaient de ses paroles, de ses actes et de la conviction inébranlable qu'il avait démontrée jusqu'à son dernier souffle.

David s'était sacrifié pour sa foi, mais son héritage perdura. Dans les cœurs et les mémoires, il demeurait un phare d'espoir et de courage, la preuve que, même dans les moments les plus sombres, l'esprit humain et la foi sont indestructibles.

« L'histoire de David ne sera jamais oubliée », murmura un vieil homme à un jeune garçon, tandis qu'ils récitaient leurs prières dans un lieu caché. « Il nous a appris que notre foi est plus forte que la peur et l'oppression. »

La discrimination des Juifs en Angleterre et en France

À la fin du Moyen Âge, particulièrement aux XIIIe et XIVe siècles, les communautés juives d'Europe, notamment en Angleterre et en France, traversèrent une période de discrimination et de persécutions intenses. Cette époque fut marquée par le fanatisme religieux, les crises économiques et les tensions sociales, qui se traduisirent souvent par des violences à l'encontre des Juifs.

L'Angleterre au XIIIe siècle : La situation des Juifs en Angleterre se dégrada considérablement sous la dynastie des Plantagenêts. Le roi Jean sans Terre, puis le roi Henri III, exploitèrent la communauté juive comme une source de revenus cruciale pour la couronne, en imposant des taxes et prélèvements arbitraires. Les Juifs, principalement engagés dans le prêt d'argent – une activité qui leur était souvent imposée, car d'autres métiers leur étaient interdits –, furent progressivement perçus comme des exploiteurs et des parasites de la société chrétienne. Cette image fut renforcée par les enseignements de l'Église, qui accusaient les Juifs d'avoir tué le Christ, une accusation qui alimenta un antisémitisme profondément enraciné.

Au fil du temps, cette hostilité conduisit à des violences, notamment le massacre de York en 1190. La situation, déjà tendue, atteignit son paroxysme lorsque le roi Édouard Ier, en 1290, promulgua l'« Édit d'expulsion », qui ordonnait l'expulsion de tous les Juifs d'Angleterre.

La France au XIVe siècle : La situation n'était guère différente en France, où les Juifs subissaient également de fortes pressions. En 1306, Philippe IV, surnommé « le Bel », ordonna la première expulsion massive des Juifs de France. Ces expulsions s'accompagnaient souvent de violences et de pillages. L'une des raisons de ces persécutions était d'ordre économique : la couronne, fortement endettée envers les prêteurs juifs, annula tout simplement ces dettes en les expulsant.

De plus, les Juifs étaient régulièrement accusés de saper l'ordre chrétien et d'être responsables des divers maux sociaux et économiques. Ces accusations, souvent infondées, servaient de prétexte à la persécution. La situation se répéta en 1394 sous le règne de Charles VI, avec une nouvelle vague d'expulsions massives.

Similarités et conséquences : Dans les deux pays, les Juifs étaient soumis à des restrictions extrêmes. Ils ne pouvaient pas exercer certains métiers, devaient porter des signes distinctifs et vivaient souvent dans des ghettos. Cette isolation et cette stigmatisation les rendaient particulièrement vulnérables à la haine et à la suspicion. Les expulsions furent traumatisantes pour ces familles, contraintes d'abandonner leurs foyers, leurs communautés et leurs commerces. Elles perdirent non seulement leurs biens matériels, mais aussi leur patrimoine culturel et social.

Ces événements historiques constituent un sombre chapitre de l'histoire de l'Europe. Ils illustrent comment l'intolérance, la peur et l'abus de pouvoir peuvent conduire à l'oppression et à la persécution des minorités. Pour les Juifs, ces expériences furent synonymes de pertes, de deuil et d'une quête incessante d'un refuge dans un monde hostile.

Le foyer perdu

Le calme avant la tempête

Dans la pittoresque ville de York, caractérisée par ses imposantes murailles et son dédale de ruelles médiévales, vivait la famille Meir, un symbole de la vie juive et de la diversité culturelle. Moshe Meir, un artisan respecté, réputé pour ses œuvres en bois délicatement sculptées, menait une vie modeste mais épanouie avec sa femme Sarah et leurs deux enfants, Samuel et Rebekka.

La vie des Meir était imprégnée de traditions et de coutumes profondes. Leur petite maison chaleureuse n'était pas seulement un refuge pour la famille, mais aussi un témoignage de leur foi et de leur héritage. Des tapisseries ornées de bénédictions en hébreu décoraient les murs, et une menorah, soigneusement entretenue, trônait fièrement sur le manteau de la cheminée.

Moshe passait ses journées dans son atelier, où il confectionnait avec passion des meubles en bois et des objets religieux. Il était apprécié par ses clients, juifs et chrétiens, et sa réputation d'artisan talentueux le précédait. Sa femme Sarah, douce et gracieuse, s'occupait de la maison et enseignait à leurs enfants les voies de leur foi. Samuel, l'aîné, était un garçon réfléchi, souvent plongé dans de vieux manuscrits, tandis que Rebekka, la cadette, illuminait la maison de sa curiosité débordante et de son tempérament enjoué.

La vie juive à York n'était pas toujours facile, mais dans les ruelles étroites de leur communauté, les Meir et leurs voisins trouvaient réconfort et solidarité. La synagogue, un bâtiment modeste en pierres vieillies, jouait un rôle central. C'est là qu'ils se retrouvaient pour prier, étudier les textes sacrés et partager les nouvelles du quartier.

Cependant, malgré cette existence paisible, des signes d'agitation planaient. La communauté juive était de plus en plus la cible de méfiance et de calomnies. Des rumeurs, nourries par l'ignorance et la peur, circulaient dans les tavernes et sur les marchés de York. On accusait les Juifs d'enlever des enfants chrétiens et d'empoisonner les puits. Ces récits malveillants se faisaient de plus en plus fréquents, et la pression sur la communauté juive ne cessait de croître.

Un jour, alors que Moshe travaillait dans son atelier, un de ses clients de longue date, un marchand chrétien nommé John, vint le voir, l'air préoccupé. « Moshe, je crains que l'ambiance en ville ne se détériore. Des mensonges circulent à propos de ton peuple. Vous devez être prudents », l'avertit-il doucement. Moshe acquiesça gravement, reconnaissant la franchise et l'amitié de John, mais profondément inquiet de cette évolution.

Le soir, la famille Meir se réunit autour du repas, tandis que les enfants racontaient leur journée. Sarah lançait souvent des regards préoccupés à Moshe en écoutant les enfants. Elle sentait la tension grandissante dans la ville, et l'inquiétude pour sa famille et sa communauté pesait lourdement sur son cœur.

Au cours des semaines suivantes, les sentiments antisémites s'intensifièrent. Les commerces juifs furent de plus en plus évités, et dans les rues, ils étaient dévisagés avec méfiance. La famille Meir se replia peu à peu sur elle-même, entourée d'un climat invisible de peur qui ne cessait de s'étendre.

Cependant, malgré la menace croissante, la communauté juive de York resta soudée. À la synagogue, ils trouvaient du réconfort dans leur foi et dans la solidarité qui les unissait. Alors que Moshe priait avec sa famille et ses amis, il était conscient des temps difficiles qui les attendaient. Ils ignoraient que cette agitation n'était que le début d'une série d'événements bouleversants qui allaient changer leur vie à jamais.

Le décret royal

L'atmosphère à York avait radicalement changé. Les rues, autrefois animées, étaient désormais imprégnées d'une peur palpable et d'une incertitude omniprésente. C'est dans cette ambiance tendue que la communauté juive reçut une nouvelle qui tomba comme un coup de tonnerre : le roi Édouard Ier avait publié un décret ordonnant l'expulsion de tous les Juifs d'Angleterre.

Lorsque la nouvelle parvint à la famille Meir, le choc fut profond. Moshe, qui revenait tout juste de la synagogue, apporta la terrible nouvelle avec un cœur lourd. « Ils exigent que nous partions. Tous », dit-il d'une voix brisée. Sarah, dont le visage reflétait la stupeur, posa la main sur sa poitrine, comme pour apaiser la douleur qu'elle ressentait. « Mais où allons-nous ? C'est notre foyer », murmura-t-elle.

Leurs deux enfants, Samuel et Rebekka, qui jouaient encore avec insouciance, s'arrêtèrent net et fixèrent leurs parents avec des yeux grands ouverts et pleins de questions. « Pourquoi devons-nous partir, père ? » demanda doucement Samuel. Moshe s'assit près d'eux et les prit dans ses bras. « Parfois, mes enfants, il se passe des choses dans le monde que nous ne pouvons pas comprendre », leur expliqua-t-il doucement, mais ses yeux trahissaient la profonde tristesse qui bouillonnait en lui.

Dans les jours qui suivirent, la famille dut agir rapidement. Ils avaient peu de temps pour rassembler leurs affaires et se préparer au départ. Le choix de ce qu'il fallait emporter fut déchirant. Moshe sélectionna certains de ses outils les plus précieux et quelques objets religieux, tandis que Sarah s'assurait d'emporter suffisamment de nourriture et de vêtements pour la famille. Les enfants aidaient du mieux qu'ils pouvaient, bien que la peur et l'incertitude se lisaient sur leurs jeunes visages.

Le départ de leur foyer fut déchirant. Chaque recoin de la maison, chaque meuble, chaque objet semblait raconter une histoire, des souvenirs d'une vie désormais révolue. Sarah parcourut une dernière fois les pièces, effleurant les murs du bout des doigts, fermant les yeux comme pour emmagasiner toutes ces précieuses réminiscences.

Les adieux à leurs voisins et amis furent tout aussi émouvants. Beaucoup étaient eux-mêmes juifs, confrontés au même sort, mais parmi eux, il y avait aussi des chrétiens, les larmes aux yeux. John, le marchand chrétien et ami de la famille, vint leur dire au revoir. « J'aimerais pouvoir faire quelque chose », dit-il d'une voix tremblante. Moshe posa une main sur son épaule. « Ton amitié nous a été plus précieuse que tu ne le penses », répondit-il.

Le jour de leur départ, la communauté se rassembla à la synagogue pour prier ensemble. L'air était chargé d'un mélange de tristesse, de colère et de détermination. Ils prièrent pour être protégés, pour un voyage sûr et pour des retrouvailles en des jours meilleurs. Le rabbin prononça des paroles réconfortantes, mais ses yeux reflétaient la même douleur que celle ressentie par chaque membre de la communauté.

Lorsque la famille Meir quitta la ville avec leurs maigres possessions, ils jetèrent un dernier regard en arrière. York, la ville qui avait été leur foyer, semblait désormais un lointain souvenir. Devant eux s'étendait un avenir incertain, un chemin vers l'inconnu. Pourtant, malgré l'obscurité de ce moment, ils restèrent unis, portés par l'espoir qu'un jour, la justice et la paix les retrouveraient.

Le décret royal, qui bouleversa à jamais leur vie, n'était pas seulement un symbole de la cruauté et de l'injustice de cette époque, mais aussi un douloureux rappel de la fragilité de leur coexistence pacifique. Cependant, au plus profond d'eux-mêmes, ils portaient l'inébranlable force de leur foi et l'amour indéfectible qui les guideraient à travers les épreuves à venir.

Le voyage vers l'inconnu

L'aube se levait lorsque la famille Meir entama son voyage. À pas feutrés, comme des étrangers dans leur propre pays, ils quittèrent York. Le chemin qui s'étendait devant eux était marqué par l'incertitude et la peur. Ils devaient quitter l'Angleterre avant la fin de l'ultimatum, un délai qui pesait sur eux comme une épée de Damoclès.

La famille n'avait emporté que l'essentiel : quelques provisions, des vêtements et les rares souvenirs qu'ils avaient pu sauver. Moshe ouvrait la marche, silencieux, tel un gardien veillant sur sa famille. Sarah gardait les enfants près d'elle, les regardant régulièrement, comme pour s'assurer qu'ils étaient toujours là.

Le voyage était semé de dangers. Ils évitaient les routes principales, craignant les agressions et les regards hostiles. À la place, ils empruntaient des sentiers cachés et des chemins secondaires, espérant rester inaperçus. Le paysage anglais, autrefois si familier et accueillant, leur paraissait désormais menaçant et hostile.

Un soir, alors qu'ils cherchaient refuge dans une forêt, ils entendirent des voix. Des hommes, apparemment à leur recherche. La famille se cacha, le cœur battant à tout rompre. Les enfants, les yeux écarquillés de peur, n'osaient presque plus respirer. Sarah serrait Rebekka contre elle, tandis que Moshe, figé par la tension, cherchait une issue. Par chance, les hommes finirent par s'éloigner sans les découvrir.

Malgré la peur constante et l'incertitude, il y avait des moments d'espoir. Le soir, lorsqu'ils se reposaient, ils parlaient de l'avenir. « Nous trouverons un endroit où nous serons les bienvenus », disait Moshe, même si sa voix exprimait plus d'espoir qu'il n'en ressentait réellement. « Peut-être en France ou en Espagne », ajoutait-il, bien que les nouvelles en provenance de ces pays ne soient guère encourageantes.

Sarah s'efforçait de calmer les enfants en leur racontant des histoires. Des histoires de courage et de résilience, de personnes ayant surmonté des épreuves. Samuel écoutait avec des yeux brillants, tandis que Rebekka, trop jeune pour tout comprendre, se blottissait contre sa mère.

Les nuits étaient froides et les journées épuisantes. Ils devaient souvent endurer la faim et la soif, car ils ne pouvaient pas toujours compter sur la bonté des étrangers. Dans certains endroits, ils étaient accueillis par des regards méfiants, voire rejetés ouvertement. « Les Juifs ne sont pas les bienvenus ici », entendirent-ils plus d'une fois. Ces mots, prononcés avec mépris et haine, laissèrent une profonde empreinte dans leur âme.

Un jour, alors qu'ils traversaient un petit village, un homme les aborda. « Vous êtes des Juifs, n'est-ce pas ? » demanda-t-il, son regard perçant. Moshe acquiesça prudemment, prêt à défendre sa famille. Mais l'homme, dont le visage était marqué par les années, leur montra une gentillesse inattendue. « Tenez », dit-il en leur tendant du pain et du fromage. « Ce n'est pas grand-chose, mais cela pourra vous aider. » Ce geste inattendu d'humanité fut comme un rayon de lumière dans l'obscurité.

Lorsqu'ils atteignirent enfin la côte, le soulagement fut mêlé de tristesse. Ils se tenaient au bord de leur patrie, un pays qu'ils devaient désormais quitter. La vue de l'immensité de la mer était à la fois effrayante et fascinante – un symbole du voyage incertain qui les attendait.

Ils trouvèrent un capitaine prêt à les emmener à bord de son navire. La traversée fut difficile, le bateau ballotté par des vagues agitées, et plus d'une fois ils pensèrent que leur fin était proche. Mais ils tinrent bon, portés par l'espoir d'une nouvelle vie, loin de la persécution et de la haine.

Lorsque le navire atteignit enfin la terre ferme, une terre étrangère qui allait devenir leur nouveau foyer, ils jetèrent un regard en arrière sur le chemin parcouru. Ce voyage, marqué par la peur, l'incertitude et la perte, fut aussi un témoignage de courage, d'espoir et d'une foi inébranlable en un avenir meilleur. Ils savaient que les défis n'étaient pas terminés, mais ils étaient prêts à les affronter ensemble. Dans leur cœur, ils portaient le souvenir impérissable de ce qu'ils avaient laissé derrière eux et l'espoir inaltérable de ce qui les attendait.

Arrivée en France

La côte française s'étendait devant la famille Meir, une vue qui éveillait en eux à la fois l'espoir et l'incertitude. Ils posaient le pied sur une terre étrangère, un lieu où ils espéraient trouver refuge et paix. Mais la peur qui les avait accompagnés tout au long de leur voyage pesait toujours lourdement sur leurs cœurs.

Dès qu'ils débarquèrent, la différence avec l'Angleterre familière leur sauta aux yeux. La langue, les gens, l'architecture – tout leur était étranger. Moshe, qui avait toujours fait preuve de force et de résilience, ressentit une profonde insécurité. « Nous allons construire une nouvelle vie ici », dit-il à Sarah, bien que sa voix tremblât légèrement.

Trouver une nouvelle communauté s'avéra difficile. Ils furent souvent accueillis avec méfiance et durent compter sur eux-mêmes. Dans les premiers jours, ils trouvèrent refuge dans un petit logement délabré. C'était un début modeste, bien différent de la vie qu'ils avaient menée à York.

Sarah tenta de rassurer les enfants, intimidés par leur nouvel environnement et la barrière de la langue. « Ce n'est difficile qu'au début », leur dit-elle, en tenant Rebekka dans ses bras, alors que la petite luttait contre ses larmes. Samuel, l'aîné, regarda sa mère avec sérieux et demanda : « Est-ce que ce sera sûr ici, maman ? »

La famille fit de son mieux pour s'adapter. Moshe chercha du travail, mais ses compétences d'artisan étaient moins recherchées dans ce nouvel environnement. Sarah, qui en Angleterre avait une petite communauté d'amis et de voisins autour d'elle, se sentait isolée et seule. Les enfants, eux, avaient du mal à s'intégrer car ils ne parlaient presque pas le français.

Les jours passaient, et la famille luttait contre les défis du quotidien. Ils apprirent à se contenter de peu et trouvèrent du réconfort dans leur foi ainsi que dans les rares moments de joie qu'ils partageaient ensemble.

Puis vinrent des nouvelles d'Angleterre – des lettres d'amis qui avaient choisi de rester. Ces lettres parlaient de nouvelles persécutions, de cruautés inimaginables. Ils y lisaient des récits de pogroms où des maisons étaient incendiées et des familles déchirées. Ces nouvelles étaient comme un coup de poignard au cœur, rappelant à la famille tout ce qu'elle avait perdu et ceux qu'elle avait dû abandonner.

« Pourquoi nous détestent-ils autant ? » demanda Samuel un soir. Moshe regarda son fils, cette question résonnant profondément en lui. Il ne trouva pas de réponse qui puisse apaiser la douleur, ni de mots pour expliquer la haine qu'ils avaient subie.

Malgré tout, il y eut aussi des moments de gentillesse et de compassion. Ils rencontrèrent d'autres familles juives ayant vécu des expériences similaires. Peu à peu, ils commencèrent à ressentir un sentiment d'appartenance. Ils partageaient leurs histoires, se soutenaient mutuellement et trouvaient du réconfort dans leurs épreuves communes.

Sarah, qui était connue pour ses talents culinaires en Angleterre, commença à cuisiner pour d'autres familles. Ses repas devinrent un symbole de communauté et de résistance face aux difficultés qu'ils traversaient tous. « Tu apportes un peu de notre ancien foyer dans ce nouveau monde », lui dit une voisine en louant son ragoût.

Moshe finit par trouver du travail dans un petit atelier. C'était un début modeste, mais cela lui donna un sentiment de dignité et d'utilité. Il travaillait dur, souvent jusqu'à tard le soir, pour subvenir aux besoins de sa famille.

Les enfants, quant à eux, commencèrent lentement à s'adapter. Ils apprirent la langue, se firent des amis et commencèrent à s'acclimater à leur nouvel environnement. Ils étaient résilients, capables de s'ajuster à un monde qui leur semblait souvent hostile.

Les mois passèrent, et la famille Meir trouva sa place dans cette nouvelle communauté. Ils continuèrent de faire face à des défis et des difficultés, mais ils les surmontaient ensemble. Les souvenirs de ce qu'ils avaient perdu restaient présents, mais ils apprirent aussi à regarder vers l'avenir.

Ils avaient commencé une nouvelle vie en France, une vie marquée par l'adaptation et le changement, mais aussi par l'espoir et la résilience. Ils savaient que l'avenir restait incertain, mais ils étaient déterminés à l'affronter ensemble. Dans leur cœur, ils portaient le souvenir impérissable de ce qu'ils avaient laissé en Angleterre et l'espoir inébranlable de ce que l'avenir leur réservait.

Le deuxième exil

La nouvelle frappa la famille Meir comme un coup de tonnerre. Alors qu'ils commençaient à peine à se reconstruire une vie en France, une nouvelle vague de persécutions se profilait à l'horizon. La peur qu'ils avaient connue en Angleterre refaisait surface, avec cette amère ironie : le pays qui devait être leur refuge devenait à son tour un lieu de menace.

Moshe fut le premier à l'apprendre au sein de la communauté. Des rumeurs circulaient : le roi Philippe IV prévoyait d'expulser les Juifs de France. La confirmation arriva quelques jours plus tard par un décret officiel.

« Nous devons fuir à nouveau », annonça-t-il d'une voix lourde à Sarah.

La décision était déchirante. Ils s'étaient fait des amis, avaient commencé à s'adapter à la culture, et les enfants avaient enfin trouvé leurs marques dans cet environnement devenu le leur. Mais la peur de la persécution et le besoin de sécurité ne leur laissaient pas le choix. Ils devaient partir, cette fois vers l'Est.

« Où allons-nous maintenant, papa ? » demanda Samuel, les larmes aux yeux. « Je pensais qu'on serait en sécurité ici. »

Moshe s'assit près de lui et le prit dans ses bras. « Nous allons chercher un endroit où nous pourrons vivre en paix », répondit-il doucement. « Un lieu où l'on ne sera pas persécutés pour notre foi. »

Les préparatifs pour le départ furent rapides, dans une atmosphère pesante. Ils emballèrent le peu qu'ils possédaient et vendirent ce qu'ils ne pouvaient emporter. Cette fois, ils savaient ce qui les attendait : un voyage vers l'inconnu, marqué par des dangers et des incertitudes.

Alors qu'ils quittaient la France, ils jetèrent un dernier regard en arrière sur ce qui aurait pu être – une vie de paix et de sécurité. Mais ces rêves étaient désormais brisés. Le voyage vers l'Est était empreint de peur et d'incertitude. Ils voyageaient principalement à pied, parfois sur des charrettes offertes par des paysans ou des marchands.

En chemin, ils rencontrèrent d'autres Juifs en fuite. Ensemble, ils partageaient leurs histoires, leurs maigres provisions et trouvaient un réconfort mutuel. Malgré les temps difficiles, un sentiment de communauté et de solidarité se forma entre eux.

Leurs conversations tournaient souvent autour de l'espoir et de la foi.

« Pensez-vous qu'il existe un endroit où nous pourrions enfin vivre en paix ? » demanda un soir Sarah, alors qu'ils étaient rassemblés autour d'un feu de camp.

Les réponses étaient mitigées : certains parlaient d'espoir, d'autres de résignation. Mais Moshe, lui, restait animé par une foi inébranlable.

« Oui », dit-il avec assurance. « Il suffit de continuer à avancer et d'y croire. »

Le voyage fut éprouvant et dangereux. Ils devaient se protéger des bandits et autres menaces, et faire face à la méfiance et au rejet dans les villages qu'ils traversaient. La nourriture et l'hébergement étaient rares, et l'incertitude quant à leur avenir pesait lourdement sur leurs cœurs.

Malgré tout, il y eut des moments de bonheur et d'espoir. Un soir, alors qu'ils faisaient halte dans une petite auberge, ils racontèrent des histoires et chantèrent des chansons. Ce furent des instants où ils parvenaient à oublier leurs soucis, et à se rappeler la beauté de leur foi et de leur culture.

Les enfants s'adaptaient rapidement, forgeant de nouvelles amitiés et apprenant de nouvelles langues. Leur résilience était remarquable, donnant à Moshe et Sarah l'espoir de jours meilleurs.

« Nos enfants sont forts », dit un soir Sarah. « Ils vivront une vie meilleure. »

Finalement, ils atteignirent le Saint-Empire romain germanique, une région qu'ils espéraient plus sûre et plus tolérante. Les premiers jours furent consacrés à la recherche d'une nouvelle communauté, d'un nouveau foyer.

Ils trouvèrent une petite ville où vivait une communauté juive. C'était un début modeste, mais porteur d'espoir. Ici, ils pourraient peut-être enfin mener la vie de paix et de sécurité dont ils rêvaient depuis si longtemps.

Le destin de Fès

Au XVe siècle, Fès, une ville prospère du Maroc, était un véritable carrefour de cultures et de religions. La ville était renommée pour ses impressionnantes madrasas (écoles islamiques), ses bibliothèques et ses marchés animés. C'était une époque où l'art et les sciences connaissaient un essor remarquable dans le monde musulman. Au cœur de cette effervescence culturelle se trouvait une importante communauté juive vivant dans le Mellah, le quartier juif de Fès. Elle était connue pour sa contribution au commerce, à la médecine et à la musique de la ville.

Cependant, cette période n'était pas toujours paisible. Des tensions religieuses et politiques couvaient sous la surface. La communauté juive de Fès, comme dans d'autres parties du monde islamique, bien que reconnue et autorisée à pratiquer sa religion, était néanmoins soumise à certaines restrictions et discriminations.

En 1465, ces tensions atteignirent un point tragique à Fès. Un ensemble complexe de rivalités politiques, d'insécurités économiques et de tensions religieuses conduisit à un déchaînement de violence contre la communauté juive. Alimentée par de fausses rumeurs et attisée par des discours de haine, la colère de certains segments de la population explosa en un massacre brutal, au cours duquel de nombreux Juifs furent tués.

Cet épisode sombre de l'histoire de Fès symbolise les défis et les dangers auxquels les minorités sont confrontées en période de troubles et d'instabilité politique. Il nous rappelle l'importance de la tolérance, de la compréhension et de la coexistence pacifique – des valeurs souvent mises à l'épreuve dans les moments difficiles.

Les cordes brisées de Fès

La coexistence paisible

Samuel se levait tôt, avant même que le soleil n'apparaisse au-dessus des toits de Fès. Il appréciait ces moments de calme, lorsque la ville dormait encore et que les premiers rayons du soleil teintaient les minarets d'une lumière dorée. En tant que musicien juif, il jouissait d'une grande estime au sein de sa communauté, et sa musique était appréciée non seulement par les Juifs, mais aussi par ses voisins musulmans.

Sa petite maison dans le Mellah, le quartier juif, était modeste mais pleine de vie. Sa femme Leah était l'amour de sa vie, et ensemble, ils avaient deux enfants merveilleux, Miriam et Joseph. Ils menaient une vie simple, mais remplie de joie et de musique. Samuel enseignait à ses enfants l'importance de leur identité et de leur culture juives, tout en leur inculquant le respect des autres croyances.

La communauté juive de Fès, désignée sous le nom de Dhimmis selon la loi islamique, bénéficiait d'une certaine autonomie religieuse et de libertés. Cependant, ils devaient porter des vêtements distinctifs pour marquer leur appartenance juive et s'acquitter d'une taxe de protection. Malgré ces contraintes, ils vivaient généralement en paix avec leurs voisins musulmans.

Ce matin-là, Samuel se préparait pour un événement spécial. Il avait été invité à jouer lors d'un mariage dans un quartier musulman voisin. Ce genre d'événement n'était pas rare, et il symbolisait l'harmonie qui régnait entre les différentes communautés de Fès.

Alors qu'il accordait son oud, un instrument à cordes traditionnel, Samuel observait pensivement les rues de Fès. Il avait entendu dire que des troubles avaient éclaté dans certaines parties de la ville. Des rumeurs circulaient sur des tensions croissantes entre les différentes communautés et sur une tendance à l'isolement de la communauté juive. Samuel espérait que ces rumeurs étaient exagérées. Il croyait fermement en la coexistence pacifique et pensait que la musique pouvait servir de pont entre les gens.

Ce jour-là, Samuel joua avec une dévotion qui allait bien au-delà de la simple musique. Chaque note qu'il jouait était pour lui un symbole de paix et d'unité. Les invités furent captivés par sa performance, et nombreux furent ceux qui le remercièrent chaleureusement pour sa belle musique.

Après l'événement, Samuel rentra chez lui, pensif. En chemin, il croisa Isaac, un vieil ami et membre de la communauté juive. Ils discutèrent des rumeurs que Samuel avait entendues.

« As-tu entendu parler des tensions en ville ? », demanda Isaac, inquiet. « Il semble que les choses changent. »

Samuel acquiesça. « Oui, j'en ai entendu parler. Mais j'espère que notre musique et nos traditions continueront d'être des ponts vers la compréhension. »

« J'aimerais partager ton optimisme », répondit Isaac. « Mais je sens une fracture grandissante entre nous et les autres. J'espère que nous nous trompons. »

Ils se dirent au revoir, et Samuel rentra chez lui, plus préoccupé que jamais. Il se demandait si sa foi en la musique et en la coexistence pacifique serait assez forte pour résister aux troubles croissants.

Cette nuit-là, Samuel resta longtemps éveillé. Il pensait à sa famille, à sa communauté et à Fès – la ville qu'il aimait. Il espérait de tout cœur que la paix, qu'il avait connue toute sa vie, ne soit pas seulement un rêve éphémère.

L'ombre de la haine

Au fil des semaines, l'ombre qui pesait sur Fès devenait de plus en plus oppressante. Samuel, qui autrefois trouvait réconfort et lien dans la musique, ressentait désormais un silence inquiétant s'installer dans l'air. Les rues du Mellah, autrefois animées de conversations et de rires, étaient maintenant plongées dans une profonde mélancolie.

Les relations entre les Juifs et leurs voisins musulmans, autrefois empreintes de respect et de coexistence, devenaient de plus en plus tendues. Samuel voyait la méfiance et la peur s'infiltrer doucement dans les cœurs. Ce n'étaient plus de simples rumeurs ; il le percevait dans les regards qui changeaient, dans les murmures qui s'interrompaient brusquement à son passage.

Un jour, en rendant visite à son ami Rashid, un musicien musulman avec qui il avait souvent collaboré, Samuel ressentit un changement radical. Rashid, qui l'accueillait toujours avec chaleur, semblait cette fois-ci distant et tendu.

« Samuel, je suis désolé, mais je pense qu'il vaut mieux suspendre notre partenariat musical pour l'instant », dit Rashid doucement, évitant de le regarder dans les yeux.

« Mais pourquoi, Rashid ? N'avons-nous pas toujours célébré la puissance de la musique, qui nous unit ? » demanda Samuel, visiblement bouleversé.

Rashid poussa un profond soupir. « Les temps ont changé, Samuel. Il y a des rumeurs, de la méfiance... Je ne veux pas te mettre en danger, et je dois aussi penser à ma famille. »

Ces mots frappèrent Samuel comme un coup de poing. L'idée que leur amitié – une relation forgée au fil des ans grâce à une passion et un respect partagés – puisse être brisée par la peur et la méfiance était insupportable pour lui.

Dans les jours qui suivirent, Samuel entendit parler d'événements troublants. Des menaces contre les Juifs étaient signalées, ainsi que des agressions mineures. Certains commerces du Mellah avaient été vandalisés, et l'atmosphère dans le quartier devenait de plus en plus tendue. Samuel avait l'impression de vivre un cauchemar dont il ne pouvait pas se réveiller.

Un soir, alors qu'il marchait dans les ruelles étroites du Mellah, il fut témoin d'un groupe de jeunes hommes lançant des pierres sur une maison juive. La peur et le désespoir dans les yeux des habitants, qui tentaient de se protéger, s'imprimèrent profondément dans la mémoire de Samuel.

Il rentra précipitamment chez lui, le cœur lourd d'inquiétude et de peur. Leah, sa femme, comprit immédiatement que quelque chose n'allait pas.

« Que s'est-il passé, Samuel ? Tu as l'air d'avoir vu un fantôme », dit-elle, inquiète.

Samuel lui raconta ce qu'il avait vu, et le visage de Leah devint livide. « Que devons-nous faire ? » murmura-t-elle. « Nous ne pouvons pas rester ici à attendre. »

« Je ne sais pas, Leah », admit Samuel. « J'ai toujours cru que notre musique et notre culture pouvaient bâtir des ponts de paix. Mais maintenant... je ne sais plus quoi faire. »

Cette nuit-là, personne dans la famille ne trouva le sommeil. Ils restèrent allongés, éveillés, écoutant chaque bruit, espérant que le lendemain leur apporterait un peu de sécurité. Mais au fond d'eux, ils savaient que les jours de paix et d'harmonie qu'ils avaient autrefois connus étaient irrémédiablement révolus.

L'ombre de la haine s'était abattue sur Fès, et Samuel sentait qu'un terrible destin approchait. La musique, qui avait été son refuge, semblait désormais étouffée sous le poids écrasant des événements à venir.

La rupture de l'harmonie

Ce matin-là, la lumière qui pénétrait d'habitude doucement par les fenêtres étroites du Mellah semblait avoir disparu. Avec elle s'éteignait aussi le dernier sentiment de sécurité que Samuel et sa famille ressentaient encore. Ce jour-là, la violence s'abattit sur les Juifs de Fès telle une tempête dévastatrice.

Tout commença par un cri perçant, résonnant à travers les ruelles, suivi d'un vacarme assourdissant : le fracas des portes défoncées, le tintement des armes et les hurlements furieux de la foule. Le massacre avait commencé.

Samuel, qui s'était réveillé quelques heures plus tôt dans une tranquillité trompeuse, se retrouva soudain plongé dans un cauchemar. Les rues, autrefois animées par les marchands et les enfants qui jouaient, s'étaient transformées en un champ de bataille. Des meurtres brutaux, des hurlements inhumains et l'horreur dans les yeux de ceux qui avaient été ses voisins et amis – tout cela s'imprima de manière indélébile dans sa mémoire.

Il vit des hommes, des femmes et des enfants traqués et tués sans pitié. Des viols se déroulaient en plein jour, tandis que les cris des victimes se perdaient dans l'indifférence. Des têtes étaient tranchées, des corps mutilés. Le sang coulait dans les ruelles du Mellah et l'odeur de la mort flottait dans l'air.

Au milieu de ce chaos, Samuel tenta désespérément de protéger sa famille. Il retrouva Leah et ses enfants terrés dans un coin de leur maison, tremblants de peur. Ils s'agrippaient les uns aux autres tandis que la mort rôdait à l'extérieur.

« Nous devons partir », murmura Samuel. « Nous devons essayer de fuir la ville. »

Mais la fuite était périlleuse. Partout, des meurtriers guettaient, prêts à tuer tout Juif croisant leur chemin. Samuel, les mains tremblantes, rassembla quelques affaires, tandis que Leah tenait fermement les enfants contre elle.

Ils quittèrent leur maison, désormais une coquille vide au milieu de l'horreur. Samuel guida sa famille à travers les ruelles cachées, toujours sur le qui-vive. Chaque bruit les faisait tressaillir, chaque mouvement pouvait signer leur fin.

Ce qui déchirait le plus Samuel, c'était de voir son monde, qu'il chérissait tant, se désintégrer sous ses yeux. Des amis et des voisins, avec qui il avait autrefois partagé la musique et les festivités, gisaient à présent morts dans les rues. Chaque visage familier parmi les victimes était comme un coup de poignard dans son cœur.

Au milieu de ce carnage, Samuel perdit certains de ses proches. Son frère, qui tentait de sauver un groupe d'enfants, fut tué sous ses yeux. Samuel ne put qu'assister, impuissant, à la scène tandis que son frère était abattu.

Mais ils devaient continuer, toujours avancer, dans l'espoir de trouver un refuge quelque part. Chaque pas les éloignant de leur maison alourdissait un peu plus le poids de leur chagrin. Les cris de désespoir, les pleurs des enfants, les supplices pour obtenir la grâce – tout cela se mêlait en un chœur d'horreur qui résonnait sans fin dans les oreilles de Samuel.

Après des heures qui semblèrent durer une éternité, ils atteignirent enfin la porte de la ville. La vue de la campagne ouverte, de cette liberté à la fois si proche et pourtant si éloignée, fit s'arrêter Samuel un instant.

Il jeta un dernier regard sur la ville qui avait été son foyer, désormais un lieu de terreur et de souffrance. Les larmes aux yeux et le cœur lourd de la perte de tout ce qu'il avait connu, Samuel guida sa famille vers un avenir incertain, loin de cette rupture de l'harmonie qui avait à jamais bouleversé leur vie.

Dans l'obscurité

Après avoir quitté la ville, Samuel, sa famille et un petit groupe de survivants trouvèrent refuge dans une ferme abandonnée, loin de Fès. Là, dans l'obscurité, à des lieues des cris et du massacre, ils espéraient être en sécurité. Pourtant, les souvenirs des horreurs qu'ils avaient vécues ne les quittaient pas.

La ferme, autrefois symbole de tranquillité rurale, était devenue leur abri, un lieu où ils luttaient pour survivre. Les nuits étaient froides, et le jour, ils vivaient dans la peur constante d'être découverts. Ils subsistaient avec le peu qu'ils avaient pu emporter et ce que la nature leur offrait. La faim et la soif étaient des compagnes constantes.

Samuel trouvait peu de repos. La nuit, il se réveillait en sueur, hanté par les cris et les images du massacre. Voir ses enfants dormir lui apportait du réconfort, mais l'incertitude de l'avenir le tourmentait. Il n'avait pas perdu la foi, mais il peinait à comprendre comment une telle souffrance avait pu se produire.

« Pourquoi ? », murmura Leah une nuit. « Pourquoi tout cela nous arrive-t-il ? »

Samuel n'avait pas de réponse. Il la serra simplement dans ses bras, partageant ses larmes et son silence. Sa guitare, autrefois son bien le plus précieux, restait abandonnée dans un coin. La musique semblait avoir déserté sa vie.

Les jours passaient, et avec eux grandissait la peur d'être découverts. Des rumeurs circulaient, affirmant que des patrouilles cherchaient des survivants dans la région. La tension montait dans le groupe. Chaque craquement dans la nuit les faisait sursauter, chaque bruit de vent devenait une menace potentielle.

Pourtant, au cœur de ces heures sombres, une lueur d'espoir apparut. Un jour, un fermier marocain se présenta à la ferme. Craignant le pire, ils furent soulagés lorsqu'il apporta de la nourriture – du pain, des fruits et du fromage.

« Pourquoi nous aides-tu ? », demanda Samuel, méfiant.

Le fermier, un homme simple au visage buriné par le temps, le regarda droit dans les yeux. « Parce que c'est la bonne chose à faire », répondit-il simplement. « Tout le monde ne partage pas la haine qui a envahi Fès. »

Ce petit geste d'humanité leur redonna espoir. Ils n'étaient pas complètement oubliés, ni abandonnés de tous. Le fermier revenait régulièrement, apportant de la nourriture et des nouvelles du monde extérieur. Petit à petit, un lien de confiance fragile se tissa entre eux.

Samuel se remit doucement à jouer de la musique, discrètement, presque en chuchotant, de peur que les notes ne les trahissent. Mais cette musique ramenait un peu de normalité, une touche d'humanité dans le chaos ambiant. Ses enfants écoutaient, et parfois, il voyait une étincelle de joie dans leurs yeux, un bref éclat de bonheur.

Cependant, malgré ces moments, la peur restait omniprésente. Le danger n'était jamais loin. Chaque jour, ils savaient que ce pouvait être le dernier. L'incertitude constante les usait, les faisant vieillir plus vite que le temps ne le permettait.

Une nuit, alors qu'ils dormaient, Samuel fut réveillé par un bruit. Il tendit l'oreille, retenant son souffle, et distingua des pas à l'extérieur. Il réveilla les autres en silence, un doigt posé sur ses lèvres. Chaque battement de cœur résonnait dans une attente tendue.

La porte s'ouvrit lentement. Samuel, prêt à défendre sa famille, vit le visage du fermier qui entrait, les mains levées. « Vite », murmura-t-il. « Vous devez partir maintenant. Les patrouilles se rapprochent. »

Cette nuit-là, ils quittèrent la ferme, leur refuge temporaire dans l'obscurité. Avec seulement ce qu'ils pouvaient porter, ils suivirent le fermier à travers la nuit, chaque pas était un risque, chaque mouvement, un pari.

Lorsqu'ils atteignirent l'endroit sûr que le fermier leur avait indiqué, Samuel comprit que ce n'était qu'une étape de plus dans un long et incertain voyage. Mais au milieu de toute cette obscurité, il avait retrouvé quelque chose qu'il croyait perdu : une étincelle d'espoir, la preuve que l'humanité existait encore, même dans les heures les plus sombres.

L'écho des souvenirs

Les jours qui suivirent leur fuite de la ferme, Samuel et sa famille les passèrent dans l'humble demeure de Jamil, le fermier qui leur avait offert refuge. Ils étaient en sécurité, mais les événements de Fès et la peur constante avaient laissé des cicatrices profondes.

Samuel trouvait à peine le sommeil. Dès qu'il fermait les yeux, il revoyait les rues de Fès, entendait les cris et le chaos. Il revivait encore et encore le visage de sa femme Sarah, déformé par la peur, juste avant qu'elle ne perde la vie. Il ressentait à nouveau cette douleur déchirante, comme si son cœur se brisait à chaque instant.

Le jour, il essayait d'être fort pour ses enfants, qui s'accrochaient à lui, cherchant un point d'ancrage dans un monde qui semblait n'avoir plus aucun sens. Mais dans le silence de la nuit, lorsque tout le monde dormait, il laissait libre cours à ses larmes.

Jamil et sa famille les traitaient avec une bienveillance que Samuel avait presque oubliée. Ils partageaient leur nourriture, leur foyer, leur offrant un semblant de sécurité. Mais Samuel savait que cela ne pourrait pas durer. Ils devaient repartir, reconstruire leur vie quelque part, loin des ombres de Fès.

Un jour, alors qu'il était seul à l'extérieur, Samuel sortit sa guitare. Ses doigts effleurèrent les cordes avec hésitation, et les premières notes étaient faibles, incertaines. Mais peu à peu, avec chaque accord, il retrouva quelque chose qu'il croyait avoir perdu – une partie de lui-même, un fragment du monde qu'il avait autrefois connu.

Ses enfants vinrent le rejoindre, s'assirent à côté de lui, écoutant en silence. Samuel chanta une vieille chanson qu'il jouait souvent pour Sarah. Sa voix se brisait parfois, mais la musique le portait, lui redonnait de la force. C'était un moment de paix, un bref répit dans l'obscurité qui les entourait.

Avec le temps, Samuel trouva dans la musique un refuge, un moyen d'exprimer ses émotions, sa tristesse, sa douleur, mais aussi son espoir. Il commença à raconter son histoire à travers des chansons – des récits de Fès, de la perte, de la survie. Il voulait que le monde sache ce qui s'était passé, pour que cela ne soit jamais oublié.

Ses enfants apprirent ses chansons par cœur. Ils ne comprenaient pas tout ce qui s'était passé, mais à travers la musique, ils ressentaient les émotions de leur père – son amour, sa douleur, et son désir de paix.

Un jour, Jamil s'adressa à Samuel. « Vous ne pouvez pas rester ici éternellement », dit-il doucement. « Il vous faut trouver un endroit où reconstruire votre vie. Je vais vous aider. »

Jamil les aida à se joindre à une caravane qui les emmènerait vers le nord. Ils se préparèrent pour un long voyage incertain. Samuel savait que c'était la prochaine étape, le chemin vers un futur inconnu. Mais il sentait aussi un changement en lui. Malgré tout ce qui s'était passé, il portait encore en lui une lueur d'espoir.

La nuit avant leur départ, ils se rassemblèrent tous ensemble. Samuel joua de la guitare, et ses enfants chantèrent doucement avec lui. C'était un moment d'adieu, mais aussi de renouveau. En regardant le visage de ses enfants, Samuel sut qu'il devait continuer à se battre – pour eux, pour leur avenir, pour un monde où de telles atrocités n'auraient plus lieu.

Lorsque la caravane partit le lendemain matin, Samuel jeta un dernier regard sur la maison qui leur avait offert refuge. Il savait qu'il serait éternellement reconnaissant à Jamil et à sa famille. Ils leur avaient montré qu'en dépit de toute la noirceur, la lumière de l'humanité existait encore.

Au fil de leur voyage, ils traversèrent des paysages sans cesse changeants. Parfois, lors des pauses, Samuel écoutait les chansons des autres voyageurs et trouvait du réconfort dans cette communauté qui s'exprimait à travers la musique. Il racontait son histoire, encore et encore, et chaque fois, il sentait que le poids sur ses épaules devenait un peu plus léger.

Avec chaque jour qui passait, Samuel prenait conscience que la vie continuait, que la beauté du monde subsistait encore, et qu'il était toujours possible de trouver la paix. Sa musique devint un symbole d'espoir, non seulement pour lui, mais aussi pour ceux qui l'écoutaient.

Lorsque finalement, ils atteignirent leur destination, un endroit où ils pourraient recommencer, Samuel observa ses enfants jouer sous le soleil. Il sentit en lui un changement profond. Il n'avait pas encore trouvé la paix, mais il avait découvert quelque chose d'encore plus important – la force de continuer, pour lui, pour sa famille, pour tous ceux qui n'étaient plus là.

Samuel prit sa guitare et se mit à jouer sous le ciel ouvert, pour un avenir encore à écrire. Il chanta la douleur du passé, la perte et le chagrin, mais aussi l'espoir et la force inébranlable de l'esprit humain. Et à cet instant, il sut qu'importe ce qui l'attendait, il était prêt à y faire face, avec sa musique comme guide vers un avenir, il l'espérait, plus lumineux.

La discrimination des Juifs en Espagne au XVe siècle

Au XVe siècle, la communauté juive d'Espagne traversa une période de discrimination et de persécution extrêmes. Cette époque fut marquée par des bouleversements politiques, religieux et sociaux qui eurent un impact profond sur la vie des Juifs.

Les Juifs avaient une longue histoire en Espagne. Ils faisaient partie intégrante de la vie culturelle et économique du pays, contribuant dans des domaines variés tels que le commerce, la médecine, les sciences et la philosophie. Malgré leur contribution à la société, ils étaient souvent perçus comme des étrangers et devaient faire face à de nombreuses restrictions et discriminations.

Aux XIVe et XVe siècles, l'hostilité envers les Juifs s'accrut, alimentée par divers facteurs, notamment le fanatisme religieux, la jalousie face à leur réussite économique et les luttes pour le pouvoir politique. Des pogroms et des massacres, comme celui de 1391, causèrent la mort de nombreux Juifs et entraînèrent la conversion forcée de beaucoup d'entre eux.

Nombre de Juifs furent contraints, par la violence ou sous la menace, de se convertir au christianisme. Ces nouveaux chrétiens, appelés « Conversos » ou « Marranes », étaient constamment soupçonnés de rester secrètement fidèles à leur foi juive. Ils étaient souvent accusés d'hérésie et soumis à l'Inquisition, qui traquait sans relâche les supposés apostats.

L'ultime manifestation de la persécution des Juifs en Espagne fut le décret de l'Alhambra de 1492, émis par la reine Isabelle de Castille et le roi Ferdinand d'Aragon. Ce décret ordonnait l'expulsion de tous les Juifs refusant de se convertir au christianisme. Ce fut un acte brutal qui marqua la fin de la présence juive en Espagne telle qu'on la connaissait.

Les conséquences de cette persécution furent dévastatrices. Des familles furent déchirées, des communautés détruites et un riche patrimoine culturel fut perdu. Beaucoup de Juifs s'enfuirent vers d'autres pays, où ils furent souvent confrontés à de nouvelles difficultés, tandis que d'autres continuaient à pratiquer leur foi en secret, dans la peur constante d'être découverts.

Cette période de l'histoire est un exemple frappant des dangers de l'intolérance et de la haine. Elle montre à quelle vitesse une communauté intégrée et florissante peut être anéantie, et souligne l'importance de préserver la mémoire de tels événements pour éviter que de telles tragédies ne se reproduisent.

L'héritage perdu de Séville

L'ombre du décret

Je m'appelle David, simple marchand juif de Séville. Ma vie, façonnée par le commerce et les liens familiaux, allait bientôt connaître un bouleversement inimaginable.

Séville, ce centre commercial bouillonnant, était ma maison. Notre communauté était vivante, un véritable carrefour de cultures et de religions. Bien que nous, les Juifs, vivions souvent en marge de la société, nous y avions trouvé notre place. J'avais repris le commerce de mon père, vendant des épices et de la soie. Ma maison résonnait des rires de mes enfants et des regards affectueux de ma femme, Leah.

Mais l'année 1492 allait tout changer. Les rues, autrefois pleines de vie, commencèrent à se transformer. Des rumeurs circulaient, évoquant un décret royal qui menaçait notre existence. Nos voisins chrétiens, autrefois amicaux, nous regardaient désormais avec méfiance, voire avec mépris. Je me souviens d'un jour de marché où j'ai croisé Jacob, un vieil ami.

« David, as-tu entendu ? Ils disent qu'il y a des plans pour nous expulser, ou pire encore... », dit Jacob, les yeux emplis de peur.

« Mais cela ne peut pas être vrai, nous vivons ici depuis des générations », ai-je répondu, bien qu'un sentiment glacial d'incertitude commençait à s'emparer de moi.

Puis vint le jour où notre sort fut scellé. Le décret de l'Alhambra fut proclamé, ordonnant aux Juifs de se convertir ou de quitter le pays. La nouvelle nous frappa comme un coup de tonnerre. Réunis dans notre synagogue, l'air était chargé de désespoir et d'incrédulité.

« Nous devons partir, David », me dit Leah d'une voix tremblante. « Je ne veux pas que nos enfants grandissent dans la peur. »

« Mais où pourrions-nous aller ? Tout ce que nous connaissons est ici », répondis-je, désemparé.

Les jours suivants furent marqués par un silence oppressant. Partout, des familles commencèrent à vendre leurs biens, souvent pour une fraction de leur valeur. Je vis mon voisin, un vieil homme qui avait passé toute sa vie dans cette ville, vendre ses livres en pleurant.

Dans les rues de Séville, nous faisions désormais face à une hostilité ouverte. Un jour, en sortant de la synagogue, nous fûmes accueillis par des jets de pierres. « Partez, Juifs ! », hurlaient-ils.

La décision de quitter notre terre natale fut déchirante. Je regardais ma maison, dont les murs portaient l'histoire de générations passées. Comment pouvais-je abandonner tout ce que j'avais aimé ?

Un soir, nous avons fait nos bagages, emportant avec nous les quelques possessions qui nous restaient. Leah me regarda, ses yeux remplis de larmes, mais aussi de détermination. Nos enfants dormaient, inconscients du chemin incertain qui nous attendait.

En quittant notre maison, je jetai un dernier regard en arrière. Les rues de Séville, autrefois éclatantes de vie et de couleurs, étaient désormais sombres et menaçantes. Cette nuit-là, je perdis non seulement mon foyer, mais aussi une partie de mon âme.

Ainsi commença notre voyage, marqué par la perte et l'incertitude. Un voyage qui nous emmena loin de tout ce que nous connaissions et aimions. Nous fûmes non seulement physiquement exilés de notre patrie, mais également déracinés de notre place dans le monde. La douleur et le chagrin que nous ressentions étaient indescriptibles, mais ils marquaient aussi le début d'une nouvelle histoire : celle de notre exil.

La famille déchirée

Notre famille était confrontée à une décision inévitable, une décision qui allait nous changer à jamais. Alors que je déambulais à travers les pièces vides de notre maison, autrefois pleine de vie et de joie, je sentais le poids de cette décision peser lourdement sur mes épaules.

Un soir, alors que nous étions réunis autour de notre table à peine garnie, mon fils aîné, Aaron, aborda enfin le sujet qui nous hantait tous en silence. « Père, pourquoi ne pourrions-nous pas simplement nous convertir ? Nous pourrions alors rester ici. » Ses mots flottaient lourdement dans l'air.

Ma femme, Leah, le regarda avec tristesse. « Aaron, notre foi est l'héritage de nos ancêtres. Comment pourrions-nous simplement l'abandonner ? »

Mais Aaron n'était pas le seul à douter. Ma fille Sarah, habituellement la plus discrète de la famille, murmura doucement : « J'ai peur de ce qui nous attend dehors. Peut-être serait-il plus sûr de rester ici et de... »

Ses mots s'évanouirent, des larmes emplissant ses yeux. Je voyais la douleur et la peur dans le regard de ma famille, et je me sentais déchiré entre le désir de les protéger et le devoir de préserver nos traditions et notre foi.

« Nous ne pouvons pas rester », dis-je enfin d'une voix ferme, bien que mon cœur fût lourd. « Notre vie ici est terminée. Nous devons partir, avant qu'il ne soit trop tard. »

La décision que j'avais prise planait sur nous comme une ombre noire. Les jours suivants, nous emballâmes nos maigres possessions, les précieux souvenirs et les textes religieux que notre famille se transmettait depuis des générations.

Alors que nous traversions les rues familières de Séville pour leur dire un dernier adieu, nous sentions les regards méfiants et entendions les murmures des passants. La ville qui avait été notre foyer semblait désormais froide et hostile.

Le jour de notre départ, nous nous tenions devant notre maison, désormais vide et silencieuse. Les portes, qui avaient été témoins de tant de joies et de peines, ne nous accueilleraient plus.

Les larmes aux yeux, je regardais ma famille. Leah tenait fermement notre plus jeune fille, Miriam, dans ses bras, tandis qu'Aaron et Sarah se tenaient à mes côtés, la tête baissée.

« Nous trouverons un nouveau foyer », murmurai-je, espérant de tout cœur que mes paroles se réaliseraient. « Dieu nous guidera. »

Le chemin vers l'inconnu

Les jours qui précédèrent notre départ furent marqués par une activité frénétique et des adieux déchirants. Nous vendîmes ce que nous pouvions, souvent à des prix dérisoires, car nos voisins connaissaient notre situation désespérée. Chaque objet vendu semblait emporter avec lui un morceau de notre passé.

Notre maison, autrefois symbole de notre prospérité et de notre place au sein de la communauté, fut vendue pour une fraction de sa valeur. Alors que je comptais l'argent, qui devait nous aider à assurer notre avenir, je sentais qu'une partie de moi-même restait enfermée dans ces murs.

« Il est temps, père », murmura Aaron, alors que nous rassemblions nos maigres affaires. Dans ses yeux, je lisais un mélange de peur et de détermination.

Le voyage commença à l'aube. Nous rejoignîmes un groupe d'autres familles juives qui quittaient elles aussi le pays. Ensemble, nous étions plus forts, mais la peur de l'inconnu planait sur nous comme un voile sombre.

Notre chemin nous mena à travers des terres accidentées et des villages reculés, où notre présence suscitait méfiance et parfois hostilité ouverte. Certaines nuits, alors que nous étions rassemblés autour du feu de camp, nous entendions les cris de personnes au loin, qui n'avaient pas eu notre chance.

Un jour, alors que nous traversions une plaine aride, des bandits nous attaquèrent. Ils nous prirent le peu que nous possédions encore et disparurent aussi rapidement qu'ils étaient venus. Cet événement laissa en nous une cicatrice profonde, la conscience douloureuse de notre vulnérabilité.

Les enfants tenaient bon, même si je pouvais lire la souffrance dans leurs yeux. Sarah tentait de réconforter la petite Miriam, qui pleurait souvent la nuit, réclamant notre ancienne maison.

« Nous y serons bientôt », murmurait Sarah, bien qu'aucun de nous ne sache réellement où se trouvait ce « bientôt ».

Finalement, nous atteignîmes la côte. La mer immense devant nous représentait à la fois une barrière et une porte vers de nouvelles opportunités. Nous n'avions pas les moyens de payer une traversée, alors nous attendions, priant et espérant qu'une chance se présenterait.

Pendant ces jours passés au port, nous en apprîmes beaucoup sur la vie en exil. Nous rencontrâmes d'autres Juifs avec des histoires similaires et entendîmes parler de pays où nous serions peut-être acceptés. Mais chaque espoir était teinté d'incertitude et de peur.

Un soir, un homme vint à notre campement. Il nous proposa une place sur un bateau en partance pour l'Afrique du Nord. C'était notre meilleure chance, même si les conditions à bord seraient dures et dangereuses.

Nous montâmes à bord du navire, le cœur lourd, sachant que nous laissions tout derrière nous, mais avec l'espoir d'un avenir meilleur. La traversée fut marquée par des tempêtes, des maladies et des privations. Nous nous accrochions les uns aux autres, nos corps affaiblis, mais nos esprits résolus.

Lorsque nous aperçûmes enfin la terre, un mélange de soulagement et de peur nous envahit. Que nous réservait ce nouveau pays ? Serions-nous acceptés ou bien allions-nous à nouveau être persécutés ?

La vie en exil était difficile. Nous devions tout recommencer, sans biens, sans le soutien d'une communauté établie. Mais nous trouvâmes aussi de la gentillesse et de la compassion chez des personnes qui comprenaient nos histoires et étaient prêtes à nous aider.

Durant ces premiers mois, nous nous construisîmes une nouvelle vie. Ce fut une vie pleine de défis, mais aussi de petites victoires. Chaque jour apportait son lot de combats, mais aussi un peu plus d'espoir.

« Nous prendrons racine ici », dis-je un soir à ma famille, alors que nous étions réunis dans notre modeste nouvelle maison. « Nous survivrons et nous refleurirons, comme nos ancêtres l'ont toujours fait. »

Dans les yeux de ma famille, je voyais un mélange de doute et de foi. Mais par-dessus tout, je voyais une volonté inébranlable de faire face aux défis et d'avancer malgré tout.

Ces nuits-là, sous un ciel étranger, je rêvais souvent de Séville, de notre ancienne vie. Mais à mon réveil, je me rappelais que notre avenir se trouvait ici, dans ce nouveau pays qui nous avait offert un refuge.

Notre chemin vers l'inconnu fut marqué par la perte et la douleur, mais aussi par le courage et l'espoir. Nous étions une famille déchirée, cherchant notre place dans un monde souvent hostile. Pourtant, malgré tout, nous nous accrochions à notre foi, à notre culture et les uns aux autres, résolus à retrouver un foyer, où que le destin nous mène.

Le combat pour s'adapter

Durant les premiers mois de notre vie en exil, chaque jour semblait être un obstacle insurmontable. Le pays où nous avions trouvé refuge nous paraissait étranger – par sa langue, sa culture et ses coutumes. Notre identité juive, autrefois source de fierté en Espagne, était ici devenue un signe de différence, nous isolant des autres.

Notre première demeure était une petite chambre sombre, située dans un quartier surpeuplé de la ville. Les murs étaient si fins que les voix de nos voisins les traversaient, jour et nuit. Chacun de nous essayait, à sa manière, de s'adapter à ce nouvel environnement.

« Nous devons apprendre la langue, c'est la première étape », dis-je à ma famille. Aaron, toujours curieux et avide d'apprendre, se lia rapidement d'amitié avec les habitants et commença à apprendre leur langue.

Mais ce n'étaient pas seulement les barrières linguistiques qui nous séparaient des locaux. Nos traditions et notre foi nous distinguaient également. Nous continuions à respecter le sabbat et à suivre les lois alimentaires juives, bien que cela fût souvent difficile à mettre en pratique.

« C'est comme si nous vivions dans deux mondes », dit Sarah un soir. « À l'extérieur, nous devons nous adapter, mais à la maison, nous restons attachés à nos traditions. »

L'un des aspects les plus difficiles était la relation avec la population locale. Beaucoup nourrissaient des préjugés contre les Juifs et nous regardaient avec méfiance ou hostilité. Nous entendions des récits d'autres Juifs qui avaient été agressés ou trompés. C'était une lutte constante, non seulement pour survivre, mais aussi pour préserver notre dignité et notre respect.

J'essayai d'ouvrir un petit commerce pour subvenir aux besoins de ma famille. Mais les autorités n'étaient pas bienveillantes. Elles nous imposaient des taxes supplémentaires et des restrictions, simplement parce que nous étions juifs. Chaque succès était durement gagné, chaque avancée, une victoire sur les obstacles.

« Pourquoi ces gens sont-ils si méfiants envers nous ? » demanda un jour Miriam. Son innocence, en plein cœur de ce combat, me brisait le cœur.

« Ils ne nous comprennent pas, ma chérie », répondit Sarah doucement. « Mais nous ne devons pas perdre espoir. Nous avons déjà traversé tant d'épreuves. »

Malgré les difficultés, nous trouvions parfois de l'amitié et du soutien. Certains nous aidaient sans se soucier de notre foi ou de nos origines. Ces petits gestes de bonté apportaient un peu de lumière dans notre quotidien difficile.

Nos efforts pour maintenir vivantes la culture et les traditions juives étaient une ancre pour notre identité. Chaque sabbat, chaque fête célébrée devenait un acte de résistance contre l'oubli, une manière de préserver notre histoire et notre culture.

« Nous ne devons pas laisser disparaître ce qui fait de nous ce que nous sommes », dis-je un soir, alors que nous étions réunis autour de la table pour célébrer le sabbat. « C'est notre responsabilité envers ceux qui ne sont plus là. »

Les enfants apprenaient les histoires et les chants de nos ancêtres, et dans ces moments-là, il nous semblait qu'une partie de notre patrie perdue vivait encore en nous.

Avec le temps, nous commençâmes à nous intégrer dans notre nouvel environnement. Aaron trouva un emploi chez un artisan local, Sarah travailla dans une cuisine communautaire, et Miriam alla à l'école, où elle se fit des amis qui ne prêtaient pas attention à nos différences.

Cependant, la discrimination et les défis persistaient. Nous vivions dans la crainte constante que notre foi et nos coutumes puissent nous mettre en danger. Mais cette peur nous renforçait aussi, nous apprenant à défendre ce en quoi nous croyions.

« Nous avons trouvé une nouvelle maison », dis-je un soir. « Elle n'est pas parfaite, et les défis sont nombreux. Mais nous avons survécu, et nous continuerons à nous battre, pour nous-mêmes et pour l'avenir de nos enfants. »

Dans ce combat pour l'adaptation, nous avions trouvé non seulement un nouveau foyer, mais aussi une nouvelle compréhension de notre identité. C'était une identité façonnée par notre passé, mais aussi nourrie d'espoir et d'une volonté farouche de survivre dans un monde souvent hostile. Nous avions appris à vivre dans deux mondes, sans jamais perdre ce que nous étions réellement.

L'écho du passé

Dans le silence de la nuit, lorsque le tumulte de la journée s'était apaisé, mes pensées me ramenaient souvent à Séville. Ces souvenirs éveillaient en moi à la fois de la douleur et de la joie. L'image vivante des rues, les odeurs des marchés, les rires de nos voisins – tout cela appartenait désormais à un monde révolu. Séville était bien plus qu'un simple lieu pour nous ; c'était une part de notre âme, et sa perte résonnait encore dans nos cœurs.

« Te souviens-tu des jours de fête à Séville ? » me demanda un soir Sarah, alors que nous étions assis à la lueur vacillante d'une bougie. « Comme tout était vivant et coloré. »

Ses mots firent remonter des images de réunions familiales, de prières partagées et de repas festifs. « Oui, je m'en souviens », répondis-je. « C'était une époque où nous nous sentions en sécurité, protégés. »

Ces conversations sur Séville ne nous apportaient pas seulement de la douleur, mais aussi une profonde nostalgie. Cette nostalgie nous poussait à recréer une partie de ce que nous avions perdu, en bâtissant une nouvelle communauté juive, un lieu qui refléterait une part de notre ancienne patrie.

La création d'une synagogue fut le premier pas dans ce processus. C'était une structure modeste, mais elle symbolisait notre attachement à notre foi et à nos traditions. Aaron, avec son énergie et son enthousiasme juvéniles, prit l'initiative et parvint à convaincre beaucoup d'autres de participer à ce projet.

« Nous ne construisons pas seulement une synagogue », dit-il lors d'une réunion des membres de la communauté. « Nous bâtissons un foyer, un lieu où nous pouvons être nous-mêmes, sans peur ni réserve. »

Le travail de construction de la synagogue devint un symbole de notre résilience et de notre foi. Chaque pierre, chaque planche posée représentait un acte d'espoir, une preuve que la vie continuait, même dans les circonstances les plus difficiles.

Avec le temps, notre communauté grandit. De nouvelles familles nous rejoignirent, et peu à peu se forma un réseau de soutien et d'amitié. Nous célébrions ensemble les fêtes juives, enseignions à nos enfants les histoires et traditions de nos ancêtres, et trouvions du réconfort dans notre identité commune.

Cependant, malgré ce nouveau départ, le passé restait un compagnon constant. Les souvenirs de Séville, de ce que nous avions perdu, étaient toujours présents. Mais ils nous apprirent aussi à apprécier le présent et à nous battre pour notre avenir.

« Nous avons traversé tant d'épreuves », dis-je un jour à Sarah, alors que nous observions les jeunes pousses dans notre petit jardin. « Mais regarde jusqu'où nous sommes arrivés. Nous avons reconstruit une nouvelle vie, une nouvelle communauté. »

« Oui », répondit-elle, « c'est comme si le passé nous avait donné la force dont nous avions besoin pour affronter cette nouvelle réalité. »

Au fil des années, nous connûmes des hauts et des bas. Il y eut des moments de joie, et d'autres de tristesse, mais à travers tout cela, notre communauté resta unie. Nous avions appris que notre identité ne dépendait pas d'un lieu, mais qu'elle vivait en nous et à travers nos traditions.

« Ce que nous avons vécu ne doit jamais être oublié », dis-je un soir lors d'une assemblée à la synagogue. « C'est notre histoire, une histoire de perte, mais aussi de résistance et d'espoir. Et il est de notre devoir de la transmettre, pour que le monde n'oublie pas. »

Dans les visages des personnes présentes, je vis un mélange de tristesse et de fierté. Nous avions beaucoup perdu, mais nous avions aussi beaucoup gagné. Dans notre lutte pour nous adapter à un monde qui nous était souvent hostile, nous avions découvert une nouvelle force, une résilience qui nous avait soutenus à travers les moments les plus sombres.

L'écho du passé résonnait toujours dans nos cœurs, rappelant constamment ce que nous avions traversé. Mais il nous donnait aussi l'élan nécessaire pour avancer, et la raison de vivre chaque jour avec espoir et détermination. Nous avions appris que, peu importe à quel point la nuit peut être sombre, le matin revient toujours, apportant avec lui la possibilité de créer quelque chose de nouveau, de beau et de durable. C'est ainsi que nous vivions, portés par la mémoire de Séville, mais résolument tournés vers l'avenir, avec espoir et une force inébranlable.

La tragédie de Lisbonne en 1506

Au début du XVIe siècle, Lisbonne était une ville prospère, abritant une population diversifiée, dont une importante communauté juive. Cette communauté avait, au fil des siècles, joué un rôle essentiel dans la vie culturelle et économique de la ville. Cependant, les Juifs du Portugal, comme dans d'autres parties de l'Europe, étaient souvent la cible de discriminations et de méfiance.

Les tensions à l'égard des Juifs étaient en partie alimentées par l'intolérance religieuse, mais aussi par l'envie suscitée par leur succès économique. À une époque où l'Inquisition gagnait en influence en Espagne et au Portugal, la peur et l'insécurité augmentaient au sein des communautés juives. Nombreux furent ceux qui, pour échapper à la persécution et à la mort, durent se convertir au christianisme. Ces Juifs convertis, appelés « Nouveaux chrétiens » ou « Conversos », menaient souvent une double vie, se présentant comme chrétiens en public tout en conservant secrètement leur identité et leurs pratiques juives.

La situation dégénéra en avril 1506, lorsqu'un pogrom, connu sous le nom de « Massacre de Lisbonne », éclata. Cet événement fut déclenché par un incident survenu dans une église, où un rayon de lumière tomba sur une image sacrée, interprété à tort comme un miracle divin. Une foule, déjà plongée dans une atmosphère de peur et de superstition, fut rapidement enflammée par des rumeurs prétendant que les Juifs avaient raillé ce supposé miracle.

Ce qui suivit fut trois jours de violence et de brutalité indescriptibles. Les Juifs, qu'ils se soient convertis ou non, furent traqués, torturés et tués. Les rues de Lisbonne se transformèrent en scènes de terreur, et l'ampleur de la tragédie fut accablante. Des familles furent déchirées, et beaucoup se retrouvèrent confrontées à un choix cruel entre la mort et une conversion forcée au christianisme.

Ce sombre chapitre de l'histoire de Lisbonne témoigne non seulement de la cruauté et de la superstition de l'époque, mais il constitue également un avertissement sur les conséquences de l'intolérance et de la haine. Les événements de 1506 laissèrent une cicatrice profonde dans l'histoire de la communauté juive du Portugal et présagèrent des persécutions encore plus graves dans les décennies qui suivirent.

La dernière lueur de Lisbonne

Rien de nouveau sous le soleil

Dans les ruelles étroites et animées de Lisbonne, bercées par la mélodie de la vie quotidienne, se trouvait l'atelier de Samuel, un artisan juif réputé pour ses délicates sculptures sur bois. Le doux martèlement de son ciseau sur le bois rythmait le passage des marchands et des passants. Samuel, un homme d'une quarantaine d'années, travaillait avec une précision et une dévotion qui reflétaient son profond attachement à son métier.

Chez lui, dans une modeste maison décorée avec soin, il vivait avec sa femme Miriam et leurs trois enfants. C'était un lieu rempli de chaleur et de rires, un havre de paix dans un monde de plus en plus marqué par l'incertitude et la peur. La famille célébrait le sabbat et les fêtes traditionnelles, et leur maison était souvent un lieu de rencontre pour la communauté juive locale.

L'engagement de Samuel envers sa communauté allait bien au-delà de la simple observation des pratiques religieuses. Il était connu pour sa générosité et son dévouement envers les plus démunis. Son atelier n'était pas seulement un lieu de travail, mais aussi un espace de discussions sur les préoccupations de la communauté.

Cependant, ces derniers mois, des nuages sombres avaient commencé à s'accumuler au-dessus de la paisible vie de Samuel et de sa famille. Des rumeurs circulaient sur une hostilité croissante envers les Juifs à Lisbonne. Dans les rues, sur les marchés et même dans les églises, on entendait des murmures inquiétants à propos de troubles imminents et de tensions religieuses.

« As-tu entendu ce qu'on raconte ? » demanda Miriam un soir, alors qu'ils étaient assis à la faible lueur d'une lampe à huile. Sa voix était empreinte d'inquiétude.

Samuel poussa un profond soupir. « Oui, j'ai entendu ces rumeurs. Mais nous ne devons pas vivre dans la peur. Nous avons déjà surmonté tant d'épreuves. Dieu nous protégera encore cette fois. »

Les enfants, encore trop jeunes pour comprendre la gravité de la situation, jouaient insouciants en arrière-plan. Samuel les observa, ressentant au fond de lui une inquiétude douloureuse. Il avait passé toute sa vie dans cette ville, y avait fondé sa famille. L'idée que cette existence paisible puisse être menacée lui était insupportable.

Dans les jours qui suivirent, les signes de troubles devinrent plus évidents. Un jour, Samuel vit un groupe d'hommes insulter une vieille femme parce qu'elle avait refusé d'embrasser une croix. Un autre jour, il entendit des conversations dans une taverne où l'on parlait ouvertement de violences contre les « infidèles ».

L'air de Lisbonne, autrefois imprégné des senteurs d'épices et de la mer, semblait désormais chargé d'un silence inquiétant. C'était comme si la ville retenait son souffle, attendant ce qui allait se passer.

Un soir, alors que Samuel rentrait chez lui après une longue journée à l'atelier, son ami Benjamin, un érudit de la communauté, l'interpella. « Samuel, nous devons parler. Il se murmure que quelque chose d'effroyable se prépare. La situation semble plus grave que nous ne l'avions pensé. »

Samuel sentit une froideur glaciale l'envahir. « Que devons-nous faire, Benjamin ? Nous ne pouvons pas simplement abandonner notre vie, notre maison. »

« Il faut rester vigilants et unis. Pour l'instant, c'est tout ce que nous pouvons faire », répondit Benjamin, d'une voix qui, malgré ses propos, ne parvint pas à apaiser Samuel.

Cette nuit-là, Samuel dormit à peine. Les inquiétudes et les peurs qu'il avait tenté de refouler remontaient en lui, telles des vagues sombres. Il pensait à sa famille, à sa communauté, à la vie qu'il chérissait tant. L'incertitude de ce qui allait arriver pesait lourdement sur ses épaules.

Lorsque le jour se leva, Samuel ouvrit son atelier comme à son habitude, mais le martèlement de son ciseau résonnait différemment à ses oreilles ce jour-là. Ce n'était plus seulement le son d'un artisan au travail, mais celui d'un homme qui, malgré tout, essayait de croire encore en une lueur d'espoir dans l'obscurité.

Le pogrom commence

Le destin de la communauté juive de Lisbonne prit un tournant dramatique lorsqu'un phénomène inexpliqué se produisit dans l'une des principales églises de la ville. Une simple croix, restée accrochée sur un mur pendant des décennies sans attirer l'attention, se mit soudain à briller de manière mystérieuse. Cet événement, rapidement interprété comme un miracle, déclencha chez la population, déjà sous tension, une vague de ferveur religieuse.

La nouvelle du « miracle » se répandit comme une traînée de poudre à travers la ville. Bientôt, des foules affluèrent vers l'église pour être témoins du phénomène. Au milieu de cette agitation, des rumeurs sur les Juifs commencèrent à circuler. Des spéculations insensées prirent de l'ampleur, et des accusations se firent entendre : on disait que les Juifs avaient tenté d'empêcher ou de profaner le miracle par des moyens surnaturels.

Samuel apprit la nouvelle alors qu'il travaillait dans son atelier. Un commerçant chrétien qu'il connaissait bien, et qui passait par là, l'avertit avec insistance. « Samuel, fais attention. Les gens racontent n'importe quoi à propos du miracle à l'église et accusent les Juifs. La tension est palpable. »

« Merci pour l'avertissement, Thomas », répondit Samuel, le visage inquiet. Il sentit une sombre prémonition l'envahir. Il ferma son atelier plus tôt que d'habitude et se hâta de rentrer chez lui pour alerter sa famille.

À son arrivée, il raconta à Miriam les événements inquiétants. « Nous devons être prudents », dit-il. « Il vaut mieux rester cachés à la maison pendant un moment, jusqu'à ce que la situation se calme. »

Miriam acquiesça, bien que ses yeux trahissaient la peur. Elle s'inquiétait pour la sécurité de leurs enfants. Ensemble, ils décidèrent de verrouiller les portes et les fenêtres et de ne sortir qu'en cas d'extrême nécessité.

Cependant, la situation dégénéra plus rapidement qu'ils ne l'avaient prévu. Dès le lendemain, des foules commencèrent à se former dans les rues de Lisbonne, enflammées par la ferveur religieuse et les rumeurs infondées. Les masses furieuses, cherchant un bouc émissaire pour apaiser leurs craintes et leurs frustrations, se tournèrent vers la communauté juive.

Les foules déchaînées parcouraient les rues, laissant derrière elles destruction et violence. Les commerces et maisons juifs furent pillés, les synagogues profanées. Les cris et le chaos emplissaient l'air, tandis que Samuel et sa famille se terraient dans leur maison, le cœur empli de peur et de terreur.

« Que va-t-il nous arriver, papa ? » murmura la fille aînée de Samuel, agrippée à lui.

« Nous resterons ensemble et prierons pour que Dieu nous protège », répondit Samuel, tentant de masquer sa propre peur.

Les heures s'écoulèrent, et les bruits de dévastation à l'extérieur ne faiblissaient pas. Encore et encore, ils entendaient des cris, le fracas du verre brisé, le crépitement des flammes. Samuel et sa famille priaient dans leur cachette, enveloppés par l'obscurité et un espoir qui s'amenuisait peu à peu.

Lorsque la nuit tomba, la violence atteignit son paroxysme. La porte de leur maison fut défoncée avec brutalité. Un groupe d'individus en furie fit irruption, leurs visages déformés par la haine.

Samuel se plaça devant sa famille pour les protéger, son cœur battant à tout rompre sous l'effet de la peur. « S'il vous plaît, nous ne vous avons rien fait », implora-t-il. Mais ses mots tombèrent dans l'oreille d'un sourd.

Les assaillants fouillèrent la maison, volèrent ce qu'ils pouvaient, et détruisirent le reste. Samuel et sa famille furent brutalement repoussés, impuissants face à la cruauté et à la haine qui s'abattaient sur eux.

Au milieu de ce chaos et de ce désespoir, Samuel ressentit une profonde tristesse et un sentiment d'impuissance. Sa maison, autrefois un havre de paix et d'amour, n'était plus que ruines. Il serra sa famille contre lui, entouré par les larmes et la terreur de cette nuit funeste.

Les événements de cette nuit restèrent gravés à jamais dans leur mémoire, marquant le début d'une nouvelle ère sombre pour la communauté juive de Lisbonne. Une ère faite de peur, de pertes et d'une lutte implacable pour la survie.

Perte et trahison

Dans les rues de Lisbonne, un spectacle d'horreur se déroulait. La communauté juive, autrefois partie intégrante de la vie diversifiée de la ville, faisait désormais face à une vague de violence et de haine. Partout, des cris retentissaient, des maisons brûlaient, et les visages des habitants, désespérés, reflétaient la peur et la terreur.

Samuel, dont la maison avait été saccagée la nuit précédente, n'avait pas eu le temps de digérer cette perte. Il devait désormais trouver un moyen de mettre sa famille en sécurité. Il connaissait les rues de Lisbonne comme sa poche, mais ces chemins familiers étaient désormais devenus un véritable labyrinthe de terreur.

« Il faut partir », murmura-t-il à Miriam, alors qu'ils se cachaient dans une ruelle étroite. Les enfants s'accrochaient à leurs parents, les yeux écarquillés de peur.

Les rues étaient dangereuses, et Samuel savait qu'ils devaient passer inaperçus. Ils se faufilaient à travers des passages étroits et évitaient les grandes artères où la violence faisait rage. Les cris et le chaos résonnaient dans leurs oreilles tandis qu'ils tentaient de s'échapper.

Cette nuit de terreur fut marquée par une autre trahison, venant de ceux qu'ils considéraient autrefois comme des amis. Cherchant refuge chez un voisin non juif – un homme que Samuel avait longtemps considéré comme un ami –, ils furent froidement repoussés.

« Samuel, je ne peux pas vous aider », dit l'homme nerveusement en jetant un coup d'œil vers la rue. « C'est trop dangereux. Si on découvre que j'héberge des Juifs... Je ne peux pas mettre ma famille en danger. »

Samuel regarda cet homme, autrefois un ami, avec un nouveau regard. La douleur de la trahison était profonde, mais il n'avait pas le temps de s'y attarder. Ils devaient continuer.

La nuit apporta d'autres dangers. Samuel et sa famille furent contraints de se cacher dans un entrepôt abandonné. Là, ils entendirent les pleurs d'autres familles juives, cherchant elles aussi un abri. Dans l'obscurité, ils échangèrent à voix basse des informations et des plans pour fuir.

Au petit matin, alors que le soleil se levait sur les rues dévastées, Samuel prit une décision désespérée. Ils allaient tenter de quitter la ville et de rejoindre un petit village dont on disait qu'il était plus accueillant envers les Juifs.

Avec le peu qu'ils avaient pu sauver, ils se mirent en route. Les rues de Lisbonne, autrefois animées par le commerce et la vie, n'étaient plus que ruines. Partout, les traces de la violence nocturne étaient visibles : fenêtres brisées, ruines carbonisées et le sang des innocents maculant les trottoirs.

Chaque pas était un risque, et ils avançaient avec une extrême prudence. Samuel guidait sa famille à travers des chemins cachés et des ruelles sombres, toujours sur ses gardes face à d'éventuelles attaques.

Le voyage était épuisant, et les enfants souffraient de la faim et de la soif. Mais Samuel les poussait à avancer, porté par l'espoir d'atteindre un endroit sûr. Ils évitaient tout contact avec les autres, car la méfiance et la peur avaient profondément enraciné la division.

En atteignant les limites de la ville, une nouvelle épreuve les attendait. Les routes étaient surveillées par des milices à l'affût des Juifs en fuite. Samuel savait qu'ils devaient rester invisibles pour éviter d'être capturés.

Grâce à une habile dissimulation et à l'aide de quelques âmes compatissantes, ils réussirent finalement à quitter la ville. Le paysage à l'extérieur de Lisbonne contrastait fortement avec le chaos qu'ils laissaient derrière eux. Mais le soulagement fut de courte durée, car la route à parcourir restait longue.

Les épreuves et les angoisses des derniers jours avaient laissé des marques. Samuel voyait la fatigue dans les yeux de sa famille et ressentait le poids de la responsabilité peser lourdement sur ses épaules. Pourtant, au fond de lui, une lueur d'espoir continuait de briller. Ils avaient réussi à s'échapper, du moins pour l'instant. Mais la lutte pour la survie et la recherche d'un refuge sûr étaient loin d'être terminées.

Conversion forcée

La fuite de Lisbonne avait épuisé Samuel et sa famille jusqu'à leurs dernières forces. Ils avaient peu mangé et presque pas dormi ces derniers jours, constamment sur le qui-vive face aux dangers qui les entouraient. Leur plan initial était de se cacher dans un village éloigné, mais le destin en avait décidé autrement.

Un matin, peu après le lever du soleil, alors qu'ils avançaient discrètement dans une forêt dense, ils furent interceptés par une patrouille. Les hommes étaient brutaux et n'acceptaient aucune objection. Samuel, Miriam et leurs enfants furent ligotés et ramenés de force en ville.

À leur arrivée à Lisbonne, on les jeta dans une petite cellule sombre. La famille se serra les uns contre les autres, recroquevillée, entourée de froid et de désespoir. Les heures passèrent tandis qu'ils s'agrippaient les uns aux autres, rongés par la peur et l'incertitude.

Finalement, ils furent conduits devant un haut dignitaire religieux. La pièce où ils furent amenés était vaste et intimidante, avec des plafonds élevés et des symboles religieux omniprésents.

« Vous avez le choix », commença le dignitaire d'une voix sévère. « Convertissez-vous au christianisme ou subissez les conséquences de votre foi. »

Samuel sentit Miriam tressaillir à côté de lui. Leurs enfants regardaient leurs parents avec des yeux emplis de peur, ne comprenant pas ce qui se passait. Le silence régnait, à peine troublé par les sanglots étouffés de l'un des enfants.

« Nous ne pouvons pas... », commença Samuel, la voix brisée par l'émotion. « Notre foi est tout ce que nous avons. »

Le dignitaire fixa Samuel de ses yeux glacés. « Alors vous en paierez les conséquences. Vous et votre famille. »

De retour dans leur cellule, la famille se retrouvait face à cette décision impossible. Miriam pleurait doucement en serrant ses enfants contre elle.

« Peut-être… peut-être devrions-nous le faire », murmura-t-elle. « Juste pour survivre. »

Mais Samuel secoua la tête. « Comment pourrions-nous renier notre foi ? Tout ce en quoi nous croyons, tout ce qui nous est sacré ? »

Les enfants ne comprenaient pas vraiment la situation, mais ils ressentaient la tension et la peur de leurs parents. Leur fils aîné, David, qui venait d'avoir douze ans, regarda son père avec des yeux graves.

« Papa, je ne veux pas mourir », dit-il doucement. « J'ai peur. »

Ces paroles brisèrent le cœur de Samuel. Il voulait protéger sa famille, mais comment pouvait-il leur demander d'abandonner leur foi ?

La nuit suivante rendit la décision encore plus difficile. Un garde vint à leur cellule pour les informer qu'ils devraient faire leur choix le lendemain matin.

La nuit fut longue, ponctuée de larmes et de prières. Samuel et Miriam débattirent sans cesse, déchirés entre leur désir de vivre et leur fidélité à leur foi.

Au matin, ils furent de nouveau conduits devant le dignitaire. La pièce semblait encore plus oppressante que la veille.

« Avez-vous pris votre décision ? », demanda le dignitaire.

Samuel, le visage empreint d'une profonde résignation, finit par répondre : « Nous… nous ferons ce que vous demandez. Nous allons nous convertir. »

Le dignitaire acquiesça, sans laisser paraître d'émotion. « Vous avez pris une sage décision. Vous vivrez. »

Ils retournèrent dans leur cellule, la décision pesant sur eux comme un fardeau insupportable. Alors qu'ils attendaient leur libération, ils luttaient contre le sentiment de trahison envers leur foi, mêlé à un soulagement amer d'être encore en vie. C'était une victoire amère, qui leur volait leur avenir et leur identité, mais leur offrait ce qu'ils avaient de plus précieux : la vie.

Après la tempête

Dans les jours qui suivirent leur décision bouleversante de se convertir au christianisme, Samuel se sentit plongé dans un monde qui lui paraissait étranger et inquiétant. Ils avaient été libérés, mais à quel prix ? Leur identité, leur foi, le fondement même de leur existence semblaient leur avoir été arrachés.

Samuel, Miriam et leurs enfants avaient tout perdu : leur maison, leur communauté, leur place dans le monde. Ils étaient devenus des « Nouveaux chrétiens », une appellation qui pesait sur eux comme une marque indélébile. Leur existence était désormais marquée par le secret, une vie passée dans la peur constante d'être découverts.

Samuel tenta de s'adapter à cette nouvelle vie. Il trouva du travail comme artisan, mais ses rencontres avec d'anciens amis étaient empreintes de froideur et de regards méfiants. C'était comme s'il était devenu invisible, un fantôme errant dans un monde qui ne le reconnaissait plus.

Pourtant, en secret, ils restaient attachés à leurs racines juives. Ils célébraient le sabbat discrètement, murmuraient des prières et conservaient les histoires et les traditions de leurs ancêtres. Ces rituels clandestins étaient comme une oasis dans le désert de leur existence, un mince espoir dans l'obscurité de leur quotidien.

Ce furent les enfants qui souffrirent le plus de ce changement brutal. David, leur fils aîné, autrefois plein de joie de vivre et de curiosité, était devenu silencieux et pensif. Leur fille cadette, Sarah, ne comprenait pas pourquoi elle ne pouvait plus voir ses amis ni pourquoi leur famille célébrait désormais d'autres fêtes.

« Pourquoi ne pouvons-nous pas être comme avant, papa ? », demanda Sarah un soir, les yeux remplis d'incompréhension.

Samuel regarda sa fille, le cœur lourd de tristesse. « Parfois, ma chérie, nous devons prendre des décisions difficiles pour survivre. Mais au fond de nous, nous restons qui nous sommes. Il ne faut jamais oublier d'où nous venons. »

Les mois passèrent, et Samuel et sa famille s'efforcèrent de s'adapter à leur nouvelle vie. Ils se rapprochèrent d'autres Nouveaux chrétiens qui avaient traversé les mêmes épreuves. Sous la surface de cette nouvelle identité, un réseau de résistance se tissait, où l'on s'accrochait en secret à leur identité juive.

Un jour, Samuel entendit parler d'un groupe qui préparait une fuite hors du Portugal, vers un pays où ils pourraient pratiquer leur religion librement. Cette nouvelle raviva une lueur d'espoir dans son cœur. Peut-être existait-il encore une chance de mener une vie de liberté et de dignité.

Dans les nuits silencieuses, lorsque Samuel et Miriam restaient éveillés, l'idée de fuir grandissait en eux. Ce serait dangereux, peut-être même mortel, s'ils étaient découverts. Mais la vie qu'ils menaient à présent n'était pas une vraie vie. C'était une existence dans l'ombre, une demi-vie.

« Peut-être devrions-nous tenter le coup », chuchota Miriam une nuit. « Pour les enfants, pour qu'ils puissent avoir un avenir où ils n'auront plus à renier qui ils sont. »

Samuel acquiesça lentement. L'idée de fuir était risquée, mais peut-être ce risque valait-il la peine d'être pris pour vivre en liberté et dans la vérité.

Au cours des semaines suivantes, ils préparèrent leur fuite en secret. Ils recueillirent des informations, économisèrent de l'argent et cherchèrent des alliés. La peur d'être découverts planait constamment sur eux, mais l'espoir d'un avenir meilleur les soutenait.

Le jour de leur départ arriva plus vite qu'ils ne l'avaient imaginé. Sous le couvert de la nuit, ils quittèrent leur maison, jetant un dernier regard sur la vie qu'ils laissaient derrière eux. Chaque pas était chargé de crainte et d'espoir.

Tandis qu'ils se faufilaient dans les rues sombres de Lisbonne, ils sentaient le poids de leur décision. Ils abandonnaient tout – leur maison, leur passé, leur fausse identité. Devant eux s'étendait l'incertitude, mais aussi l'espoir d'une nouvelle vie.

À cet instant, alors qu'ils s'enfonçaient dans l'obscurité de la nuit, ils savaient que, malgré toutes les horreurs et les souffrances endurées, ils n'avaient pas abandonné l'espoir ni la foi en un avenir meilleur. Ils portaient leur identité juive dans leur cœur, un lien invisible mais inébranlable, qui les guiderait à travers les heures les plus sombres de leur vie.

L'insurrection de Khmelnytsky en Pologne, 1648-1656

Au XVIIe siècle, les territoires correspondant à l'actuelle Ukraine et à certaines parties de la Pologne étaient sous la domination de la République des Deux Nations, formée par l'union de la Pologne et de la Lituanie. Cette période fut marquée par des tensions sociales et des bouleversements politiques, qui aboutirent à l'un des événements les plus dévastateurs de l'histoire des Juifs d'Europe de l'Est : l'insurrection de Khmelnytsky.

Les disparités sociales et économiques entre les différentes populations étaient immenses. Les nobles et grands propriétaires terriens polonais dominaient les paysans et les serfs, parmi lesquels se trouvaient de nombreux cosaques ukrainiens. Les Juifs, souvent dans le rôle de « fermiers généraux », géraient les propriétés des nobles et percevaient les loyers auprès des paysans. Cette fonction les rendait de plus en plus impopulaires, car ils étaient perçus comme les agents des oppresseurs aristocratiques.

Sous la direction de Bohdan Khmelnytsky, une révolte des cosaques contre la domination polonaise éclata en 1648. Les cosaques voyaient les Juifs comme des alliés des nobles polonais, et donc comme des ennemis. Cela déclencha une vague de pogroms – des massacres organisés contre la population juive.

Les violences furent d'une cruauté extrême. Des milliers de Juifs furent massacrés et de nombreuses communautés furent entièrement anéanties. Les récits de l'époque décrivent des scènes bouleversantes : des familles déchirées, des personnes brutalement assassinées sous les yeux de leurs proches, et des villages complètement rasés. En plus de la terreur physique, la population juive subit également des violences psychologiques : la peur constante, la perte de leur foyer, de leurs amis et de leurs proches.

Les conséquences de l'insurrection de Khmelnytsky furent dévastatrices. La population juive dans les régions touchées fut décimée. De nombreux survivants durent fuir, provoquant un déplacement des centres de population juive en Europe. Ces événements laissèrent également des cicatrices profondes dans la mémoire collective de la communauté juive, influençant les générations futures.

L'insurrection de Khmelnytsky constitue un sombre chapitre de l'histoire des Juifs en Europe de l'Est. Elle illustre la vulnérabilité et les dangers auxquels les minorités peuvent être confrontées, particulièrement en période de troubles politiques et sociaux. C'est aussi une histoire de résilience et de volonté de survie d'une communauté qui, malgré des pertes et des souffrances inimaginables, a su préserver son identité et sa foi.

La cendre murmurante de Pologne

Une vie paisible

Efraïm se levait tôt, bien avant que l'aube ne chasse l'obscurité. Il savourait le calme des premières heures du matin, quand le monde semblait encore plongé dans un profond sommeil. Sa petite maison, située à la lisière d'un village pittoresque de Pologne, était entourée de forêts denses et de vastes champs.

Il vivait là avec sa femme Chava et leur fille Rivka, une fillette vive aux boucles châtaines et à la soif de savoir insatiable. Chava était une femme douce, dont le sourire illuminait même les jours les plus sombres. Elle s'occupait avec tendresse de leur foyer et épaulait Efraïm dans son travail.

Efraïm, quant à lui, était enseignant, profondément enraciné dans la tradition et la culture juives. Il enseignait aux enfants du village dans la petite synagogue, qui servait également d'école. Ses leçons ne se limitaient pas aux études religieuses ; il leur apprenait à lire, à écrire et à maîtriser les bases des mathématiques. Les parents le respectaient pour sa patience et son dévouement, tandis que les enfants adoraient ses histoires pleines de douceur et son caractère bienveillant.

Malgré la tranquillité de la vie rurale, Efraïm ne pouvait ignorer les tensions politiques croissantes. Les nouvelles de troubles et de conflits parvenaient même dans ce village isolé, et il discutait souvent avec les autres habitants de ce que l'avenir leur réservait. Parfois, tard dans la nuit, alors que Chava et Rivka dormaient, Efraïm s'asseyait près de la fenêtre, regardait les étoiles et s'inquiétait de l'avenir incertain.

« Que deviendrons-nous si ces conflits atteignent notre village ? » se demandait-il souvent. Mais il chassait rapidement ces pensées pour se concentrer sur ce qui lui importait le plus : sa famille et ses élèves.

Les journées s'écoulaient dans une routine tranquille et harmonieuse. Le matin, Efraïm enseignait, l'après-midi, il se plongeait dans l'étude des textes sacrés, et le soir, il passait du temps avec sa famille. Chava préparait le dîner pendant que Rivka bombardait son père de questions sur les étoiles, la nature et les récits de la Torah.

Un de ces soirs paisibles, alors que le repas touchait à sa fin, on frappa brusquement à la porte. C'était Moshe, un vieil ami de la famille et membre du conseil des anciens du village. Son visage était grave, marqué par l'inquiétude.

« Efraïm, il faut qu'on parle », dit-il d'une voix tremblante. « J'ai des nouvelles que tu dois entendre. »

Efraïm sentit un frisson glacial lui parcourir le dos. Il invita Moshe à entrer, tandis que Chava et Rivka l'observaient, inquiètes.

« Moshe, que se passe-t-il ? », demanda Efraïm, en lui offrant une chaise.

« C'est l'insurrection », commença Moshe doucement. « Les cosaques de Khmelnytsky... ils ont attaqué plusieurs communautés juives. Il y a des récits d'atrocités... des familles déchirées, des maisons brûlées, des personnes brutalement assassinées. »

Le cœur d'Efraïm s'emballa. Il pensa à ses élèves, aux visages des habitants du village, à sa propre famille.

« Et notre village ? », demanda-t-il d'une voix tremblante.

« Pour l'instant, nous sommes en sécurité, mais... personne ne sait combien de temps cela va durer. Il faut se préparer, Efraïm. Il est temps de discuter de mesures de protection, voire même de la possibilité de fuir. »

Efraïm se sentit paralysé. L'idée de quitter sa maison, sa communauté, lui était insupportable. Mais la sécurité de sa famille et de ses élèves passait avant tout.

« Je... je comprends », balbutia-t-il. « Il faut réunir le village. Nous devons établir un plan. »

Moshe hocha la tête, le visage grave. « Oui, nous devons rester unis. En ces temps difficiles, notre solidarité est notre plus grande force. »

Après le départ de Moshe, Efraïm resta longtemps assis, le regard perdu dans le vide, tentant de rassembler ses pensées. Chava vint s'asseoir à ses côtés, posa doucement sa main sur la sienne et le regarda avec tristesse.

« Peu importe ce qui nous attend, nous traverserons cela ensemble », murmura-t-elle.

Efraïm acquiesça, reconnaissant pour la force et le soutien de sa femme. Il savait que les jours à venir seraient une épreuve, peut-être la plus grande qu'ils auraient jamais à affronter. Mais dans ce moment de calme, dans la chaleur de leur petite maison, sous la lumière vacillante des bougies, Efraïm trouva un semblant de réconfort et de courage.

La nuit était silencieuse, mais dans le cœur d'Efraïm, grandissaient l'inquiétude et la détermination. Il savait que le lendemain marquerait le début d'une nouvelle et incertaine épreuve.

Le début de la révolte

Le soleil se couchait, rouge sang, tandis qu'Efraïm arpentait les ruelles étroites de son village. Les nouvelles des révoltes brutales menées par les cosaques avaient laissé une tension palpable dans l'air. Des hommes se tenaient en petits groupes, leurs visages marqués par l'inquiétude, échangeant des paroles à voix basse. Les femmes, terrifiées, observaient depuis les fenêtres de leurs maisons, et les enfants, habituellement bruyants et joueurs dans les rues, avaient disparu.

Efraïm ressentait la peur grandissante et l'incertitude qui pesaient sur le village. Lui-même luttait avec l'idée de savoir comment mettre sa famille en sécurité. Chaque pas qu'il faisait semblait lourd, alourdi par la crainte de ce qui allait arriver.

En rentrant chez lui, il trouva Chava et Rivka, assises, l'air anxieux. Chava avait les yeux remplis de larmes, et Rivka lui tenait fermement la main. Efraïm s'assit à côté d'elles et prit la main de Chava dans la sienne.

« Nous devons rester forts », dit-il doucement mais avec fermeté. « Je ferai tout ce qui est en mon pouvoir pour vous protéger. »

Cette nuit-là, personne ne trouva le sommeil. Chaque bruit, chaque coup de vent les faisait sursauter, craignant que la révolte ait atteint leur village.

Le lendemain matin, ils furent réveillés par le son fort et répété de la cloche du village. Efraïm se précipita dehors pour voir ce qui se passait. Sur la place du village, une grande foule s'était rassemblée. Le conseil des anciens se tenait au centre, visiblement tendu.

« Nous avons des nouvelles des premiers assauts sur les villages voisins », annonça Moshe d'une voix tremblante. « Les cosaques ne montrent aucune pitié. Ils ont brûlé des maisons et... et tué les habitants. Hommes, femmes, enfants – personne n'a été épargné. »

Un murmure terrifié parcourut la foule. La peur et l'horreur se lisaient sur les visages des villageois.

« Il faut faire quelque chose ! » s'écria quelqu'un dans la foule. « Nous ne pouvons pas simplement attendre qu'ils arrivent ici ! »

Les discussions éclatèrent, chacun ayant une opinion différente sur ce qu'il fallait faire. Certains parlaient de fuir, d'autres de se défendre. Efraïm, quant à lui, restait silencieux, plongé dans ses pensées, son esprit tourné vers sa famille.

Après la réunion, il rentra chez lui. Chava et Rivka l'attendaient déjà, l'angoisse gravée sur leurs visages.

« Que va-t-on faire, Efraïm ? » demanda Chava d'une voix tremblante.

Efraïm plongea son regard dans les yeux remplis de peur de sa femme, sachant qu'il devait prendre une décision. « Nous devons quitter le village », dit-il avec détermination. « C'est trop dangereux de rester ici. Nous nous joindrons aux autres réfugiés et partirons vers l'ouest, loin des cosaques. »

Les préparatifs pour leur fuite commencèrent immédiatement. Ils ne prirent que l'essentiel – des vêtements, un peu de nourriture, des documents importants et quelques objets personnels. Rivka tenait fermement son petit livre de prières, des larmes coulant silencieusement sur ses joues.

La nuit précédant leur départ, Efraïm ne parvint pas à trouver le sommeil. Il sortit et observa le village où il avait passé toute sa vie. La lune brillait sur les toits des maisons et les rues désormais vides et silencieuses.

La nuit de terreur

C'était une nuit claire, le ciel étoilé, lorsque la tragédie frappa le village d'Efraïm. Le premier signe de l'attaque fut un grondement lointain, qui devint rapidement assourdissant. Efraïm, en train de préparer sa famille pour leur fuite imminente, se figea sur place.

Le bruit se rapprochait, et soudain, des flammes déchirèrent le ciel nocturne. Efraïm se précipita à l'extérieur et vit les premières maisons du village s'embraser. L'air était rempli des cris des villageois et du crépitement des bâtiments en feu. Sans hésiter, il attrapa Chava et Rivka et les entraîna vers la lisière de la forêt.

« Et les autres ! » s'écria Chava en essayant de se dégager.

« Nous ne pouvons pas les aider ! Si nous ne partons pas maintenant, nous mourrons tous ! » hurla Efraïm en la tirant vers lui.

Ils avaient à peine atteint la forêt qu'un groupe de cosaques à cheval surgit. Efraïm tira Chava et Rivka derrière un buisson épais et leur plaqua une main sur la bouche. Ils retinrent leur souffle en regardant les cavaliers passer, épées dégainées, prêts à massacrer quiconque se trouverait sur leur chemin.

Une fois le danger passé, ils s'apprêtaient à reprendre leur fuite lorsqu'ils entendirent les pleurs d'un enfant. Efraïm hésita un instant, puis courut dans la direction des sanglots. Il trouva une petite fille allongée à côté de ses parents morts. Sans réfléchir, il prit l'enfant dans ses bras et rejoignit Chava et Rivka.

Ils reprirent leur fuite, animés par la peur et l'instinct de survie. Mais le destin leur fut cruel. Une autre attaque de cosaques les surprit. Efraïm fut jeté à terre et perdit connaissance. Lorsqu'il se réveilla, Chava et Rivka avaient disparu.

Efraïm était seul, perdu dans la forêt sombre et dense. Les cris venant du village s'étaient tus, ne laissant que le crépitement des flammes et une terrible sensation de désespoir. Il savait qu'il devait continuer pour survivre et retrouver sa famille.

Pendant des jours et des nuits, Efraïm erra dans la forêt. Il se nourrissait de ce que la nature lui offrait et dormait caché sous des buissons ou dans des grottes. Chaque jour, il luttait contre le désespoir, se raccrochant à l'espoir de revoir Chava et Rivka.

Il rencontra d'autres réfugiés qui avaient également fui leurs foyers. Ils échangèrent des nouvelles, mais personne n'avait entendu parler de sa famille. Chaque rencontre ravivait un espoir vite éteint.

Le temps passé dans la forêt se transforma en une chaîne interminable de jours et de nuits, marquée par la faim, le froid et la peur constante d'être découvert. Efraïm s'affaiblissait de jour en jour, mais la volonté de survivre et de retrouver sa famille lui donnait la force d'avancer.

Un jour, il croisa une bande de résistants luttant contre les cosaques. Ils lui offrirent refuge et nourriture. Efraïm hésita, mais finit par les rejoindre, espérant qu'ils pourraient l'aider à retrouver sa famille.

Les semaines passées avec les résistants furent dures. Efraïm apprit rapidement à survivre dans la forêt, à se cacher et à combattre. Chaque jour était une bataille pour rester en vie, et chaque nuit était hantée par des cauchemars de ce qu'il avait perdu.

Malgré tout, il ne perdit jamais espoir. Chaque matin, à son réveil, sa première pensée allait à Chava et Rivka. Il se souvenait de leurs visages, de leurs voix, de leur amour — et c'est cela qui lui donnait la force de continuer.

Parmi les ruines

Des mois s'étaient écoulés depuis qu'Efraïm avait perdu son village et sa famille lors de cette nuit fatidique. Le paysage avait changé : des villages autrefois prospères n'étaient plus que des ruines, et la terre portait les cicatrices de la guerre. Efraïm, l'ombre de lui-même, errait à travers ce monde dévasté, porté par l'espoir indéfectible de retrouver sa famille.

Un matin, alors que les premiers rayons du soleil éclairaient les décombres, Efraïm croisa une troupe de survivants. Ils étaient comme lui : affamés, épuisés, avec des regards marqués par des pertes insoutenables. Parmi eux se trouvait une vieille femme, dont le visage ridé semblait raconter chaque larme, chaque douleur vécue.

« Je cherche ma famille, ma femme Chava et ma fille Rivka, » dit Efraïm d'une voix tremblante.

La femme le regarda longuement avant de parler. « Beaucoup ont disparu, beaucoup sont morts. La guerre n'épargne personne. »

Efraïm sentit une douleur transpercer son cœur. Les mots de la vieille femme résonnaient comme un écho de ses propres craintes.

Il se joignit au groupe, voyageant de village en village, toujours en quête, toujours animé par l'espoir. Ils rencontrèrent d'autres survivants, écoutèrent leurs histoires, virent la tristesse et la souffrance dans leurs yeux. Efraïm prêtait une oreille attentive, apportait du réconfort là où il le pouvait, mais au fond de lui, un désespoir inévitable grandissait.

Un jour pluvieux, ils arrivèrent dans un village particulièrement ravagé. Les maisons étaient détruites, les rues désertes. Parmi les ruines, ils trouvèrent les restes de ceux qui n'avaient pas pu fuir. Efraïm aida à enterrer les morts, et à chaque pelletée de terre qu'il jetait, le poids sur son âme augmentait.

Cette nuit-là, assis près du feu, les yeux fixés sur les flammes, une vague de culpabilité l'envahit. S'il avait quitté son village plus tôt, aurait-il pu sauver sa famille ? Pourquoi avait-il survécu alors que tant d'autres étaient morts ? Ces questions le hantaient, l'empêchaient de dormir, rongeaient son esprit.

Un jour, ils rencontrèrent un homme qui leur parla d'un village voisin, où de nombreux Juifs avaient trouvé refuge. Efraïm sentit une lueur d'espoir naître en lui. Peut-être, juste peut-être, Chava et Rivka s'y trouvaient.

Avec une détermination renouvelée, il reprit la route. Le chemin était dangereux, les cosaques rôdaient, prêts à tuer quiconque croisait leur route. Mais Efraïm était inarrêtable. Il devait continuer, pour Chava, pour Rivka, pour lui-même.

À leur arrivée dans le village, un sentiment de soulagement l'envahit. Le village était vivant, des enfants jouaient dans les rues, et les habitants semblaient en sécurité. Efraïm demanda à chacun des nouvelles de sa famille, montrant une photo qu'il avait précieusement gardée. Mais personne ne les avait vues.

La déception était écrasante, mais Efraïm ne renonça pas. Il savait qu'il devait continuer, qu'il ne pouvait pas s'arrêter tant qu'il n'aurait pas la certitude.

Dans les semaines qui suivirent, il rejoignit un groupe de chercheurs. Ensemble, ils parcouraient les villages environnants, fouillant les ruines, espérant que chaque visage inconnu serait celui d'un être cher retrouvé.

Durant cette période, Efraïm apprit beaucoup sur lui-même. Il découvrit la force qui sommeillait en lui, cette capacité à avancer malgré les épreuves. Mais il fit aussi face à l'obscurité qui grandissait en lui, aux sentiments de culpabilité qui le hantaient.

Debout parmi les ruines d'un autre village détruit, entouré des ombres du passé, l'espoir de retrouver sa famille brillait faiblement dans l'obscurité. Pourtant, il savait qu'il ne devait pas abandonner. Il devait continuer, chercher, espérer – car sans espoir, tout serait perdu.

Renaissance dans les cendres

Efraïm avait atteint les limites de l'endurance humaine. Pendant des mois, il avait traversé les paysages dévastés par la guerre en Pologne, poussé par l'espoir désespéré de retrouver sa famille. Mais chaque piste se révélait être une impasse, chaque rumeur murmurée s'avérait fausse. Les ombres de la guerre semblaient inévitables.

Un jour pourtant, alors que l'hiver touchait à sa fin et que la neige commençait lentement à fondre, Efraïm entendit une histoire dans un petit village presque désert qui fit battre son cœur plus fort. Un vieil homme, dont le visage portait les marques du temps, parlait d'une femme et d'une fille qui avaient trouvé refuge dans un monastère voisin.

Les mains tremblantes et le cœur empli d'espoir, Efraïm se dirigea vers le monastère. Les murs imposants de l'abbaye se dressaient contre le ciel d'hiver, intimidants, mais Efraïm n'en fut pas découragé. Il frappa à la lourde porte en bois, et chaque coup faisait grandir son espoir.

La porte s'ouvrit sur un moine. Efraïm décrivit Chava et Rivka, sa voix se brisant presque sous l'émotion. Le moine hocha lentement la tête et le conduisit vers une petite pièce à l'arrière du monastère.

Là, elle était – Chava, sa femme bien-aimée, avec des mèches grisonnantes et des traces de tristesse dans le regard. À ses côtés se tenait Rivka, non plus la petite fille qu'Efraïm avait laissée derrière lui, mais une jeune femme marquée par les épreuves des mois passés.

Leur réunion fut empreinte d'une douce amertume. Les larmes de joie se mêlaient à la douleur de tout ce qu'ils avaient enduré. Efraïm apprit qu'ils avaient été séparés lors de la nuit de l'attaque, mais qu'ils s'étaient retrouvés quelques jours plus tard et avaient trouvé refuge au monastère.

Au cours des semaines suivantes, ils restèrent au monastère, trouvant une sorte de paix étrange au milieu des ruines de leur vie. Mais avec l'arrivée du printemps, Efraïm décida qu'il était temps de repartir. Ils retournèrent dans les vestiges de leur village, déterminés à reconstruire une nouvelle vie à partir des cendres de l'ancienne.

Efraïm commença à écrire les histoires des survivants, à consigner les souvenirs de ce qu'ils avaient traversé. Il devint le chroniqueur des souffrances de sa communauté, gardien de la mémoire d'un temps qu'il ne fallait jamais oublier.

Malgré les profondes cicatrices laissées par la guerre, la vie dans le village reprit peu à peu. Les champs furent à nouveau cultivés, les maisons reconstruites, et la routine quotidienne se réinstalla. Mais le souvenir de ce qui s'était passé resta toujours présent, témoin silencieux du passé.

Efraïm, Chava et Rivka trouvèrent du réconfort dans leur communauté, puisèrent de la force dans leur survie commune. Ils apprirent à vivre avec leurs pertes, trouvant de l'espoir dans les petites joies du quotidien et dans la certitude que, tant qu'ils étaient ensemble, ils pouvaient tout surmonter.

Les pogroms russes

À la fin du XIXe siècle et au début du XXe siècle, une période particulièrement sombre s'abattit sur la population juive de l'Empire russe. Ces années furent marquées par de violentes vagues d'antisémitisme, qui se traduisirent par des pogroms brutaux contre les communautés juives.

Les Juifs de l'Empire russe vivaient sous une pression constante et subissaient de nombreuses discriminations. Ils étaient désavantagés sur le plan juridique, avaient un accès limité à l'éducation et aux professions, et étaient souvent confinés à certaines régions appelées zones de résidence. Cette discrimination systématique créait un climat d'insécurité et de peur permanents.

Les pogroms, survenus entre 1881 et 1884, puis entre 1903 et 1906, furent des paroxysmes de haine et de violence dirigés contre les Juifs. Ces violences reposaient souvent sur des rumeurs infondées et des théories du complot, telles que la célèbre accusation de crime rituel, selon laquelle les Juifs assassinaient des enfants chrétiens pour utiliser leur sang lors de rituels religieux. Ces accusations absurdes déclenchaient des émeutes sauvages et incontrôlées, au cours desquelles de nombreux Juifs furent tués, blessés et dépouillés de leurs biens. Des communautés entières furent anéanties, et de nombreux Juifs perdirent tout ce qu'ils possédaient.

Les pogroms se caractérisaient souvent par une cruauté effroyable. Des maisons étaient pillées et incendiées, des familles déchirées, et des personnes assassinées sous les yeux de leurs proches. Les autorités russes restaient largement inactives face à ces atrocités et, dans certains cas, la violence était même encouragée ou tolérée par l'État.

Ces événements laissèrent des cicatrices profondes au sein de la communauté juive et entraînèrent une vague d'émigration, notamment vers les États-Unis. De nombreux Juifs, voyant leur avenir compromis dans l'Empire russe, cherchaient un refuge où ils pourraient vivre en sécurité et en liberté, loin de l'oppression et de la violence qui rythmaient leur quotidien.

Les pogroms dans l'Empire russe représentent un chapitre sombre de l'histoire des persécutions juives et un témoignage douloureux de la puissance destructrice de la haine et de l'intolérance. Ils rappellent l'importance de lutter contre la discrimination et de défendre les droits et la sécurité de toutes les minorités.

Chuchotement dans le vent d'hiver

La vie dans l'ombre

Dans un petit village près de Kiev, Sofia vivait avec sa famille dans des conditions modestes. Son père, Misha, était un artisan qui peinait à subvenir aux besoins de sa famille avec son modeste revenu. Sofia, une fillette joyeuse de tout juste douze ans, aidait sa mère, Dina, dans les tâches ménagères quotidiennes. Leur famille faisait partie de la petite communauté juive du village, qui, malgré la pauvreté et les discriminations, restait soudée et solidaire.

Leur maison en bois était simple, avec une seule pièce servant à la fois de salon et de chambre, mais elle débordait d'amour et de chaleur. Les murs étaient ornés de tapisseries faites à la main, et une bougie était toujours allumée sur la petite table, diffusant une lumière réconfortante. Le soir, lorsque Misha rentrait de son travail, la famille se réunissait autour de la table pour partager le repas et discuter de la journée.

Un soir, alors que la famille était réunie comme à son habitude, on frappa soudain à la porte. C'était Reb Levi, le vieux rabbin du village, le visage grave et inquiet. Misha ouvrit la porte, et Reb Levi entra. « Shalom », salua-t-il doucement.

« Shalom, Reb Levi, qu'est-ce qui vous amène ? » demanda Dina, inquiète.

Reb Levi s'assit et regarda chacun des membres de la famille avec sérieux. « J'apporte de mauvaises nouvelles. Des rumeurs circulent selon lesquelles des pogroms ont éclaté dans les régions voisines. Beaucoup de nos frères et sœurs ont déjà souffert. »

Un frisson parcourut le dos de Sofia. Elle avait déjà entendu parler des pogroms, sans vraiment comprendre ce que cela signifiait. Son père lui avait un jour expliqué qu'il s'agissait d'« attaques contre notre peuple, contre nous, les Juifs. »

Misha affichait un air préoccupé. « Sommes-nous en danger ici, Reb Levi ? »

« Il est difficile de le dire, Misha. Mais nous devons rester vigilants et unis. Nous ne devons pas perdre espoir. »

Après le départ de Reb Levi, une atmosphère pesante s'installa dans la maison. La peur de l'inconnu, de la menace qui planait, enveloppait la famille comme un nuage sombre.

Dans les jours qui suivirent, Sofia sentit que l'atmosphère changeait dans le village. Les gens se parlaient moins, et une inquiétude palpable régnait dans les rues. Ses amis, avec qui elle jouait habituellement, étaient souvent silencieux et craintifs.

Un jour, alors que Sofia rentrait de l'école, elle croisa un groupe d'enfants non juifs. L'un d'eux, un garçon nommé Ivan, lui lança : « Hé, la Juive, as-tu peur des pogroms ? »

Sofia ne savait pas quoi répondre. Elle ressentait un mélange de peur et de tristesse. Elle s'enfuit en courant, les larmes aux yeux.

En arrivant chez elle, elle trouva ses parents en pleine discussion avec quelques voisins. « Il faut faire des plans au cas où les pogroms atteindraient notre village », entendit-elle son père dire.

« Devons-nous fuir ? » demanda une voisine inquiète.

« Fuir ? Mais où ? C'est ici notre maison », répondit Misha. « Nous devons être forts et rester unis. Peut-être que la tempête nous épargnera. »

Mais au fond de son cœur, Sofia sentait que leur vie paisible au village touchait à sa fin. Chaque jour, les ombres de la menace grandissaient, et la peur dans ses jeunes yeux reflétait l'inquiétude de toute la communauté.

La tempête éclate

Au cours des semaines suivantes, les rumeurs de pogroms dans les villages voisins se firent de plus en plus persistantes. La peur grandissait au sein de la communauté de Sofia. Chaque journée commençait et se terminait par des conversations angoissées entre les villageois. La famille de Sofia tentait de vivre aussi normalement que possible, mais l'ombre de la peur ne les quittait jamais.

Un matin, le père de Sofia revint d'une réunion avec les autres hommes du village, l'air grave. « C'est vrai », dit-il d'une voix brisée. « Des pogroms ont eu lieu dans des villages tout proches. Des maisons ont été incendiées, des familles déchirées, et beaucoup de nos frères et sœurs ont été brutalement attaqués. »

La famille resta silencieuse autour de la table de la cuisine. La mère de Sofia, Dina, murmura : « Que devons-nous faire, Misha ? »

« Je ne sais pas, Dina. Mais nous devons nous préparer. Nous devrions aménager une cachette au cas où ils viendraient jusqu'ici. »

Dans les jours qui suivirent, Sofia aida ses parents et les voisins à aménager une cachette dans la cave de leur maison. Ils y entreposèrent des provisions, de l'eau et quelques couvertures. Chacun s'affairait, mais l'inquiétude ne quittait jamais leurs pensées.

Un après-midi, alors que Sofia revenait de l'école, elle entendit soudain des cris et des hurlements à l'extérieur. Son cœur s'emballa. « Maman, Papa ! » cria-t-elle.

Le père de Sofia regarda par la fenêtre, son visage devint livide. « Ils sont là », dit-il d'une voix tremblante. « Vite, dans la cave ! »

La famille se précipita vers leur cachette, tandis que le chaos se déchaînait à l'extérieur. Ils entendaient des cris, des bruits de verre brisé et les flammes qui ravageaient les maisons. Sofia se blottit contre sa mère, les larmes coulant sur ses joues.

Dans la cave, il régnait une obscurité silencieuse, troublée seulement par les bruits lointains de destruction et de souffrance. Les heures s'écoulèrent lentement, et la famille n'osa ni bouger, ni parler, paralysée par la peur.

Lorsque le calme revint enfin à l'extérieur, Misha sortit pour évaluer la situation. Ce qu'il vit lui brisa le cœur. Leur village, autrefois paisible, n'était plus que ruines et désolation. Des maisons continuaient de brûler, des débris jonchaient les rues, et ici et là gisaient des villageois blessés ou sans vie.

Misha retourna auprès de sa famille et leur raconta ce qu'il avait vu. « Nous ne pouvons plus rester ici », dit-il avec fermeté. « Il faut fuir, tant qu'il en est encore temps. »

La famille rassembla rapidement l'essentiel et quitta leur maison sous le couvert de la nuit. Sofia jeta un dernier regard sur son foyer, un lieu qui, pendant tant d'années, avait été synonyme de sécurité, mais qui n'était plus qu'un endroit de terreur et de tristesse.

Ils prirent la direction du village voisin, espérant y trouver refuge. Le chemin était long et dangereux. Ils devaient se cacher pour ne pas être vus. Sofia sentait la fatigue et la peur peser lourdement sur son corps, mais elle savait qu'ils ne pouvaient plus revenir en arrière.

La nuit était froide et sombre, et la lune était le seul témoin de leur fuite. Chaque bruit les faisait sursauter, toujours hantés par la peur d'être découverts. Mais ils avançaient, pas à pas, portés par l'espoir de trouver un refuge sûr et la volonté de survivre à cette nuit d'horreur.

Lorsqu'ils atteignirent enfin le village voisin, ils étaient épuisés et désespérés. Mais l'aide qu'ils espéraient ne vint pas. Ils furent accueillis par des regards méfiants et repoussés. « Il n'y a pas de place pour vous ici », leur dit froidement un vieil homme.

La famille était anéantie. Sans nourriture, sans abri, et sans endroit où se réfugier, ils étaient perdus. Ils se cachèrent dans une forêt voisine, où ils passèrent la nuit, blottis sous les arbres, tremblant de froid, priant pour que le lendemain leur apporte un peu de répit.

Cette nuit-là, Sofia perdit non seulement son foyer, mais aussi une part de son innocence. Elle comprenait désormais ce que cela signifiait d'être persécutée et haïe simplement parce qu'on était juif. Et tandis qu'elle s'allongeait dans l'obscurité glaciale, elle ferma les yeux et pria pour un miracle, pour une lueur d'espoir dans ces temps sombres.

Au cœur des ténèbres

La nuit que Sofia et sa famille passèrent dans la forêt ne fut que le début d'un long chemin de souffrance. Chaque jour qui passait empirait leur situation. Ils ne trouvaient ni refuge ni sécurité. Chaque pas les plongeait plus profondément dans un monde de terreur et de désespoir.

Ils avaient espéré trouver refuge dans l'un des villages voisins, mais partout, ils étaient repoussés ou ignorés. Les gens, autrefois des voisins amicaux, fermaient désormais leurs portes et volets en voyant cette famille juive arriver. Sofia se sentait comme un fantôme, invisible et indésirable, une étrangère dans son propre pays.

Par une nuit pluvieuse, ils atteignirent un autre village, mais avant même de pouvoir demander de l'aide, ils furent témoins d'une attaque effroyable. Un groupe d'hommes armés, leurs visages déformés par la haine et la colère, parcourait le village. Ils sortaient de force les familles juives de leurs maisons, les frappant et les piétinant sans la moindre trace d'humanité.

La famille de Sofia se cacha derrière une vieille cabane délabrée, le cœur battant de terreur. Sofia plaqua sa main sur sa bouche pour étouffer ses cris lorsqu'elle vit un jeune homme se faire poignarder sauvagement. Les larmes lui montèrent aux yeux, mais elle n'osa pas émettre le moindre son.

Lorsque les assaillants s'éloignèrent, le village n'était plus qu'un paysage de terreur. Les maisons brûlaient, les rues étaient tachées de sang, et partout résonnaient les pleurs des blessés et des endeuillés. La famille de Sofia savait qu'elle ne pouvait pas rester là. Rassemblant leurs dernières forces, ils reprirent leur fuite.

Les jours et les nuits s'écoulaient dans un cycle sans fin de marche et de cachettes. La nourriture et l'eau manquaient, et le froid de l'hiver approchant les faisait souffrir. Sofia avait l'impression de perdre un peu plus d'elle-même chaque jour qui passait.

Un soir, alors qu'ils cherchaient refuge dans une étable abandonnée, ils entendirent le bruit de sabots approcher. Le père de Sofia jeta un coup d'œil à travers une fente dans le mur de bois et vit un groupe de cavaliers armés se diriger vers l'étable. « Ils sont là », murmura-t-il, paniqué. « Nous devons nous cacher. »

Ils se blottirent dans un coin sombre de l'étable, tremblant de peur. Les cavaliers mirent pied à terre et commencèrent à fouiller l'endroit. Sofia retenait son souffle, les yeux grands ouverts de terreur. Chaque minute semblait durer une éternité.

Soudain, la porte de l'étable s'ouvrit et un faisceau de lumière tomba sur eux. Un homme à l'air brutal entra. « Qu'avons-nous là ? » dit-il avec un sourire narquois. « Quelques rats qui se cachent. »

La mère de Sofia l'étreignit fermement alors que les hommes s'approchaient. « S'il vous plaît, nous n'avons rien fait, » supplia son père. « Laissez-nous partir. »

Les hommes éclatèrent de rire. L'un d'eux, un homme grand et imposant, saisit le père de Sofia par le col et le jeta à terre. « Tu crois pouvoir nous échapper, Juif ? » railla-t-il. « Nous avons des yeux et des oreilles partout. Ton espèce ne peut pas se cacher. »

Ce qui suivit fut un tourbillon de cris, de coups et de terreur. Sofia sentit sa mère la serrer contre elle, les larmes coulant sur sa joue. Puis un coup de feu retentit et une douleur aiguë traversa son épaule. Elle poussa un cri avant que tout ne devienne noir autour d'elle.

Lorsque Sofia ouvrit de nouveau les yeux, elle était allongée dans une mare de sang. Autour d'elle gisaient les corps sans vie de sa famille. Elle pouvait à peine bouger, chaque respiration était un effort. Rassemblant ses dernières forces, elle se traîna hors de l'étable dans la froideur de la nuit.

Sofia ne savait pas combien de temps elle resta là, mais à l'aube, elle comprit qu'elle était désormais seule. Sa famille, son foyer, tout son univers avait été détruit. Elle n'était plus qu'une jeune fille brisée, perdue dans un monde dominé par la haine et la cruauté.

Les jours qui suivirent furent un mélange de conscience et de délire. Sofia survécut grâce à ce que la nature lui offrait et se cachait des autres. Chaque jour était une lutte pour sa survie, chaque respiration une victoire contre la mort.

Dans ces heures les plus sombres de sa vie, Sofia comprit ce que cela signifiait d'être juive dans un monde qui la haïssait et la méprisait. Elle se sentait comme une ombre, un écho d'un temps révolu. Pourtant, malgré toute la souffrance et la douleur, une flamme subsistait en elle — une flamme d'espoir et de volonté de vivre. Car, au milieu des ténèbres, c'était le seul moyen de vaincre la haine et l'injustice.

Chemins perdus

Au cours des jours suivants, Sofia erra sans but à travers le paysage dévasté, poussée par l'espoir désespéré de trouver un endroit sûr. Elle était seule, son corps et son âme marqués par les événements des derniers jours. Les souvenirs de sa famille étaient comme des cicatrices qui refusaient de guérir.

Le soleil frappait impitoyablement lorsque Sofia croisa un jour un groupe de réfugiés. C'était une foule hétéroclite, composée de jeunes et de vieux, d'hommes et de femmes, tous marqués par la même peur et les mêmes souffrances. Parmi eux se trouvait une vieille femme nommée Miriam, qui prit la main de Sofia et l'intégra à leur petit groupe.

« D'où viens-tu, mon enfant ? » demanda Miriam d'une voix douce, en tendant à Sofia un peu de pain et d'eau. Sofia raconta, hésitante, son village, sa famille et les horreurs qu'elle avait vécues. Miriam l'écouta, ses yeux remplis de compassion et de tristesse.

« Nous avons tous vécu des choses similaires », murmura Miriam. « Nous fuyons, sans destination, simplement portés par l'espoir de trouver un jour un peu de paix. »

Les jours suivants, Sofia et le groupe poursuivirent leur chemin ensemble. Ils se racontaient leurs histoires, partageaient leurs peines et leurs espoirs. Malgré les horreurs qu'ils avaient vécues, Sofia trouva un certain réconfort dans cette communauté de perdus.

Un jour, ils arrivèrent dans une grande ville. Les rues grouillaient de monde, de bruit et de saleté. Sofia ressentit un mélange de peur et de curiosité en parcourant les ruelles. Partout, elle voyait des traces de destruction : des fenêtres brisées, des maisons brûlées, des murs couverts de graffitis insultant les Juifs.

La ville était en proie à un chaos que Sofia n'avait jamais connu. Des soldats étaient partout, et la tension dans l'air était palpable. Sofia et ses compagnons trouvèrent refuge dans un bâtiment abandonné à la périphérie de la ville.

La première nuit, ils furent réveillés par des cris et des explosions à l'extérieur. Sofia, recroquevillée dans un coin, tremblait de peur. Elle se sentait impuissante et terrifiée, les images des derniers jours la hantant sans cesse.

Le lendemain, Miriam et quelques autres décidèrent de chercher de l'aide en ville. Sofia ne voulait pas rester seule et se joignit à eux. Mais au lieu de l'aide qu'ils espéraient, ils découvrirent une scène d'horreur.

Sur l'une des places de la ville, plusieurs hommes et femmes juifs étaient publiquement maltraités. La foule applaudissait tandis que les victimes étaient frappées, piétinées et humiliées. Sofia resta figée, les larmes coulant sur ses joues. À cet instant, elle prit pleinement conscience de la brutalité et de l'ampleur de la haine qui frappait son peuple.

De retour à leur cachette, Sofia ne pouvait plus parler. Elle restait assise, le regard vide, essayant de donner un sens à ce qu'elle avait vu. Miriam s'assit à côté d'elle et la prit dans ses bras. « Nous devons être fortes, Sofia », murmura-t-elle. « Pour ceux qui ne sont plus là, et pour ceux qui gardent encore un peu d'espoir. »

Les jours suivants, Sofia et les autres tentèrent de survivre tant bien que mal dans la ville. Ils se cachaient durant la journée et sortaient la nuit pour chercher de la nourriture et de l'eau. Chaque jour était une lutte, chaque pas un danger.

Mais malgré toutes les horreurs et les dangers, Sofia trouva aussi des moments de bonté et de compassion. Elle aida un petit garçon perdu, et une femme lui donna à manger en voyant qu'elle avait faim.

Ces petites marques de gentillesse étaient comme des rayons de lumière dans l'obscurité, rappelant à Sofia que tout espoir n'était pas perdu. Cela lui donnait la force de continuer, de lutter, de garder l'espoir. Malgré tout ce qu'elle avait perdu, malgré les atrocités qu'elle avait vues, Sofia découvrit en elle une force qu'elle n'aurait jamais crue possible.

« Peut-être que les chemins perdus mènent quelque part, » pensa-t-elle, « vers un endroit où la souffrance prendra fin et où la vie pourra recommencer. » Avec cette croyance et le souvenir de sa famille dans son cœur, Sofia traversa les ruines de la ville, un témoignage vivant de la volonté de survie d'un peuple tourmenté.

Un nouveau matin

Sofia s'attardait devant le petit miroir sans ornements, dans la chambre modeste qui marquait le début de sa nouvelle vie. La vaste ville, qui lui avait autrefois semblé étrangère et menaçante, lui offrait désormais protection sous ses ailes étendues. Elle avait trouvé sa place dans une boulangerie locale, un refuge où son travail acharné et son esprit vif prospéraient.

À la boulangerie, la vie s'écoulait selon un rythme rigoureux, chaque journée de travail étant une épreuve de résilience. Pourtant, Sofia acceptait cette dureté avec une gratitude silencieuse mais profonde. Chaque pain qu'elle façonnait, chaque échange bienveillant avec un client, semblait réparer un peu plus le tissu déchiré de son existence.

Un matin tranquille, au milieu du bourdonnement des fours et du doux parfum des pains levés, une vieille femme entra dans la boulangerie. Sa silhouette portait les marques des épreuves des années, mais ses yeux brillaient d'une force intacte. Sofia, avec la grâce qu'elle montrait à chacun, invita la femme à s'asseoir.

« Es-tu Sofia ? » La voix de la femme tremblait, imprégnée d'une force intense. Sofia hocha simplement la tête. « Je viens avec des nouvelles concernant tes proches. »

L'air sembla se raréfier autour de Sofia. « Ma famille ? » murmura-t-elle, à peine audible, sa voix n'étant plus qu'un fil ténu dans la chaleur de la boulangerie.

« Oui », confirma la femme, son regard inébranlable. « Le pogrom... il n'y a pas eu de survivants. Je suis désolée. »

Sofia sentit le sol se dérober sous ses pieds, son cœur sombrant dans un abîme de douleur. Le maigre espoir qu'elle entretenait — que peut-être certains de ses proches avaient échappé à la violence — s'éteignit. La main de la femme trouva la sienne, une ancre dans la tourmente de son chagrin.

Les jours devinrent des semaines, et dans la répétition réconfortante de son travail, Sofia trouva une forme atténuée de réconfort, un rythme qui maintenait l'obscurité à distance.

C'est au cœur de cette routine simple, dans cette force silencieuse, qu'une pensée intimidante prit racine. « Je ne peux pas rester », murmura-t-elle un soir à son reflet. « Il n'y a plus rien pour moi ici. Il est temps de chercher la promesse d'un nouveau matin. »

Avec une détermination qui masquait son tourment intérieur, Sofia adopta l'idée de partir pour l'Amérique — un pays dont beaucoup parlaient comme d'un phare d'espoir et d'opportunités.

Naviguer sur le chemin de l'émigration fut une entreprise herculéenne, un témoignage de l'esprit indomptable de Sofia. Elle se sépara des rares possessions qui la rattachaient à un passé désormais enseveli sous la douleur, et réunit les maigres ressources nécessaires pour entreprendre ce voyage.

Le jour du départ était imprégné d'un sentiment d'inéluctable finalité. Au bord de l'immense océan, à bord du navire qui allait devenir son arche vers l'inconnu, Sofia jeta un dernier regard vers la côte qui s'éloignait. Les souvenirs, à la fois doux et amers, l'envahirent — la vie qu'elle avait autrefois connue, la famille qu'elle aimait, désormais des ombres derrière elle.

Alors que le navire s'enfonçait dans l'immensité azur, Sofia sentit germer en elle une fragile lueur d'espoir. Les yeux fixés sur l'horizon, elle se mit à imaginer la nouvelle vie qui l'attendait, avec ses défis et son potentiel. Dans la silencieuse communion avec la mer, elle sentit la présence de sa famille disparue, les sacrifices consentis, l'amour partagé.

« Un nouveau matin », chuchota-t-elle au vent, un mantra pour le voyage de son âme. Un sourire, forgé dans la douleur du passé mais renforcé par une nouvelle détermination, éclaira son visage. Sofia, portée par les vagues du changement, s'avançait vers l'étreinte d'un nouveau monde, son cœur battant au rythme des nouveaux départs qui l'attendaient.

Le Maroc et l'Iran

Au XIXe siècle, les communautés juives du Maroc et de l'Iran traversèrent l'une des périodes les plus sombres de leur histoire. Elles furent confrontées à de nombreux pogroms, persécutions et discriminations, qui eurent des répercussions profondes sur leur quotidien et leur patrimoine culturel.

Au Maroc, en particulier dans des villes comme Marrakech et Tétouan, les Juifs occupaient une position de minorité constante. Bien qu'ils aient vécu dans la région depuis des siècles et contribué à la culture et à l'économie locales, ils étaient souvent perçus comme des étrangers. Cette exclusion n'était pas seulement d'ordre social, mais se manifestait également par des violences physiques. Les pogroms, souvent des attaques spontanées et non planifiées contre la communauté juive, étaient d'une grande brutalité et faisaient de nombreuses victimes. Ces agressions se caractérisaient par la destruction de commerces, de maisons et de synagogues juives. De nombreux pogroms étaient déclenchés par des rumeurs ou des accusations infondées, reflétant l'antisémitisme dominant au sein de la société.

En Iran, notamment dans la ville de Shiraz, des atrocités similaires étaient perpétrées contre la population juive. Comme au Maroc, les Juifs formaient une communauté historiquement établie, mais restaient marginalisés. Ils étaient soumis à des lois discriminatoires limitant leur liberté de mouvement, leur choix de profession et même leur façon de s'habiller. La violence physique qu'ils subissaient était souvent le fruit de préjugés profondément ancrés et de malentendus concernant la culture et la religion juives.

En somme, le XIXe siècle fut une période de souffrance, de peur et de perte pour les communautés juives du Maroc et de l'Iran. La menace constante et les attaques qu'elles endurèrent laissèrent des cicatrices profondes dans leur mémoire collective. Ces expériences traumatiques ont marqué leur histoire et témoignent de l'horreur que la discrimination et la haine peuvent engendrer.

Ombres sur Marrakech

Des jours paisibles à Marrakech

Dans les ruelles étroites et animées de Marrakech, où les effluves d'épices et l'agitation du marché emplissaient l'air, vivait David, un jeune commerçant juif. Son petit commerce, hérité de son père, était réputé pour ses étoffes fines et ses épices. Avec son regard vif et son sourire chaleureux, David était apprécié tant des habitants que des rares voyageurs qui fréquentaient sa boutique.

La communauté juive de Marrakech vivait en vase clos, marquée par des traditions ancestrales et un fort esprit de solidarité, tout en coexistence relative avec leurs voisins musulmans. La famille de David était profondément enracinée dans cette communauté. Sa mère, Sarah, une femme résolue à la voix douce, veillait avec amour sur leur foyer et participait activement à la vie communautaire. Son père, Samuel, un homme respecté, était souvent sollicité à la synagogue pour sa sagesse et ses conseils.

Malgré cette paix apparente, une tension latente traversait la communauté. Des rumeurs d'agitation et une hostilité croissante envers les Juifs inquiétaient David. Un jour, alors qu'il fermait boutique, son ami Youssef, un commerçant musulman, entra. « David, as-tu entendu les rumeurs qui circulent en ville ? » demanda-t-il avec inquiétude.
« Oui, Youssef, cela m'inquiète », répondit David. « Mais j'espère que ce ne sont que des rumeurs. Nous vivons en paix ici depuis des générations.   »
« Je l'espère aussi, mon ami. Mais les temps changent. Il y a des gens qui cherchent à semer le trouble », dit Youssef, pensif.

Les jours passèrent, et les tensions à Marrakech s'accentuèrent. David essayait de poursuivre sa vie normalement, mais l'inquiétude pour sa famille et sa communauté ne le quittait plus. Il remarquait que le regard de ses clients non-juifs changeait, passant de la curiosité bienveillante à une distance méfiante.

Un soir, en rentrant chez lui, il entendit des voix s'élever avec véhémence. Un groupe d'hommes discutait avec animosité de la « question juive ». L'un d'eux, d'une voix forte et avec des gestes désordonnés, s'écria : « Ils contrôlent le commerce ! Ils nous volent notre travail ! Il faut agir contre eux ! »

David accéléra le pas et se hâta de rentrer. Son cœur battait plus vite. La peur qu'il n'avait jusque-là ressentie qu'à la marge devenait maintenant une réalité oppressante. En arrivant chez lui, il trouva sa mère dans la cuisine. « David, qu'est-ce qui ne va pas ? Tu sembles inquiet », demanda-t-elle.

« Maman, je crois que des temps difficiles s'annoncent pour nous », dit-il gravement. « J'ai entendu des hommes parler. Il y a des gens qui ne veulent plus de nous ici. »

Le visage de Sarah se durcit. « Nous avons déjà surmonté pire, mon fils. Nous surmonterons aussi cela », répondit-elle d'une voix mêlant confiance et profonde inquiétude.

Dans les jours qui suivirent, David s'efforça de continuer sa vie comme à l'accoutumée, mais l'atmosphère à Marrakech avait changé. Les rues, autrefois pleines de rires et d'effervescence, étaient désormais imprégnées d'une tension palpable. La communauté juive se repliait sur elle-même, et la synagogue devenait le lieu de discussions angoissées et de plans pour un avenir incertain.

Un soir, alors que David s'apprêtait à fermer boutique, un ancien camarade, Rachid, entra. Son visage était grave, et une lueur d'inquiétude et de compassion brillait dans ses yeux. « David, fais attention. Il y a des plans pour attaquer les quartiers juifs. Vous êtes en danger », le prévint-il.

Ces mots frappèrent David comme un coup de massue. Les rumeurs menaçantes prenaient désormais la forme d'une menace tangible. Il remercia Rachid pour l'avertissement et se précipita chez lui pour informer sa famille. Ils devaient prendre des décisions, et vite.

La nuit tomba, et dans les cœurs de David et de sa famille, l'inquiétude régnait. Ils savaient que les jours à venir pouvaient bouleverser à jamais leur existence. La vie paisible qu'ils avaient connue se trouvait au bord du gouffre, et l'ombre des événements à venir se projetait déjà sur eux.

L'éclatement du malheur

Aux premières heures du matin, alors que les premiers rayons de soleil illuminaient les sommets dorés des mosquées de Marrakech, la ville dormait encore profondément.

Mais dans la maison de David, l'agitation régnait déjà. L'avertissement de son ami Rachid avait mis la famille en état d'alerte. David, ses parents et sa jeune sœur Leah, qui jetait des regards apeurés autour d'elle, discutaient fiévreusement de la marche à suivre.

« Nous devons partir d'ici, et vite », dit Samuel, le visage tendu d'inquiétude. « J'ai entendu parler d'un endroit sûr, en dehors de la ville, où nous pourrions nous réfugier. »

Sarah acquiesça tout en rassemblant quelques vivres et vêtements dans un sac. « Mais notre maison, notre boutique ? On ne peut pas tout abandonner », dit-elle avec hésitation.

« Nos vies sont plus importantes que nos biens », répliqua Samuel d'une voix ferme.

Alors qu'ils s'empressaient de rassembler leurs maigres possessions, ils entendirent soudain des cris et le bruit de verre brisé à l'extérieur. David se précipita vers la fenêtre et regarda dehors.

Une foule en colère s'était formée, et des pierres volaient dans les airs. « Ils sont là ! » s'écria-t-il, terrifié.

La famille se précipita vers la porte de derrière. Dehors, le chaos avait déjà éclaté. Partout, on entendait des cris et des colonnes de fumée s'élevaient dans le ciel.

En courant à travers les ruelles étroites, ils virent leurs voisins se faire brutaliser. Des hommes étaient frappés, des femmes bousculées, et des enfants pleuraient de peur.

Dans une ruelle adjacente, ils croisèrent un vieil homme gisant au sol, entouré d'un groupe de jeunes hommes qui le raillaient et le piétinaient. David voulut intervenir, mais son père le retint.

« Nous ne pouvons rien pour lui, fils. Nous devons nous sauver », murmura Samuel d'une voix étranglée par l'émotion.

Ils continuèrent à courir, passant devant des maisons et des boutiques en flammes, les flammes teintant le ciel d'un rouge apocalyptique.

L'air était saturé de fumée, et des cris de désespoir résonnaient partout. La scène ressemblait à un cauchemar terrifiant.

Ils parvinrent enfin aux portes de la ville. Derrière eux, ils laissaient le chaos et la destruction, mais la peur restait ancrée en eux. Ils savaient que la vie qu'ils avaient connue était à jamais perdue.

Leur foyer, leur communauté, leurs rêves – tout avait été anéanti en quelques heures.

En fuyant, ils croisèrent d'autres Juifs, tout aussi désespérés et terrifiés. Tous portaient sur leurs visages les marques de la violence et de la terreur. Certains étaient blessés, d'autres pleuraient des proches disparus.

Tous partageaient le même destin : chassés, traqués et persécutés.

Après des heures de marche exténuante, ponctuées de pauses furtives pour éviter d'être découverts, ils atteignirent une ferme isolée. Le propriétaire, un vieil ami de Samuel, leur offrit refuge dans sa grange.

« Vous êtes en sécurité ici », dit le fermier d'un air grave. « Mais je ne sais pas combien de temps je pourrai vous cacher. Le climat dans le pays est contre vous. »

Dans la grange, entourée de paille et de l'odeur du bétail, la famille s'assit, blottie les uns contre les autres. Ils étaient épuisés, terrifiés et incertains de leur avenir.

« Que va-t-il nous arriver maintenant ? » murmura Leah, les yeux remplis de larmes.

« Nous devrons repartir », répondit David pensivement. « Peut-être dans un autre pays, où nous pourrons vivre en paix. »

« Mais nous nous relèverons », ajouta Sarah, sa voix tremblante mais déterminée. « Nous sommes un peuple fort. Nous avons survécu à bien des tempêtes. »

La nuit fut longue et agitée. Chaque bruit les faisait sursauter, toujours dans la crainte d'être découverts.

Dans ces heures sombres de désespoir, la famille resta soudée, portée par l'espoir d'un lendemain meilleur, mais marquée par les cicatrices d'une nuit de terreur et de tristesse.

Ce n'était que le début d'un long et douloureux voyage.

Mais au milieu de l'obscurité, une lueur d'espoir brûlait encore dans leurs cœurs – l'espoir de la liberté, de la sécurité, et d'un nouveau foyer, loin de la haine et de la persécution.

Jours de terreur

Le soleil venait à peine de se lever lorsque David et sa famille quittèrent en titubant la grange du fermier compatissant.

Leurs visages portaient les marques d'une nuit sans sommeil : leurs yeux étaient rouges et gonflés, leurs corps épuisés, écrasés par la peur. Ils avaient à peine fermé l'œil, hantés par les souvenirs des atrocités de la veille.

« Nous ne pouvons pas rester ici plus longtemps », murmura Samuel d'une voix basse. « Ce n'est qu'une question de temps avant qu'ils nous trouvent. »

Il regarda les visages terrifiés de sa famille. « Nous devons partir. Il y a des rumeurs sur un camp plus au sud où nous pourrions trouver refuge. »

Sarah acquiesça, bien que l'inquiétude se lisait dans ses yeux. « N'importe quel endroit sera plus sûr qu'ici », dit-elle.

Le petit groupe se mit en route, errant, perdu dans un pays qui avait autrefois été leur chez-soi.

En chemin, ils traversèrent des villages et des villes où les habitants les observaient avec hostilité, ou, pire encore, ne leur prêtaient aucune attention.

Parfois, ils croisaient d'autres Juifs en fuite, tout aussi effrayés et désespérés. Les récits qu'ils entendaient étaient déchirants : des familles déchirées, des enfants séparés de leurs parents, des violences brutales et des souffrances inimaginables.

Un après-midi tardif, ils atteignirent un petit village où ils rencontrèrent un groupe de Juifs cachés dans une grange abandonnée.

L'atmosphère était chargée d'angoisse et de peur, presque palpable, alors qu'ils partageaient leurs histoires.

« Ils ont détruit toute ma boutique », raconta un vieil homme dont les mains tremblaient en parlant. « Tout ce que j'ai construit pendant toute ma vie est parti en fumée en une seule nuit. »

Une jeune femme, tenant un enfant silencieux dans ses bras, murmura avec des larmes dans les yeux : « Mon mari… ils l'ont tué sous mes yeux. Je ne sais pas comment continuer. »

Les paroles de ces personnes pesaient lourdement sur le cœur de David. La douleur et le désespoir qu'ils exprimaient reflétaient ses propres craintes. Il pensa à sa maison, à sa vie d'avant à Marrakech, désormais réduite en cendres.

La nuit tomba, et le groupe se réunit pour décider de la suite à donner. « Nous ne pouvons pas rester ici », déclara Samuel avec détermination. « Nous devons aller plus au sud, dans les montagnes. Nous y serons plus en sécurité. »

« Mais le chemin est dangereux », répliqua un autre homme. « Les routes sont infestées de bandits et de soldats. Ils nous traquent. »

« C'est notre seule chance », intervint David. « Nous ne pouvons pas abandonner. Pas maintenant. »

Le lendemain matin, ils reprirent la route, une longue file d'hommes, de femmes et d'enfants, ayant tout laissé derrière eux.

Le voyage était ardu et périlleux. Ils devaient rester constamment sur leurs gardes pour ne pas être repérés. Ils franchirent des montagnes, traversèrent des rivières, poussés par l'espoir de trouver un refuge sûr quelque part.

Un jour, alors qu'ils traversaient une région densément boisée, ils furent soudainement attaqués par un groupe d'hommes armés. « Des bandits ! » cria quelqu'un, et la panique s'empara du groupe.

Les gens se dispersèrent dans toutes les directions, criant et trébuchant les uns sur les autres. David vit un homme se faire frapper au sol, tandis qu'une femme tentait désespérément de protéger ses enfants.

Lui-même fut jeté à terre, sentant quelqu'un lui arracher son sac.

Quand les bandits disparurent, ils laissèrent derrière eux un paysage de dévastation. Certains des fugitifs étaient blessés, d'autres gisaient sans vie sur le sol. David se releva lentement, le corps endolori, partagé entre la colère et le désespoir.

« Nous devons continuer », dit Samuel d'une voix fatiguée. « Nous n'avons pas d'autre choix. »

Ils poursuivirent leur chemin, marqués par la brutalité et les pertes qu'ils venaient de subir.

Pourtant, au milieu de cette obscurité, il restait une lueur d'espoir dans leurs cœurs — l'espoir de la liberté, de la sécurité, et d'un nouveau foyer, loin de la haine et de la persécution.

À la recherche d'un refuge

L'aube se levait alors que David et sa famille entamaient les premiers pas de leur périlleux voyage. Marrakech, autrefois un lieu de paix et de convivialité, n'était plus qu'un lointain souvenir, enveloppé de fumée et de douleur. Ils ne savaient pas ce qui les attendait, mais la pensée de ce qu'ils laissaient derrière eux les poussait à avancer.

Le groupe, composé de David, de sa famille et de quelques autres survivants, se frayait un chemin à travers des terrains accidentés, des montagnes et des forêts. Ils évitaient les grandes routes et les villes, craignant de nouveaux assauts et la violence brutale qu'ils avaient déjà subie. La nourriture se faisait rare, et ils survivaient grâce à ce qu'ils trouvaient sur leur route.

« Nous y arriverons, » dit David un soir, alors qu'ils étaient rassemblés autour d'un petit feu. « Nous devons simplement rester unis. »

Ses paroles étaient un maigre réconfort pour les voyageurs épuisés, mais ils s'accrochaient à la moindre étincelle d'espoir.

Au fil des jours, ils croisèrent d'autres réfugiés – des Juifs ayant subi des épreuves similaires. Ils échangeaient leurs récits, des histoires de perte et de souffrance, mais aussi de courage et de détermination.

Un jour, ils rencontrèrent une vieille femme nommée Esther, qui voyageait seule. « Ils ont détruit mon village, » dit-elle, les yeux remplis de larmes. « Toute ma famille a disparu. Je ne sais pas où ils sont, ni s'ils sont encore en vie. »

Ses mots touchèrent profondément tous ceux qui l'entouraient. Chacun portait ses propres blessures, mais en cet instant, ils se sentaient plus proches les uns des autres que jamais.

Le voyage continua, jour après jour, semaine après semaine. Ils traversèrent des lits de rivières asséchées et des paysages arides, toujours dans l'espoir de trouver un refuge. Mais l'incertitude et la peur constante ne les quittaient jamais.

Une nuit, alors qu'ils s'abritaient dans une cabane abandonnée, ils entendirent au loin le hurlement des loups – un signe inquiétant qui ne fit qu'accentuer leurs craintes.

« Que ferons-nous si nous ne trouvons aucun refuge ? » demanda timidement Leah, la sœur cadette de David.

« Nous devons continuer vers le sud, » répondit David avec détermination. « Il y a des rumeurs sur un camp, un lieu sûr pour les Juifs comme nous. Nous devons rester forts et continuer à avancer. »

Ses mots leur redonnèrent un peu de courage, et le lendemain matin, ils reprirent leur route, portés par l'espoir d'une vie meilleure.

Au cours de leur périple, ils rencontrèrent d'autres voyageurs, certains bienveillants, d'autres hostiles. Ils vécurent des moments de générosité, lorsque des villageois leur offrirent de la nourriture et de l'eau, mais aussi des instants de désespoir, lorsqu'ils furent menacés par des bandes armées.

Un jour, alors qu'ils traversaient un col rocheux, ils furent soudain surpris par une bande d'hommes armés. « Des voleurs ! » cria quelqu'un, et le chaos éclata en un instant. David et les autres se défendirent du mieux qu'ils purent, mais les assaillants étaient trop forts.

Quand les voleurs s'en allèrent, ils laissèrent derrière eux un spectacle de désolation. Deux des leurs gisaient sans vie sur le sol. Des larmes et des cris de douleur s'élevèrent alors qu'ils enterraient les morts. Cette perte supplémentaire était un nouveau coup dur pour leurs cœurs déjà brisés.

« Nous ne devons pas abandonner l'espoir, » dit David, la voix tremblante d'émotion. « Pour eux, et pour tous ceux que nous avons perdus, nous devons continuer. »

Au fil des semaines, ils atteignirent enfin le camp tant espéré. C'était un lieu de refuge, fait de tentes et d'abris de fortune, entouré d'autres Juifs ayant vécu des destins similaires.

Bien que le camp fût pauvre et surpeuplé, c'était un endroit de sécurité et de solidarité. Ici, ils trouvèrent du réconfort dans leur foi et dans la proximité de ceux qui partageaient leurs douleurs.

David et sa famille s'installèrent dans une petite tente, reconnaissants pour le refuge qu'ils avaient enfin trouvé. Malgré les conditions difficiles, ils se sentaient plus en sécurité qu'ils ne l'avaient été sur les routes.

« Ici, nous pouvons recommencer, » dit un soir David à sa famille. « Nous avons perdu beaucoup, mais nous sommes en vie. Et tant que nous respirons, il y a de l'espoir. »

Ses paroles résonnèrent dans le cœur de sa famille. Ils savaient que le chemin serait encore long et difficile, mais ils étaient prêts à l'affronter ensemble, portés par l'espoir d'un lendemain meilleur.

Un nouveau départ en terre étrangère

Après des mois de privations et de souffrances, marqués par un périple incertain, David et sa famille atteignirent finalement une terre sûre. Ils étaient loin de leur foyer, entourés de visages étrangers et de langues inconnues. Pourtant, dans leurs cœurs brûlait une inextinguible espérance : celle de reconstruire une nouvelle vie sur les ruines de l'ancienne.

Ils arrivèrent dans une petite ville connue pour son accueil des réfugiés. Les bâtiments étaient différents de ceux de Marrakech, et les rues regorgeaient de senteurs et de bruits inconnus. C'était un lieu à la fois fascinant et intimidant.

« Il nous faudra du temps pour nous acclimater ici, » dit le père de David alors qu'ils arpentaient les ruelles étroites de la ville. « Mais nous y arriverons. Nous avons déjà surmonté bien pire. »

Les premiers jours furent difficiles. Tout était nouveau et déconcertant – la langue, la nourriture, les coutumes. David et sa famille s'efforçaient de s'adapter, mais ils se sentaient souvent perdus et isolés.

David trouva du travail dans un petit atelier où il apprit des compétences artisanales. Le travail était pénible et la paie maigre, mais il était reconnaissant de pouvoir aider sa famille. Sa mère et sa sœur trouvèrent un emploi dans un centre communautaire local qui s'occupait d'autres réfugiés.

Le soir, ils rentraient épuisés, mais satisfaits des petits progrès qu'ils faisaient chaque jour.

Dans la ville, ils rencontrèrent d'autres Juifs qui avaient vécu des destins similaires. Ensemble, ils partageaient leurs histoires et trouvaient du réconfort au sein de leur communauté. Le sabbat, ils se réunissaient dans une petite synagogue, un rappel du temps qu'ils avaient laissé derrière eux.

« Ici, nous pouvons perpétuer nos traditions, » disait un vieil homme nommé Benjamin, devenu un pilier de la communauté. « Notre culture et notre foi sont ce qui nous maintient unis, même dans ces moments difficiles. »

David apprit la langue du nouveau pays et commença peu à peu à se sentir membre à part entière de la communauté. Il aida d'autres réfugiés à s'établir et trouva de la satisfaction à rendre la pareille à ceux qui l'avaient soutenu.

Avec le temps, les blessures du passé commencèrent lentement à guérir. Les souvenirs des pertes et des souffrances étaient toujours présents, mais ils s'accompagnaient désormais de nouvelles aspirations et de nouveaux rêves.

David et sa famille aménagèrent un petit chez-soi, modeste mais empli d'amour et de chaleur. Ils se firent de nouveaux amis et apprirent à apprécier les petits plaisirs de la vie – un dîner partagé, une promenade dans le parc, un éclat de rire entre amis.

« Regarde tout ce que nous avons parcouru, » dit un jour la sœur de David, Leah, alors qu'ils étaient assis sur la place du marché. « Nous avons tant perdu, mais ici, nous avons aussi trouvé quelque chose – une nouvelle vie, un nouvel espoir. »

David acquiesça. « Oui, nous avons parcouru un long chemin. Mais je crois que le pire est derrière nous. Maintenant, c'est un nouveau chapitre de notre vie qui commence. »

Ils observaient les rues animées, les passants, chacun avec sa propre histoire. Ils ne se sentaient plus aussi perdus, plus aussi étrangers. À cet instant, au milieu de l'agitation de cette ville autrefois inconnue, ils se sentaient enfin chez eux.

Les années passèrent, et David et sa famille bâtirent une nouvelle vie. Ils surmontèrent des difficultés et des épreuves, mais leur détermination et leur foi restèrent intactes.

David devint un membre respecté de la communauté, connu pour sa gentillesse et son dévouement. Sa famille grandit, et ils élevèrent leurs enfants dans les traditions et les valeurs qui leur étaient chères.

Dans les moments de calme, lorsqu'il était seul, David repensait souvent à son passé – aux rues de Marrakech, aux amis et aux proches qu'ils avaient perdus. Mais ces souvenirs n'étaient plus seulement empreints de douleur et de tristesse. Ils étaient aussi un témoignage de la force et du courage qui les avaient soutenus durant les périodes les plus sombres de leur vie.

« Nous avons traversé tant d'épreuves, » dit-il un soir à sa famille. « Mais nous avons réussi. Nous avons construit une nouvelle vie, une vie pleine d'espoir et d'amour. Et pour cela, je suis reconnaissant. »

Ainsi, David et sa famille vécurent, entourés de nouveaux amis et de nouveaux souvenirs, renforcés par les expériences qui les avaient forgés. Dans un monde qui leur avait autrefois semblé si étranger, ils avaient trouvé un endroit qu'ils pouvaient enfin appeler « chez eux ». Un nouveau départ, façonné par le passé, mais tourné vers un avenir rempli d'espoir.

Dans l'Empire ottoman

À la fin du XIXe siècle et au début du XXe siècle, l'Empire ottoman traversait une période de bouleversements et de modernisation. Bien que l'empire ait été traditionnellement reconnu pour sa relative tolérance religieuse, les communautés juives y ont néanmoins connu des périodes de discrimination et de terreur.

Le statut de Dhimmi : Les Juifs, tout comme les chrétiens, étaient considérés dans l'Empire ottoman comme des « Dhimmi » – une désignation réservée aux non-musulmans sous domination islamique. Ce statut leur garantissait une certaine protection, mais leur imposait aussi de nombreuses restrictions et une position sociale inférieure. Ils devaient payer des taxes spécifiques, et leurs droits juridiques étaient limités par rapport à ceux des citoyens musulmans.

Discrimination : Malgré une attitude souvent plus tolérante que celle de l'Europe à la même époque, les Juifs de l'Empire ottoman étaient régulièrement confrontés à des discriminations. Celles-ci allaient des restrictions professionnelles à des exigences fiscales arbitraires. Ils vivaient souvent dans des quartiers distincts, qui constituaient à la fois une forme de protection et une source d'isolement social.

Éruptions de violence : En période d'instabilité politique et économique, des explosions de violence visaient parfois les communautés juives. Ces pogroms, souvent spontanés et brutaux, entraînaient des pertes humaines, la destruction de biens et une profonde insécurité au sein des communautés.

Conséquences : Les expériences de discrimination et de violence poussaient fréquemment les Juifs à migrer ou à chercher refuge dans des régions plus sûres. Cela marqua l'histoire de nombreuses familles juives, qui durent quitter leur terre natale pour reconstruire leur vie ailleurs.

Une vie dans l'ombre

Les Dhimmis

Le monde d'Hannah était une petite ville ottomane nichée dans des collines douces, parcourue de ruelles étroites où la vie s'écoulait à un rythme tranquille et presque régulier. Là où le bleu profond du ciel se mêlait aux teintes chaudes de la terre, Hannah, une jeune fille juive aux yeux vifs et au sourire chaleureux, grandissait. Son enfance était marquée par les sons d'une coexistence multiculturelle – l'appel du muezzin se mêlant aux prières hébraïques de sa famille.

Son père, Levi, était un commerçant respecté, connu pour sa sagesse et son sens de la justice. Sa mère, Esther, une femme douce, veillait avec amour sur la famille et tenait la maison d'une main sereine. Hannah avait deux frères, Samuel et Joseph, tous deux brillants à la synagogue et à l'école.

Dans le monde d'Hannah, musulmans, chrétiens et juifs vivaient côte à côte, un témoignage de la tolérance ottomane. Les enfants jouaient ensemble dans les rues, sans distinction de religion. Les affaires se concluaient entre gens de diverses croyances, et il semblait que la communauté vivait en harmonie.

Cependant, le monde au-delà de leur petite ville changeait. Les troubles politiques se multipliaient, et les nouvelles qui parvenaient aux ruelles et aux marchés parlaient de tensions et de conflits. Levi, habituellement calme, devenait de plus en plus préoccupé. Souvent, Hannah l'entendait parler avec Esther la nuit, leurs voix étouffées mais chargées d'inquiétude.

Un jour, alors qu'Hannah jouait sur la place du marché avec ses frères, elle sentit un changement dans l'air. Les conversations familières des commerçants semblaient étouffées, et une tension pesante régnait, incompréhensible pour elle. Son père rentra du marché plus tôt que d'habitude, le visage grave et pensif.

« Qu'y a-t-il, père ? » demanda Hannah en arrivant à la maison.

« Rien qui ne doive t'inquiéter, ma chérie », répondit Levi, bien que ses yeux trahissaient son inquiétude.

Les semaines qui suivirent virent les rumeurs se multiplier. On murmurait que des magasins juifs avaient été pillés et que des synagogues avaient été attaquées dans d'autres régions de l'empire. Levi tenta de rassurer sa famille, mais la peur devint un hôte silencieux dans leur foyer.

Un matin, alors que le soleil venait à peine d'effleurer les toits de la ville, Samuel rentra en courant, essoufflé. « Père, Mère, les soldats sont en ville ! » cria-t-il.

La famille se précipita dehors. Ils virent des soldats ottomans marcher dans les ruelles, leurs visages durs et impassibles. La rue, d'ordinaire animée, était maintenant silencieuse, comme si la ville retenait son souffle.

« Ils disent qu'il y a des troubles et qu'ils sont ici pour rétablir l'ordre », expliqua doucement un voisin.

Les jours suivants, la situation s'aggrava. La présence des soldats se faisait de plus en plus oppressante, et la méfiance grandissait au sein de la communauté. La coexistence harmonieuse qui régnait autrefois dans les rues se transforma en un climat de peur et de suspicion. La communauté juive, autrefois partie intégrante de la mosaïque de la ville, se sentait désormais isolée et menacée.

Hannah, qui autrefois parcourait les rues avec insouciance, se sentait maintenant hésitante à chaque pas. Ses parents parlaient souvent à voix basse et sur un ton grave, et bien qu'ils tentaient de cacher leurs inquiétudes, Hannah pouvait lire la peur dans leurs yeux.

Un soir, alors qu'ils étaient à table pour le dîner, on frappa soudain à la porte. Levi se leva, les mains légèrement tremblantes. Deux soldats se tenaient dehors, leur regard froid et perçant.

« Nous devons fouiller votre maison », dit l'un des soldats d'une voix sèche. « Il y a des rumeurs d'activités interdites. »

Levi hocha la tête, la gorge nouée, incapable de parler. La famille resta assise, figée par la peur, pendant que les soldats fouillaient chaque pièce. Rien ne fut trouvé, mais le sentiment d'intrusion et de méfiance persista.

Cette nuit-là, Hannah ne put trouver le sommeil. Elle entendait ses parents discuter, leurs voix étouffées et désespérées. Ils parlaient de fuir, de trouver un refuge, loin de la peur et de la terreur qui avaient envahi leur vie.

Cette nuit marqua la fin de l'enfance d'Hannah, la fin de son innocence et de sa croyance en un monde où des personnes de différentes religions pouvaient vivre en paix. C'était le début d'un nouveau chapitre, marqué par l'incertitude et la quête d'un refuge dans un monde soudain devenu hostile et impitoyable.

L'émergence de la peur

Au cours des semaines suivantes, une obscurité palpable envahit la ville d'Hannah, bien plus qu'un simple crépuscule. Les rues autrefois si animées étaient désormais plongées dans un silence oppressant. Les tensions au sein de la société ottomane s'étaient répandues comme un filet invisible, dans lequel les communautés juives se retrouvaient particulièrement prises au piège.

Les sentiments antisémites se faisaient de plus en plus ressentir. Des rumeurs de persécutions et d'agressions contre des Juifs dans d'autres villes parvinrent aux oreilles d'Hannah, l'empêchant de dormir la nuit. Chaque ombre semblait dissimuler une menace, chaque murmure annoncer un malheur imminent.

Le père d'Hannah, Levi, dont l'attitude autrefois fière était maintenant courbée par l'inquiétude, tentait de maintenir ses affaires à flot. Mais nombre de ses clients musulmans et chrétiens évitaient désormais sa boutique, poussés par la peur et la méfiance. « Les temps ont changé, » soupira-t-il un soir. « Nous ne faisons plus partie de cette communauté comme avant. Nous sommes désormais des étrangers. »

Sa mère, Esther, s'efforçait malgré tout de préserver un semblant de normalité à la maison. Mais même ses yeux chaleureux ne pouvaient dissimuler l'angoisse grandissante. « Il faut rester forts, » disait-elle en préparant le dîner, bien que ses mains tremblaient à chaque geste.

La synagogue, autrefois un lieu de prière paisible et de rassemblement, était devenue un endroit de réunions silencieuses. Les prières, chuchotées, semblaient vouloir éviter de trop attirer l'attention. Le rabbin parlait de patience et d'espoir, mais ses paroles semblaient se perdre dans l'air épais de la peur.

Un après-midi, alors qu'Hannah se rendait en ville pour acheter des provisions, elle remarqua que les regards des passants s'attardaient sur elle — méfiants, réprobateurs, et parfois même haineux. Elle resserra son châle autour d'elle et baissa les yeux, mais elle sentait encore le poids brûlant de ces regards dans son dos. En passant devant un groupe d'hommes, elle entendit le mot « Juive » murmuré, suivi d'un rire moqueur. Son cœur se mit à battre à toute vitesse, et elle accéléra le pas jusqu'à retrouver la sécurité de chez elle.

La situation continua à se détériorer lorsqu'un jour, la nouvelle se répandit qu'un garçon juif d'un village voisin avait été lynché pour une prétendue blasphème. L'information se propagea comme une traînée de poudre, et la peur dans la communauté atteignit des sommets insupportables.

« Nous devons partir, » déclara Levi lors d'une réunion de famille. « Ce n'est plus sûr ici. J'ai entendu parler d'un endroit, loin d'ici, où nous pourrions vivre en paix. »

Mais la question de savoir où aller était aussi angoissante que celle de savoir s'ils devaient partir. Où pouvaient-ils se rendre, dans un monde qui semblait si hostile à leur égard ? Et comment pouvaient-ils voyager sans perdre le peu qu'ils possédaient encore ?

Cette nuit-là, Hannah entendit ses parents discuter. « Comment pouvons-nous abandonner tout ce que nous avons construit ici ? » demanda Esther, la voix brisée par le désespoir.

« Ce que nous avons construit, on est en train de nous le prendre, » répondit Levi, sa voix ferme mais épuisée. « C'est notre vie, notre sécurité qui comptent désormais. »

La décision de partir fut prise lors d'une nuit marquée par les larmes et les prières silencieuses. Ils allaient quitter leur foyer, leurs amis, leur vie, dans l'espoir d'un avenir plus sûr.

Dans les jours qui suivirent, la famille empaqueta discrètement ses affaires. Chaque objet placé dans les valises était un adieu — aux souvenirs, aux rêves, à un monde qu'ils avaient autrefois considéré comme sûr.

Le jour de leur départ, le matin était froid et gris. Ils quittèrent leur maison, leur quartier, leur ville — un dernier regard en arrière, rempli de douleur et d'incertitude.

Assise dans la charrette qui les emmenait loin de ce qu'ils avaient toujours connu, Hannah serra fermement la main de sa mère. Elle ignorait ce que l'avenir leur réservait, mais elle savait que la vie, telle qu'elle la connaissait, était désormais révolue. C'était le début d'un voyage vers l'inconnu, marqué par la peur, mais aussi par l'espoir d'une nouvelle vie, loin de la haine et de la persécution.

Une journée de terreur

Le jour qui allait changer irrémédiablement la vie d'Hannah et de sa famille commença comme tous les autres. Le soleil du matin perçait timidement les nuages, et les rues de la petite ville ottomane s'éveillaient lentement à la vie. Mais sous cette routine quotidienne se cachait une tension palpable, un malaise qui planait comme une ombre sur la communauté.

Hannah, qui s'était levée tôt pour aider sa mère en cuisine, ressentait cette tension. Elle avait l'impression que l'air était chargé d'une électricité invisible. « Maman, penses-tu que la journée sera calme aujourd'hui ? » demanda-t-elle en coupant du pain.

Esther jeta un regard inquiet à sa fille. « Je prie pour que ce soit le cas, Hannah. Mais nous devons rester vigilantes. »

Soudain, des voix fortes et des pas précipités brisèrent le calme du matin. Hannah se précipita vers la fenêtre et aperçut une foule en colère traversant les rues. Son cœur se mit à battre plus fort. « Maman, il se passe quelque chose dehors », s'écria-t-elle, paniquée.

Levi, ayant entendu le tumulte, entra précipitamment. « Restez à l'intérieur », ordonna-t-il. « Je vais voir ce qui se passe. »

Dehors, la situation dégénérait rapidement. Un groupe d'hommes enragés, animés par la haine et des discours fanatiques, s'était rassemblé. Ils criaient des slogans, lançaient des pierres et incendiaient des maisons. C'était un pogrom — une attaque délibérée contre la communauté juive.

Levi, essayant de comprendre ce qui se passait, vit avec horreur la foule se rapprocher. « Reculez ! » cria-t-il avant de se précipiter à l'intérieur.

« Nous devons nous cacher », lança-t-il en entrant en trombe. Paniqués, ils rassemblèrent quelques affaires et se réfugièrent dans la cave, le seul endroit qui semblait leur offrir un semblant de sécurité.

Les bruits venant de l'extérieur s'intensifièrent : des cris, des fracas de verre brisé, des craquements de bois en flammes. Hannah, blottie contre sa mère, tentait de contenir sa peur tandis que des larmes coulaient sur ses joues.

Puis, soudain, un grand fracas retentit — la porte de leur maison venait d'être enfoncée. Ils entendirent les hommes fouiller la maison, détruire des objets, proférer des injures. Chaque bruit faisait battre le cœur d'Hannah plus vite. Elle priait en silence pour qu'ils ne les trouvent pas.

Enfin, après ce qui leur sembla une éternité, les bruits cessèrent. Prudemment, Levi les guida hors de leur cachette. Ce qu'ils découvrirent à l'étage était un véritable cauchemar. Leur maison, autrefois un foyer empli d'amour et de rires, n'était plus qu'un amas de décombres. Tout était détruit : leurs meubles, leurs souvenirs, leur vie.

Les rues de la ville étaient méconnaissables. Partout, les signes de destruction étaient visibles : des maisons brûlées, des fenêtres brisées, des objets personnels éparpillés sur le sol. L'air était saturé de l'odeur de fumée et de cendres.

La famille d'Hannah était sous le choc. « Qu'avons-nous fait pour mériter cela ? » murmura Hannah, en regardant les ruines de leur maison.

« Rien, ma chérie », répondit Esther, les larmes aux yeux. « Nous n'avons rien fait. »

Les jours suivants furent une lutte pour survivre. Ils cherchaient de la nourriture, de l'eau, et un abri sûr. Partout dans la ville, on assistait à des scènes similaires. La communauté juive était décimée, ses membres traumatisés, terrifiés, certains disparus ou tués.

Levi, tentant de maintenir sa famille unie, semblait vieillir de jour en jour. Le poids de la responsabilité et du deuil pesait lourdement sur lui. « Nous ne pouvons plus rester ici », finit-il par décider. « Nous devons partir, trouver un endroit où nous pourrons vivre en paix. »

Ainsi commença leur voyage, loin des décombres de leur passé, vers un avenir incertain. Pourtant, au milieu de toute cette désolation et de ce désespoir, il y eut aussi des moments d'humanité — des voisins qui les aidèrent, des inconnus qui leur témoignèrent leur compassion.

Ces petites lueurs de bonté étaient comme des rayons de lumière dans l'obscurité, les aidant à ne pas perdre espoir. Ils savaient que le chemin serait difficile, mais ils étaient déterminés à survivre, pour ceux qui n'avaient pas eu cette chance, et pour un futur où la haine et la violence n'auraient plus leur place.

Murmures dans l'obscurité

Dans les jours qui suivirent le pogrom, un voile sombre s'abattit sur la petite ville. Les rues, autrefois pleines de vie et d'activité, étaient désormais plongées dans un silence pesant, comme si elles reflétaient le deuil de leurs habitants. Partout, les traces de la destruction étaient visibles, un rappel constant et douloureux de ce qui s'était passé. Hannah et sa famille avaient trouvé refuge dans une grange abandonnée à la périphérie de la ville, un abri de fortune qui ne leur offrait guère de protection, mais au moins un toit au-dessus de leurs têtes.

Souvent, Hannah restait éveillée, fixant l'obscurité et écoutant les murmures du vent. Les images de ce jour terrible la hantaient : les flammes, les cris, la peur. Elle essayait de se concentrer sur d'autres pensées — sa famille, la nécessité de rester forte — mais les souvenirs étaient trop envahissants.

« Nous surmonterons cela, » chuchota sa mère une nuit en sentant Hannah trembler. « Nous sommes ensemble, et c'est le plus important. »

Mais Hannah savait que rien ne serait plus jamais comme avant. Sa communauté était déchirée, beaucoup de ses amis et proches avaient fui, étaient portés disparus ou morts. C'était comme si une ombre noire s'était abattue sur leur vie.

Le jour, elle aidait du mieux qu'elle pouvait : ramassant de la nourriture, participant à la réparation de la grange, essayant de réintroduire un semblant de normalité dans leur quotidien. Mais la peur était omniprésente, un compagnon constant dont elle ne pouvait se défaire.

« Pourquoi nous haïssent-ils autant ? » demanda-t-elle un soir à son père, alors qu'ils mangeaient un maigre repas autour d'un petit feu.

Levi regarda sa fille avec tristesse. « Je ne sais pas, Hannah. Peut-être par ignorance, peut-être par jalousie. Mais aucune de ces raisons ne justifie cette haine. »

Dans ces temps sombres, il y avait tout de même des lueurs d'espoir. Quelques voisins, malgré le danger, avaient choisi d'aider la communauté juive. Ils apportaient de la nourriture, des médicaments et parfois des nouvelles de la ville. Ces petits gestes d'humanité représentaient une lueur d'espoir pour Hannah et sa famille dans un monde devenu si sombre.

« Il reste encore des gens bons, » dit un jour Hannah à sa mère. « Cela me prouve que tout n'est pas perdu. »

Esther sourit faiblement. « Oui, ma fille. Le bien en l'homme ne peut jamais être entièrement effacé. »

Cependant, le deuil de ce qu'ils avaient perdu restait un fardeau constant. Ils pleuraient leurs amis disparus, leur communauté détruite, leur vie d'avant. La question du « pourquoi » demeurait sans réponse, une douleur vive dans leurs cœurs.

Un soir, alors que la famille était réunie autour d'une petite bougie, Hannah brisa le silence. « Nous devons nous souvenir de ce que nous avons encore. Notre famille, notre foi, nos espoirs. Personne ne peut nous enlever cela. »

Ses mots apportèrent un certain réconfort, et pendant un moment, la famille se sentit moins seule, moins perdue. Ils se racontèrent des histoires, chantèrent des chansons et se remémorèrent des temps plus heureux. C'était une petite forme de résistance, un moyen de repousser l'obscurité.

Au fur et à mesure que la nuit avançait et que la bougie se consumait, Hannah et sa famille se couchèrent pour dormir. Cette nuit-là, Hannah rêva d'une vie sans peur, sans haine. Une vie où elle serait libre, où sa famille serait en sécurité. C'était un beau rêve, et à son réveil, elle ressentit en elle une nouvelle détermination.

« Un jour, tout ira mieux, » murmura-t-elle en regardant l'aube poindre. « Un jour. »

Chaque jour qui passait renforçait la détermination de Hannah et de sa famille à avancer, à survivre et à ne pas perdre espoir. Ils savaient que le chemin serait difficile, mais ils étaient prêts à le parcourir, portés par leur foi inébranlable et l'amour qu'ils partageaient.

En ces temps de souffrance et d'obscurité, ce furent ces petits moments de solidarité, d'humanité et d'espoir qui leur donnèrent la force de continuer. Ils avaient beaucoup perdu, mais ils avaient aussi gagné en résilience — une solidarité indéfectible, une profonde reconnaissance pour la vie, et une espérance inébranlable en des jours meilleurs.

Ainsi se termine l'histoire d'Hannah et de sa famille, une histoire de souffrance, mais aussi de survie et d'espoir. C'est une histoire qui mérite d'être racontée, pour se souvenir, pour avertir, et pour nourrir l'espoir d'un monde où la haine et la violence n'auraient plus leur place.

Les nationaux-socialistes

L'histoire du judaïsme en Europe est marquée par une tragédie profonde et des souffrances indescriptibles, particulièrement mises en lumière par la persécution des Juifs sous le régime nazi. Bien avant l'arrivée d'Hitler au pouvoir en 1933, des sentiments antisémites étaient déjà présents dans certaines parties de la société européenne. Cependant, avec la montée des nationaux-socialistes en Allemagne, la discrimination envers les Juifs prit des formes nouvelles et effrayantes. Les nazis voyaient les Juifs comme des « sous-hommes » et une menace pour le peuple « aryen ».

L'exclusion commença d'abord par une stigmatisation dans la vie publique. Les Juifs furent expulsés de la fonction publique, et leurs commerces ainsi que leurs cabinets médicaux furent boycottés. Les lois de Nuremberg, promulguées en 1935, leur retirèrent leurs droits civiques, les reléguant au statut de citoyens de seconde zone. Ces lois interdisaient, entre autres, les mariages entre Juifs et non-Juifs. Peu à peu, les enfants juifs furent exclus des écoles, et après les pogroms de novembre 1938 (également connus sous le nom de la Nuit de Cristal), une ordonnance nazie leur interdit définitivement de fréquenter les écoles publiques allemandes. Les Juifs furent également exclus des lieux publics.

La nuit du 9 novembre 1938, connue sous le nom de Nuit de Cristal ou Reichspogromnacht, marqua un tournant dans la persécution des Juifs. Sous prétexte de venger l'assassinat d'un diplomate allemand à Paris par un jeune Juif, les nazis orchestrèrent des attaques coordonnées contre les établissements juifs. Des synagogues furent incendiées, des commerces détruits, des habitations saccagées et des milliers de Juifs furent arrêtés et envoyés dans des camps de concentration.

Cette nuit de terreur ne fut pas seulement un acte de destruction physique, mais aussi une attaque symbolique contre l'identité et l'existence même de la communauté juive en Allemagne. Elle marqua la transition entre les politiques de discrimination et la violence systématique de l'État, qui mènerait ensuite à l'extermination systématique des Juifs en Europe.

Les souffrances de la population juive durant l'Holocauste sont inimaginables. Des millions de Juifs furent assassinés dans les camps de concentration et d'extermination. Ceux qui survécurent durent vivre avec les traumatismes et les pertes causés par un génocide inimaginable. Les récits de cette période ne sont pas seulement marqués par l'horreur et la terreur, mais aussi par un courage remarquable, la résistance et la force indéfectible de l'esprit humain.

Les éclats

Le calme avant la tempête

Je me souviens encore très bien de l'automne 1938. À cette époque, j'étais une jeune fille vivant dans le quartier juif de Berlin. Je m'appelle Sarah, et ce récit est l'histoire de ma famille, de ma communauté et des événements qui allaient bouleverser notre monde à jamais.

Nous habitions un appartement modeste, certes exigu, mais toujours plein de vie et d'amour. Mes parents, Jakob et Miriam, tenaient une petite boutique de textiles, tandis que mon jeune frère Daniel et moi poursuivions notre scolarité. Notre maison était un lieu de rencontre pour la famille et les amis, où les discussions animées étaient souvent accompagnées des mélodies du violon de mon père.

Le quartier juif était comme un petit monde à part au sein de la grande ville de Berlin. Nous avions nos propres magasins, synagogues et écoles. Un sentiment de communauté régnait, qui nous soutenait dans les moments difficiles.

Cependant, dès cet automne, nous sentions les changements flotter dans l'air. La politique des nazis avait empoisonné l'atmosphère en Allemagne. Partout à Berlin, on voyait des affiches et des graffitis incitant au boycott des commerces juifs. Nos voisins, avec qui nous vivions en paix auparavant, commençaient à nous regarder avec méfiance et crainte.

C'est à l'école que les changements furent les plus visibles. Je me souviens d'un jour où, assise à ma place, je remarquai que les autres enfants s'éloignaient de moi. Même mes anciennes amies murmuraient entre elles en me jetant des regards furtifs. Les enseignants, autrefois bienveillants, me traitaient soudain avec froideur et distance.

Mon père tentait de nous rassurer : « Ce sont des temps difficiles, mais nous devons rester forts », disait-il. Pourtant, les rides d'inquiétude sur son front trahissaient ses véritables sentiments.

Le soir, nous nous réunissions souvent pour écouter les nouvelles à la radio, qui n'apportaient jamais de bonnes nouvelles. On y parlait de nouvelles lois qui compliquaient encore plus notre vie. Ma mère nous serrait alors, Daniel et moi, un peu plus fort dans ses bras.

« Tant que nous sommes ensemble, c'est tout ce qui compte », nous murmurait-elle.

Malgré la peur grandissante et l'incertitude, nous essayions de mener une vie aussi normale que possible. Mais au fond de nos cœurs, nous savions qu'un sombre nuage planait au-dessus de nous. Nous avions entendu parler des camps de concentration, des personnes qui disparaissaient du jour au lendemain. La peur était omniprésente, un sombre voile qui enveloppait chaque éclat de rire et chaque moment de joie.

Un soir, alors que nous étions en train de dîner, nous entendîmes de grands coups à la porte. Mon père se leva pour aller voir, et nous l'entendîmes parler à voix basse. Lorsqu'il revint, son visage était livide.

« Il y a des rumeurs qui circulent », dit-il d'une voix à peine audible. « On dit que quelque chose de grave se prépare. Quelque chose d'horrible. »

Ma mère saisit sa main. « Que devons-nous faire, Jakob ? »

Il nous regarda tous, ses yeux remplis d'inquiétude. « Nous devons rester unis », répondit-il. « Pour l'instant, c'est tout ce que nous pouvons faire. »

Cette nuit-là, je ne pus trouver le sommeil. Je restai éveillée, écoutant les bruits de la ville et me demandant ce qui nous attendait. Le calme avant la tempête était presque palpable, une sensation étouffante de peur et d'incertitude.

Mais rien n'aurait pu nous préparer à ce qui allait suivre.

Les ombres grandissantes

Les semaines passaient, et chaque jour, le filet des restrictions imposées par les nazis aux Juifs se resserrait un peu plus. Notre quotidien, autrefois si familier et rassurant, se transformait en une épreuve de survie.

Un matin, un nouveau panneau fut accroché à notre maison. En lettres noires et imposantes, on pouvait lire : « N'achetez pas chez les Juifs ». Mon père l'arracha avec colère, mais ses yeux trahissaient le profond désespoir qui l'habitait.

Notre petite boutique de textiles souffrait énormément des nouvelles lois. Les clients se faisaient rares, et ceux qui venaient encore nous regardaient avec un mélange de pitié et de crainte. Mon père essayait de rester optimiste, mais chaque soir, il rentrait à la maison épuisé et abattu.

L'école était devenue pour moi un lieu de cauchemar. Chaque jour apportait son lot d'humiliations et de brimades. Un jour, les enfants juifs furent relégués dans un coin de la classe, séparés des autres. Les professeurs nous ignoraient comme si nous n'existions pas. Je me sentais si isolée, si indésirable.

L'événement le plus terrible se produisit un matin frais d'octobre. Alors que je me rendais chez le boulanger, j'aperçus la Gestapo en train de traîner Monsieur Baum, notre voisin, hors de chez lui. Sa femme pleurait à la porte, ses deux jeunes enfants accrochés à sa jupe, terrifiés.

« Papa, papa ! » criaient-ils, tandis que les hommes poussaient brutalement Monsieur Baum dans une voiture. Les voisins observaient en silence, personne n'osant intervenir.

Je rentrai en courant à la maison, les larmes aux yeux, et racontai à mes parents ce qui s'était passé. Ma mère me serra fort dans ses bras, tandis que mon père restait silencieux, le regard perdu par la fenêtre.

« Pourquoi font-ils cela ? » sanglotai-je.

« Il n'y a aucune raison, Sarah, » murmura mon père. « Juste de la haine. »

La nouvelle de l'arrestation de Monsieur Baum se propagea comme une traînée de poudre dans le quartier. La peur et l'incertitude s'installèrent. Si cela pouvait arriver à Monsieur Baum, un homme respecté et pacifique, alors cela pouvait toucher n'importe lequel d'entre nous.

Les magasins du quartier commencèrent à fermer. Les vitrines furent clouées une à une, et les propriétaires, contraints d'abandonner le travail de toute une vie. Ce quartier autrefois si animé se transformait peu à peu en une ville fantôme.

Mon frère Daniel, qui avait toujours un sourire éclatant, devint taciturne et renfermé. Souvent, je le trouvais la nuit, debout à la fenêtre, fixant les rues sombres.

« Est-ce que tout redeviendra comme avant, Sarah ? » me demanda-t-il un soir.

Je l'enlaçai et murmurai : « Il faut juste rester forts, Daniel. Un jour, tout ira mieux. »

Mais au fond de mon cœur, je doutais de ce que je disais.

Ma mère s'efforçait de maintenir une certaine normalité. Elle préparait des gâteaux comme s'il n'y avait pas de rationnements et chantait des chansons pour alléger l'atmosphère. Mais ses yeux trahissaient l'inquiétude qui la rongeait.

Le sabbat, nous nous rassemblions dans notre petite synagogue pour prier ensemble. Mais les offices étaient empreints de gravité. Chaque fois que la porte s'ouvrait, nous sursautions, craignant l'arrivée des nazis.

« Il ne faut pas perdre la foi, » disait le rabbin lors de ses sermons. « Notre foi nous portera à travers ces temps sombres. »

Mais la foi seule ne pouvait changer la réalité. Chaque jour, nous recevions des nouvelles d'amis ou de proches qui avaient fui, avaient été arrêtés, ou simplement avaient disparu. Le monde que nous connaissions se désintégrait sous nos yeux.

Le pire était l'incertitude. Nous ne savions jamais ce que le lendemain nous réservait. Chaque adieu pouvait être le dernier. Chaque éclat de rire était teinté de tristesse.

Dans ces jours sombres, nous nous accrochions les uns aux autres, cherchant du réconfort dans la communauté et espérant, contre toute attente, que le malheur passerait sans nous atteindre. Mais au fond de nos cœurs, nous savions que les ombres qui s'étendaient sur nous n'étaient que le début.

La Nuit de Cristal

Le 9 novembre 1938 commença comme n'importe quel autre jour, mais avant qu'il ne se termine, il s'imprimerait à jamais dans notre mémoire collective – comme une nuit de destruction et de terreur inimaginables. Ce fut la nuit où notre monde vola en éclats.

Tout commença en fin d'après-midi. J'entendis d'abord au loin le grondement des foules et le bruit de vitres brisées. Une peur glaciale et écrasante s'empara de ma poitrine. Je courus rejoindre mes parents, qui étaient déjà à la fenêtre, observant la rue.

« Que se passe-t-il dehors ? » demandai-je, ma voix tremblante de peur.

« Éloigne-toi de la fenêtre, Sarah, » dit mon père en tirant les rideaux. Ses mains tremblaient. « Ce n'est pas sûr. »

Le fracas des vitres brisées et des cris se rapprochait. Des hurlements résonnaient dans les rues, suivis du bruit terrifiant des vitrines fracassées. Nous restions figés, écoutant le crescendo du chaos et de la destruction.

« Ils arrivent, » murmura ma mère, et je sentis son étreinte sur ma main se resserrer.

Mon père verrouilla rapidement toutes les portes et nous entraîna dans le coin le plus reculé de l'appartement. Nous nous accroupîmes, serrés les uns contre les autres, entourés par l'obscurité et notre propre terreur.

Dehors, la foule déchaînée s'acharnait, brisant des vitres, saccageant des maisons. C'était comme si le monde s'effondrait autour de nous. Mon cœur battait à tout rompre sous l'effet de la peur, et je tentais de retenir mes larmes.

Soudain, un autre bruit retentit – celui d'un feu qui crépitait. La lueur des flammes éclairait le ciel. « La synagogue, » murmura mon père. « Ils brûlent la synagogue. »

Ma mère se mit à pleurer doucement, veillant à ne faire aucun bruit qui pourrait nous trahir. « Mon Dieu, protège-nous, » répétait-elle sans cesse.

Je ne comprenais pas pourquoi cela arrivait. Pourquoi nous haïssaient-ils autant ? Qu'avions-nous fait ? Les larmes coulaient sur mes joues tandis que je luttais pour comprendre cette haine, cette peur.

Les heures passèrent, et le chaos à l'extérieur ne faiblissait pas. Nous entendions les nazis passer de maison en maison, enfonçant les portes et brutalisant des familles juives. Chaque fois que j'entendais des pas dans l'escalier, je retenais mon souffle, espérant qu'ils ne s'arrêteraient pas à notre porte.

Finalement, dans les premières heures du matin, le silence revint. Nous osions à peine respirer, guettant dans l'obscurité, espérant que le danger était passé.

À l'aube, nous nous aventurâmes jusqu'à la fenêtre. Les rues étaient jonchées de débris de verre, de la fumée s'échappait des magasins détruits et de la synagogue en ruines. C'était comme si nous avions passé la nuit dans un cauchemar, mais le monde ravagé devant nos yeux était bien réel.

Nous quittâmes notre cachette et sortîmes prudemment dans les rues. Partout, il y avait des signes de dévastation. Les magasins, autrefois pleins de vie, n'étaient plus que des coquilles vides, pillés et détruits. La synagogue, où nous avions tant prié, n'était plus qu'un tas de décombres fumants.

Mon père, habituellement si fort, avait les larmes aux yeux en contemplant les restes de notre lieu sacré. « Comment des hommes peuvent-ils faire cela à d'autres hommes ? » demanda-t-il, plus à lui-même qu'à nous.

« Que va-t-il nous arriver maintenant ? » murmura mon frère.

Je voulais le rassurer, lui dire que tout irait bien, mais les mots restèrent bloqués dans ma gorge. Je ne connaissais pas la réponse.

Cette nuit du verre brisé nous fit comprendre, de manière irrévocable, que notre vie en Allemagne, telle que nous l'avions connue, était terminée. Notre sécurité, notre foi, notre existence – tout était en péril. Nous étions devenus des proies, piégées dans un pays qui ne nous considérait plus comme ses enfants.

Dès lors, nous vécûmes chaque jour dans l'ombre de la peur, conscients que la prochaine fois que le verre se briserait, ce serait peut-être notre porte qu'ils enfonceraient.

Les répercussions et l'avenir incertain

Dans les jours qui suivirent la Nuit de Cristal, notre quartier n'était plus que l'ombre de lui-même. Les rues, autrefois animées et pleines de vie, étaient désormais silencieuses, jonchées des débris de nos vies brisées. Une odeur de fumée flottait dans l'air, amère et persistante, compagne constante de la destruction.

Notre appartement ne ressemblait plus à un foyer, mais à une prison où nous nous cachions, trop effrayés pour sortir. Nous restions souvent ensemble, parlant à voix basse et discutant de nos options – des options si limitées, mais pourtant si urgentes.

« Nous devons quitter l'Allemagne », dit un soir mon père. Sa voix était fatiguée, mais résolue. « Il n'y a plus d'avenir pour nous ici. »

« Mais où irions-nous ? Qui voudrait de nous ? » demanda ma mère, les yeux rougis par les larmes qu'elle versait sans cesse.

« Peut-être l'Amérique, ou la Palestine », murmura mon père. « Un endroit où nous pourrons vivre libres. »

L'idée de quitter notre foyer, de tout abandonner, tout ce que nous connaissions et aimions, était terrifiante. Mais la peur de ce qui nous attendait si nous restions l'était encore plus.

La communauté juive de notre quartier se rassemblait dans une tristesse silencieuse. Nous ne nous réunissions plus à la synagogue – elle n'existait plus – mais dans des appartements discrets, murmurant des prières et évoquant ceux que nous avions perdus. Tant de personnes avaient été arrêtées, tant de familles déchirées. Le désespoir pesait lourdement sur nous.

Je me souviens d'une conversation avec Monsieur Levi, un vieil homme de notre communauté. Ses mains tremblaient tandis qu'il parlait : « Ils nous ont tout pris, Sarah. Nos commerces, nos maisons, notre dignité. Que nous reste-t-il maintenant ? »

Je n'avais pas de réponse. Dans ses yeux, je voyais la tristesse profonde qui m'habitait aussi.

Dans les jours et semaines qui suivirent, nous tentions de trouver des informations sur les moyens de fuir. Chaque conversation était teintée de peur et de la conscience que chaque mot pourrait être le dernier. La méfiance à l'égard de nos anciens amis et voisins était palpable. Beaucoup s'étaient détournés de nous, par crainte de représailles ou parce qu'ils croyaient la propagande nazie.

« Comment ont-ils pu nous faire ça ? » demandai-je un soir, alors que nous étions réunis dans le salon. « Nous n'avons rien fait de mal. »

« Ce n'est pas une question de bien ou de mal, Sarah », répondit mon père. « C'est une question de haine et de peur. Et quand les gens ont peur, ils font des choses terribles. »

Les paroles de mon père résonnèrent en moi. Je pensais à tous les souvenirs heureux que j'avais de Berlin – les rires, les amis, l'école. Tout cela était désormais enveloppé dans une obscurité que je n'aurais jamais cru possible.

Un matin, une lettre arriva d'un cousin éloigné en Angleterre. Il nous offrait son aide pour fuir l'Allemagne. Mon père lut la lettre plusieurs fois, les yeux remplis de larmes de soulagement.

« Peut-être qu'il y a encore de l'espoir », dit-il doucement.

Nous commençâmes à rassembler nos quelques possessions restantes, prêts à tout laisser derrière nous. Chaque objet, chaque vêtement que nous placions dans nos valises semblait chargé de souvenirs, lourd du poids de notre passé bientôt révolu.

Les nuits qui précédèrent notre départ, je dormais à peine. Je restais éveillée, écoutant les bruits de la ville qui avait été mon foyer, réfléchissant à l'incertitude qui nous attendait. Allions-nous réussir ? Reviendrions-nous un jour ?

Le jour de notre départ, tout semblait irréel. Nous quittâmes notre appartement, marchâmes dans les rues de Berlin, qui paraissaient maintenant si hostiles, si étrangères. Le regard en arrière était douloureux – un dernier adieu à une vie qui ne serait plus jamais la même.

Dans le train, je m'assis près de la fenêtre, regardant défiler le paysage et réfléchissant à tout ce que nous laissions derrière nous. Mais au milieu de la tristesse et de la peur, il y avait une lueur d'espoir – l'espoir d'une nouvelle vie, loin de ces horreurs.

« Nous survivrons, Sarah », dit ma mère en prenant ma main. « Nous devons simplement continuer. »

Ses mots me donnèrent de la force, et je serrai sa main. Quoi qu'il advienne, nous étions ensemble, et dans cette obscurité, c'était notre plus grande lumière.

Discrimination et terreur contre les Juifs

L'histoire des Juifs en Europe est profondément ancrée dans une longue tradition de présence, de contributions et, malheureusement, de persécutions. Avant l'arrivée au pouvoir des nazis, les Juifs faisaient partie intégrante de nombreuses sociétés européennes, y compris en Allemagne. Ils jouaient un rôle actif dans les domaines de l'art, de la culture, des sciences et de l'économie, contribuant de manière significative au développement de la société moderne.

Avec l'ascension du nazisme sous Adolf Hitler à partir de 1933, une ère sombre et terrible commença pour les Juifs en Allemagne et dans les territoires occupés. Animés par un mélange idéologique d'antisémitisme, de théories raciales et d'une conception autoritaire de l'État, les nazis entreprirent de manière systématique d'exclure les Juifs de la vie publique. Cette discrimination prit plusieurs formes :

Discrimination légale : Avec les lois de Nuremberg de 1935, les Juifs furent relégués au rang de citoyens de seconde zone. Ces lois définissaient la judéité sur une base raciale et interdisaient les mariages entre Juifs et non-Juifs.

Exclusion économique : Les commerces et entreprises juifs furent boycottés, puis "aryanisés", c'est-à-dire saisis de force, transférés à des propriétaires non juifs ou fermés.

Humiliations publiques et violences : Les Juifs furent publiquement humiliés, leurs magasins vandalisés, les vitrines brisées, et ils furent souvent victimes d'agressions physiques.

La Nuit de Cristal : Cette nuit de pogrom, du 9 au 10 novembre 1938, marqua un tournant dans la persécution. Des synagogues furent incendiées, des commerces détruits, des milliers de Juifs arrêtés et plusieurs furent tués.

Déportations et Holocauste : Avec le début de la Seconde Guerre mondiale, la persécution s'intensifia, menant à l'extermination systématique d'environ six millions de Juifs, connue sous le nom de Shoah. Les Juifs furent parqués dans des ghettos, déportés, puis assassinés dans des camps de concentration et d'extermination.

Cette période fut marquée par des souffrances inimaginables et une répression brutale. L'idéologie nazie déshumanisait la population juive, justifiant ainsi les actes les plus inhumains à son encontre. La terreur et la discrimination eurent non seulement des conséquences physiques, mais aussi des impacts psychologiques profonds sur les victimes et leurs descendants.

La dernière lueur du cinéma

Des jours plus paisibles

Au cœur de Hambourg, dissimulé dans une rue animée, se trouvait un petit cinéma qui était bien plus qu'un simple lieu de divertissement. C'était un point de rencontre, un symbole vivant de la communauté. La famille Rosenbaum, propriétaire du cinéma, était profondément ancrée dans le tissu social de la ville. Jakob, le patriarche, un homme au sourire chaleureux et passionné par le cinéma, dirigeait l'établissement avec fierté. Sa femme, Esther, une femme élégante et rayonnante de bienveillance, gérait les affaires quotidiennes.

Leur cinéma était réputé pour sa sélection exclusive de films. Des classiques hollywoodiens aux productions allemandes, c'était un lieu où se mêlaient fantaisie et réalité. Le week-end, les gens se rassemblaient pour voir les dernières nouveautés, rire, pleurer et oublier, le temps de quelques heures, les dures réalités de la vie.

Les enfants des Rosenbaum, David et Miriam, avaient grandi dans cet univers du cinéma. David, un jeune homme vif, rêvait de réaliser un jour ses propres films. Miriam, une jeune fille calme et réfléchie, adorait écouter les histoires à l'écran et les immortaliser dans ses dessins.

Mais à l'ombre de ces jours paisibles, des nuages sombres se profilaient à l'horizon. Avec l'arrivée au pouvoir des nazis en 1933, les choses commencèrent à changer. Les premiers signes étaient subtils, presque imperceptibles : un sourire effacé d'un client fidèle, un regard furtif empreint de méfiance, des murmures discrets qui serpentaient dans les rues.

Un jour, alors que Jakob se promenait en ville, il remarqua que l'atmosphère avait changé. Des affiches aux messages haineux ornaient les murs, et les drapeaux nazis, flottant partout, annonçaient clairement l'avènement d'une nouvelle ère. Il sentit une froideur grandissante dans les regards des passants.

De retour chez lui, Jakob partagea ses inquiétudes avec Esther. « Les temps changent », dit-il doucement. « Je le sens dans l'air, dans les rues. Je m'inquiète pour les enfants, pour notre cinéma. » Esther posa sa main sur la sienne. « Nous avons traversé des tempêtes, Jakob.

Nous traverserons celle-ci aussi », dit-elle, bien que sa voix trahissait une confiance qu'elle ne ressentait guère.

Dans les semaines qui suivirent, les changements devinrent de plus en plus palpables. Des affiches antisémites apparurent dans la ville. Les amis et voisins, autrefois des habitués du cinéma, venaient de moins en moins souvent. Certains détournaient même le regard en croisant la famille Rosenbaum.

Un soir, alors que David fermait le cinéma, il vit des jeunes lancer des pierres sur la vitrine d'un magasin juif. Terrifié, il se précipita à l'intérieur, le cœur battant. « Père, je viens de voir... », commença-t-il, mais Jakob l'interrompit. « Je sais, mon fils. Ce sont des choses terribles qui se passent. »

Le cinéma devint un lieu de rassemblement pour la communauté juive, un refuge où l'on cherchait réconfort et soutien. On y parlait de l'isolement croissant et de la peur qui s'immisçait dans la vie quotidienne. Le cinéma était devenu un sanctuaire, un lieu de solidarité au milieu de l'obscurité grandissante.

Dans ces discussions, un nom revenait sans cesse : Adolf Hitler. Ses discours, emplis de haine et de promesses d'un 'avenir meilleur', imprégnaient chaque aspect de la vie quotidienne. La propagande nazie attisait l'antisémitisme, et chaque jour, il devenait de plus en plus difficile pour la famille Rosenbaum et la communauté juive de mener une vie normale.

Un jour, Sarah, une amie proche de la famille, vint au cinéma avec des nouvelles troublantes. « Ils ont fermé la synagogue », murmura-t-elle. « Ils disent que c'est temporaire, mais... j'ai peur que ce soit bien pire. »

Les Rosenbaum s'assirent ensemble, tandis que la lumière du projecteur vacillait dans le cinéma vide. Dans leurs cœurs, ils savaient que les jours plus paisibles étaient derrière eux. Ce qui avait commencé comme une époque de rêves et d'espoir se transformait lentement en un cauchemar sans fin.

Ainsi se termina le chapitre paisible de la vie des Rosenbaum. Ce qui avait commencé comme un rêve devint une lutte pour survivre, marquée par la peur, l'incertitude, et l'ombre menaçante d'un régime impitoyable.

L'ombre de la guerre

La guerre projetait ses ombres sinistres sur Hambourg. Les rues, autrefois pleines de vie et de rires, étaient désormais plongées dans un silence oppressant. Pour la famille Rosenbaum, le quotidien était devenu un parcours d'obstacles, marqué par la peur et la méfiance. La propagande nazie avait créé une atmosphère d'hostilité qui, tel un brouillard toxique, enveloppait la ville.

Les répressions contre les Juifs se faisaient de plus en plus fréquentes. Ce qui avait commencé par de petites restrictions s'était rapidement transformé en un réseau de lois et d'interdictions, resserrant chaque jour un peu plus l'étau autour de la famille. Un matin, ils découvrirent que le cinéma avait été fermé, scellé par une grande affiche où l'on pouvait lire : « Commerce juif ! ». Jakob se tenait devant, son visage exprimant toute la détresse qui pesait sur sa famille. « Notre cinéma... notre vie », murmura-t-il.

La famille se réunit dans le salon, autrefois empli de chaleur et de rires, mais désormais plongé dans une atmosphère lourde de silence et de peur. « Nous devons trouver un moyen de survivre », dit Esther d'une voix tremblante. « Mais comment ? Où pouvons-nous aller ? » demanda Miriam, les yeux écarquillés par la peur.

Les nouvelles de déportations devinrent de plus en plus fréquentes, jusqu'à ce qu'elles frappent brutalement à leur porte une nuit. Des coups violents les arrachèrent du sommeil. Devant eux se tenaient des soldats, le visage froid et impitoyable. « Dehors ! Vite ! » hurla l'un d'eux. La famille fut brutalement séparée. Jakob et David furent emmenés d'un côté, tandis qu'Esther et Miriam prenaient un autre chemin. Leurs protestations et leurs supplications restèrent vaines, perdues dans l'indifférence des soldats.

Le voyage vers Jozefow fut long et éprouvant. Entassés dans un train surpeuplé et étouffant, ils étaient entourés d'autres Juifs, dont les visages portaient les marques de la peur et du désespoir. Le trajet semblait interminable, une agonie faite de terreur, de faim et de froid.

À leur arrivée à Jozefow, ils furent accueillis par des soldats allemands, dont les regards étaient empreints de mépris et de haine. La famille Rosenbaum, autrefois fière propriétaire d'un cinéma, était désormais traitée comme du bétail, poussée et bousculée sans aucune humanité.

Au milieu de ce chaos, Miriam croisa le regard d'un jeune soldat allemand, dont les traits étaient marqués par le doute et l'hésitation. Il la fixait, comme s'il cherchait quelque chose dans ses yeux. « Je vous connais… », murmura-t-il. « Le cinéma... à Hambourg. J'y suis allé, plusieurs fois. » Sa voix n'était qu'un murmure, presque étouffée par le poids de la situation.

Miriam le regarda, les larmes aux yeux. « Oui, c'était notre cinéma », dit-elle doucement. « Nous avons apporté de la joie à tant de gens. Pourquoi nous faites-vous ça ? »

Le soldat baissa la tête, incapable de soutenir son regard. « Je... je ne sais pas », avoua-t-il. « Je dois obéir aux ordres. Je suis désolé. »

Mais ses mots n'apportaient qu'un maigre réconfort au milieu de l'horreur qui se déroulait autour d'eux. Des cris retentissaient, des enfants pleuraient, et les supplications désespérées des plus âgés résonnaient dans l'air. C'était un cauchemar, une scène tout droit sortie des profondeurs de l'enfer.

À Jozefow, les Juifs furent regroupés dans un camp de fortune, un lieu sans espoir, où la mort planait constamment. Les Rosenbaum tentaient de rester soudés, cherchant à se réconforter mutuellement, mais l'obscurité qui les entourait devenait de plus en plus étouffante.

Jakob, qui avait autrefois dirigé son cinéma avec fierté, était maintenant assis, brisé et silencieux, le regard vide et perdu. Esther lui tenait fermement la main, essayant de lui transmettre un peu de sa force, mais même elle sentait ses forces s'amenuiser.

David et Miriam, les enfants qui avaient grandi dans un monde de cinéma et de rêves, se retrouvaient maintenant plongés dans une réalité où les cauchemars étaient devenus leur quotidien. Ils se tenaient l'un contre l'autre, murmurant des mots de réconfort, bien que dans leurs cœurs, l'espoir semblait s'éteindre.

Les ombres de la guerre les avaient atteints, engloutissant leur vie, leurs rêves, leurs espoirs. Ce qui restait, c'était la lutte pour leur simple survie, une confrontation permanente avec l'inimaginable, l'inhumain. À Jozefow, loin de leur bien-aimé Hambourg, les

Rosenbaum attendaient leur destin, perdus dans un océan de peur et de désespoir.

L'arrivée du bataillon

Le camp de Jozefow, lieu de désespoir et de terreur, était enveloppé d'un silence oppressant, seulement brisé par le cliquetis lointain des armes et les murmures étouffés des gardes. Le soleil se levait, mais sa lumière n'apportait aucune chaleur aux âmes effrayées emprisonnées derrière les barbelés.

Ce matin-là, le bataillon de réserve de la police 101 arriva au camp. Les soldats, dont beaucoup étaient plus âgés et venaient de Hambourg, marchaient avec un mélange d'incertitude et de sens du devoir. Parmi eux se trouvait un jeune policier, celui qui avait reconnu Miriam dans le train. Il s'appelait Andreas. Dans une autre vie, il n'était qu'un simple employé de bureau, mais il se retrouvait désormais dans le rôle absurde de soldat.

Les préparatifs pour les exécutions imminentes commencèrent. Les ordres furent donnés, et bien que le commandant du bataillon ait offert à ses hommes la possibilité de se soustraire à cette tâche, la majorité d'entre eux restèrent. Le poids de la dynamique de groupe et l'obéissance pesaient lourdement sur leurs épaules.

Au milieu de ces préparatifs, Andreas aperçut à nouveau la famille Rosenbaum. Il avait du mal à croire que le destin l'avait conduit ici, face à ces personnes dont le cinéma avait tant marqué sa vie. Le souvenir de leurs visages et de la joie que leur cinéma avait apportée contrastait violemment avec l'horreur qui s'annonçait.

Tandis que les autres soldats se préparaient, Andreas s'approcha de la famille avec hésitation. « Je me souviens de votre cinéma, » dit-il doucement à Jakob. « C'était un endroit magique pour moi. J'y ai passé tant de moments heureux. »

Le regard de Jakob, autrefois vide et brisé, se remplit de surprise et de douleur profonde. « Ce cinéma était notre vie, » répondit-il d'une voix tremblante. « Nous voulions apporter de la joie. Et maintenant… » Ses mots se perdirent, étouffés par la terrible réalité qui les attendait.

Andreas sentit sa gorge se serrer. « Je ne suis qu'un simple homme, forcé d'obéir, » balbutia-t-il. « J'aimerais pouvoir changer les choses. »

La famille le regarda, non pas avec haine, mais avec une incompréhension empreinte de tristesse. Ils étaient confrontés à l'inhumanité de la situation, mais aussi à la fragile humanité d'un soldat, tiraillé entre ses ordres et sa conscience.

À mesure que l'heure des exécutions approchait, un silence angoissant s'abattit sur le camp. Les Juifs furent alignés, leurs visages marqués par une terreur indicible. Les soldats, Andreas parmi eux, levèrent leurs armes sur ces innocents.

C'est alors qu'Andreas fut saisi par un combat intérieur déchirant. Il repensa aux nombreuses soirées passées au cinéma, aux rires et à la joie qui étaient maintenant étouffés par le froid acier de son arme. Sa main tremblait, son cœur battait la chamade.

Jakob, désormais face à lui, le regarda droit dans les yeux. « Vous faisiez partie de nos souvenirs, » dit-il doucement. « Maintenant, vous faites partie de notre destin. »

Ces paroles frappèrent Andreas comme un coup de poing. Dans un geste soudain, il baissa son fusil et recula, les yeux remplis de larmes. « Je ne peux pas le faire, » murmura-t-il, plus pour lui-même que pour les autres.

Mais son acte de refus n'était qu'un instant fugace de résistance dans une vague de cruauté. Autour de lui, les coups de feu retentirent, le fracas de la mort emplissait l'air. Le bataillon exécutait ses ordres meurtriers, et la vie de nombreux innocents fut brutalement et injustement arrachée.

Pour la famille Rosenbaum, c'était la fin d'une vie autrefois marquée par l'espoir et les rêves. Leur dernier regard fut celui d'un adieu, un témoignage silencieux de l'amour et de l'unité qui, même dans les moments les plus sombres, ne pouvaient être détruits.

Quant à Andreas, qui se tenait maintenant seul, entouré de cris et de chaos, c'était un moment de profonde introspection. Il s'était rebellé contre un ordre, mais il comprit que dans un monde empli de cruauté, l'humanité était un bien fragile, si facilement brisé.

Les exécutions

L'aube à Jozefow ne ressemblait à aucune autre. Elle n'apportait pas l'espoir d'un nouveau jour, mais la sombre certitude de l'horreur à venir. Le bataillon de réserve de la police 101, composé d'hommes qui n'avaient jamais combattu au front, se préparait à exécuter un ordre inimaginable – l'exécution d'innocents simplement parce qu'ils étaient juifs.

L'atmosphère était lourde et oppressante, seulement interrompue par le froissement des uniformes et le cliquetis occasionnel des sécurités des armes. Parmi les soldats se trouvait Andreas, le jeune policier, dont le visage affichait désormais une expression de souffrance. Il se rappelait les mots de Jakob, qu'il connaissait du cinéma, résonnant dans sa tête comme un reproche.

Lorsque les Juifs furent conduits hors du camp, ils furent regroupés en petits groupes. Hommes, femmes et enfants se tenaient maintenant au bord d'une fosse commune. Leurs yeux exprimaient une peur indescriptible, un désespoir mêlé d'incrédulité terrifiée. Parmi eux se trouvait la famille Rosenbaum, qui avait autrefois possédé un cinéma à Hambourg.

Jakob Rosenbaum serrait sa femme et ses deux enfants contre lui. Esther murmurait des prières tandis que leurs enfants, ne comprenant pas pleinement l'ampleur des événements, s'accrochaient à elle. Leurs yeux cherchaient désespérément une lueur d'humanité, un espoir, là où il n'y en avait plus.

Andreas, la main tremblante sur son fusil, se débattait intérieurement. Il n'avait jamais blessé qui que ce soit et ne pouvait pas imaginer tuer un homme. Mais là, il était confronté à l'innommable. « Je ne peux pas faire ça », murmura-t-il, mais sa voix se perdit dans les ordres criés par ses supérieurs.

Soudain, un premier coup de feu brisa le silence. Un bruit assourdissant marquait le début du massacre. Un par un, les corps tombèrent, certains tués sur le coup, d'autres agonisant dans leurs derniers instants. Les tirs n'étaient pas seulement le son de la mort, mais une symphonie d'horreur gravée dans la mémoire de tous les témoins.

Dans ce chaos, Andreas cherchait une issue, un moyen de ne pas devenir lui-même un tueur. Il hésita, s'arrêta, et finit par abaisser son fusil. Des larmes emplissaient ses yeux alors qu'il réalisait l'ampleur de l'horreur qui se déroulait autour de lui. « Je ne peux pas... », répétait-il, la voix brisée.

Jakob Rosenbaum, dans ses derniers instants avec sa famille, leva une dernière fois les yeux vers le ciel. « Dieu, préserve nos âmes », murmura-t-il. Puis il serra sa famille dans ses bras, comme pour les protéger de l'inévitable. Un dernier acte d'amour et de courage au milieu de l'horreur indicible.

Les tirs continuaient, implacables et sans pitié. Chaque détonation déchirait non seulement la chair, mais aussi les derniers vestiges d'humanité dans cette forêt. Les soldats du bataillon, poussés par les ordres et la pression du groupe, exécutaient leur tâche, certains avec une expression de douleur dans les yeux.

Lorsque les tirs cessèrent enfin, un amoncellement de corps gisaient sur le sol. La famille Rosenbaum, autrefois pleine de rêves à Hambourg, faisait désormais partie de ce paysage tragique. Leur vie, qui avait apporté tant de joie et de lumière, s'était éteinte dans un acte d'une noirceur inimaginable.

Jozefow était devenu un lieu de mort, un mémorial des cruautés dont l'humanité est capable. Le massacre laissa derrière lui non seulement les corps d'innocents, mais aussi les âmes brisées de ceux qui avaient été contraints d'y participer. C'était un témoignage des pires facettes de l'humanité, un écho d'horreur qui résonnerait longtemps dans les cœurs et les esprits des survivants et des générations à venir.

L'Italie fasciste

Avant la Seconde Guerre mondiale, les Juifs en Italie vivaient majoritairement en coexistence pacifique avec leurs voisins non juifs. Sous la direction de Benito Mussolini, l'Italie avait certes adopté un régime fasciste, mais la rhétorique et les politiques antisémites qui prévalaient en Allemagne nazie n'étaient pas aussi marquées en Italie pendant longtemps. La communauté juive était bien intégrée à la société italienne et contribuait, à bien des égards, à la culture, aux sciences et à l'économie du pays.

Cependant, cette relative normalité et sécurité changea radicalement au cours de la Seconde Guerre mondiale. En 1938, avec le rapprochement de l'Italie avec l'Allemagne nazie, les premières lois antisémites furent instaurées. Ces lois, connues sous le nom de « lois raciales », commencèrent par l'exclusion des Juifs de la vie publique, entraînant une augmentation lente mais constante de la discrimination et de l'exclusion. Néanmoins, la persécution directe en Italie resta, comparée aux territoires occupés par l'Allemagne, relativement moins sévère.

Le véritable tournant pour les Juifs en Italie survint avec la chute de Mussolini en juillet 1943 et l'occupation subséquente de l'Italie par les Allemands. Après la capitulation de l'Italie et le cessez-le-feu avec les Alliés en septembre 1943, les nazis prirent le contrôle d'une grande partie du pays. Avec cette nouvelle phase de domination, la situation des Juifs se détériora dramatiquement.

Les Allemands mirent rapidement en place la persécution systématique et la déportation des Juifs italiens, de manière similaire à d'autres régions d'Europe. Les Juifs furent extraits de leurs maisons, regroupés dans des centres de rassemblement, puis déportés vers des camps de concentration et d'extermination à l'Est. La plupart d'entre eux furent envoyés à Auschwitz, l'un des camps les plus tristement célèbres de l'Holocauste.

Ce changement soudain et brutal représenta un choc pour les Juifs italiens. Ceux qui avaient autrefois été une partie intégrante de la société italienne se retrouvèrent soudain confrontés à une réalité où ils devaient lutter pour leur simple survie. L'Holocauste en Italie témoigne de l'ampleur de la persécution nazie et constitue un chapitre tragique de l'histoire du pays, rappelant encore aujourd'hui les dangers de l'intolérance et de la haine.

Les fascistes ne nous font rien

Des jours paisibles en Italie

Au début des années 1940, avant que les ombres de la guerre et la brutalité de l'Holocauste n'atteignent l'Italie, la famille Levi vivait à Florence une existence relativement calme et sécurisée. Leur appartement, spacieux et situé au cœur de la ville, était rempli de la chaleur d'un foyer aimant, des arômes de délicieux plats faits maison et des sons de musique classique s'échappant souvent de l'ancien gramophone du salon.

Samuel, le père, était un professeur de philosophie respecté, connu pour son érudition et son esprit vif. Il aimait raconter des histoires tirées de l'histoire et de la culture juives qui forgeaient l'identité de sa famille. Sa femme, Rachel, talentueuse violoniste, exprimait sa passion pour la musique dans leur appartement, enchantant ainsi famille et amis. Leurs deux enfants, David et Miriam, grandissaient dans un environnement imprégné de culture, d'art et d'un profond sens des liens familiaux.

La vie des Levi reflétait celle de la communauté juive bien intégrée en Italie. Ils faisaient partie de la vie sociale, fréquentaient le théâtre, savouraient la cuisine florentine dans des restaurants locaux et participaient activement aux échanges culturels de la ville. Leurs amis non juifs étaient souvent accueillis chez eux, et les discussions autour de la table étaient animées et empreintes de respect mutuel.

Malgré la guerre qui se profilait dans d'autres parties de l'Europe et l'inquiétude croissante au sein de la communauté, les Levi se sentaient en sécurité en Italie. Les nouvelles des agressions de l'Allemagne et de la persécution des Juifs dans d'autres pays parvenaient à Florence, mais elles semblaient lointaines, comme un grondement qui ne franchissait pas les murs de la ville.

« Ils ne viendront pas ici, l'Italie est différente », assurait Samuel un soir à sa famille, alors qu'ils se rassemblaient après le dîner. « Mussolini peut être un autocrate, mais il n'est pas Hitler. Nos racines sont profondément ancrées dans ce pays, et nos voisins nous soutiennent. »

Rachel hocha la tête, mais une lueur d'inquiétude brillait dans ses yeux. Elle avait entendu parler des lois raciales qui étaient mises en place, et bien qu'elles ne soient pas aussi brutales que les lois de Nuremberg, elles étaient un signe que l'Italie changeait.

David, un jeune homme aux yeux vifs et à l'esprit aiguisé, était plus sensible à la politique que sa sœur cadette, Miriam. « Mais père, n'avez-vous pas entendu les nouvelles ? À propos des camps… et de ce qu'ils font aux Juifs en Allemagne et en Pologne ? »

« Cela se passe là-bas, David, pas ici. Nous avons des amis, même au gouvernement. Fais-moi confiance, notre vie ici ne changera pas », répondit Samuel, bien qu'une légère incertitude perçait dans sa voix.

Le temps passa, et la vie de la famille Levi suivit son cours habituel, mais les nouvelles venant de l'étranger devenaient de plus en plus sombres. Les discussions entre amis étaient plus discrètes, et les inquiétudes grandissaient. Les rues de Florence, autrefois si animées et colorées, commençaient à porter une tension palpable.

Un matin, alors que Samuel s'apprêtait à partir pour l'université, son voisin, le signor Bianchi, l'arrêta. « Samuel, j'ai entendu dire que Mussolini avait été arrêté », chuchota-t-il.

Samuel sentit son cœur s'arrêter un instant. « Quoi ? Comment... ? »

« Les Alliés ont débarqué en Sicile. Il y a des rumeurs selon lesquelles les Allemands vont maintenant venir », expliqua Bianchi, grave.

À ce moment-là, Samuel comprit que tout allait changer. La sécurité et la tranquillité qu'ils avaient si longtemps connues étaient désormais menacées. Il se précipita chez lui, les mots de son voisin résonnant dans sa tête. En entrant, il vit les visages inquiets de sa famille et sut qu'il ne pouvait plus leur offrir la même assurance qu'auparavant.

Au cours des semaines suivantes, la vie à Florence changea rapidement. Les troupes allemandes firent leur entrée dans la ville, et l'atmosphère était teintée de peur et d'incertitude. La communauté juive, autrefois si vivante et intégrée, se replia sur elle-même, et les Levi se retrouvèrent dans un monde qu'ils ne reconnaissaient plus.

C'était le début d'une période sombre, une époque où la famille Levi – comme tant d'autres familles juives en Italie – allait devoir faire face à des défis et à des horreurs qu'elle n'aurait jamais imaginés.

La Tournure des Événements

La vie de la famille Levi à Florence était autrefois marquée par l'enrichissement culturel et une coexistence pacifique. Mais avec la capitulation de l'Italie en septembre 1943 et l'occupation nazie qui suivit, leur monde s'effondra, un monde que Samuel et Rachel espéraient préserver pour leurs enfants. Le cauchemar commença avec l'arrivée des troupes allemandes à Florence, apportant un régime de peur et d'oppression.

Un matin frais d'automne, peu après la capitulation, la famille Levi se retrouva, entourée de voisins et d'amis, lors d'une réunion convoquée en toute hâte au centre communautaire. La nouvelle que les citoyens juifs devaient se faire enregistrer s'était répandue comme une traînée de poudre. « Ce n'est que temporaire », murmura Rachel en tenant fermement la main de David, qui se tenait à ses côtés. Miriam, visiblement anxieuse, s'accrochait à son père.

Au cours des semaines suivantes, la situation se détériora dramatiquement. La vie à Florence, autrefois si vivante et colorée, était désormais assombrie par une peur et une incertitude constantes. Les commerces juifs étaient fermés, leurs propriétaires arrêtés, et la vie publique, que les Levi appréciaient tant, était désormais marquée par la méfiance et la crainte.

« Nous devons partir d'ici », déclara Samuel un soir, après avoir discrètement parlé avec quelques membres de la communauté. « Des rumeurs circulent sur des camps... et sur ce qu'ils font aux Juifs. »

Mais avant qu'ils ne puissent faire des plans, l'impensable se produisit. Tôt un matin, des bruits de pas lourds et des voix fortes les réveillèrent devant leur porte. Des soldats allemands se tenaient là, froids et implacables. « Vous venez avec nous. Tout de suite ! » ordonna l'un des soldats. La famille Levi, autrefois si en sécurité chez elle, fut arrêtée et entassée dans des camions.

Le trajet fut long et éprouvant. Ils furent conduits vers un centre de rassemblement à la périphérie de la ville, où ils rencontrèrent des centaines d'autres Juifs de la région également arrêtés. Là, ils attendirent des jours, dans l'incertitude et la peur, tandis que les rumeurs de déportations se faisaient de plus en plus pressantes.

Puis, un matin, leur pire crainte devint réalité. Ils furent entassés dans des wagons à bestiaux, sans nourriture, ni eau, ni sanitaires. Le voyage qui suivit fut l'une des expériences les plus terrifiantes que la famille Levi ait jamais vécues. Serrés les uns contre les autres, tourmentés par la faim, la soif et le désespoir, beaucoup perdirent espoir et raison.

Lorsque le train arriva enfin à Auschwitz, ils furent confrontés à la brutale réalité du camp de concentration. Les scènes qui se déroulaient devant eux dépassaient l'entendement : des cris, des coups de feu, les aboiements incessants des chiens et la présence omniprésente de la mort.

Arrivée à Auschwitz

Lorsque le train transportant la famille Levi et des centaines d'autres Juifs arriva enfin à Auschwitz, c'était comme si une porte s'ouvrait sur l'enfer. Les portes des wagons à bestiaux furent brutalement ouvertes, et immédiatement, une vague de cris, d'ordres et l'odeur âcre de la fumée et de la décomposition les assaillit.

« Sortez ! Vite ! » hurlaient les gardes SS, frappant les prisonniers épuisés avec la crosse de leurs fusils. Samuel et Rachel tenaient fermement la main de leurs enfants alors qu'ils descendaient du wagon, plongés dans le chaos et le désespoir.

La famille Levi fut rapidement confrontée à la brutalité de la vie dans le camp. En quelques minutes, ils furent séparés : les hommes d'un côté, les femmes et les enfants de l'autre. Samuel serra Rachel, Miriam et David avec force, comme s'il s'agissait d'un dernier adieu. « Prenez soin de vous », murmura-t-il, les larmes aux yeux. « Nous nous retrouverons, je vous le promets. »

Alors que Samuel et David étaient conduits vers le groupe des hommes, ils virent Rachel et Miriam partir dans une autre direction, accompagnées par des cris et les aboiements incessants des chiens. Ils ne savaient pas que c'était la dernière fois qu'ils les voyaient.

Dans le groupe des hommes, Samuel et David furent contraints de se déshabiller et de remettre tous leurs biens. Ils furent rasés, désinfectés et forcés de revêtir les uniformes rayés des prisonniers. Le sentiment de déshumanisation était écrasant. Autour d'eux, un bourdonnement constant régnait : certains priaient, d'autres pleuraient, tandis que d'autres restaient figés, sous le choc.

Pendant ce temps, Rachel et Miriam étaient conduites avec d'autres femmes et enfants vers une zone séparée du camp. Elles avaient entendu des rumeurs sur les chambres à gaz, mais ne pouvaient croire que de telles horreurs existaient vraiment. Lorsqu'elles arrivèrent devant un bâtiment d'où s'échappait une épaisse fumée, elles réalisèrent avec une horreur indicible quel serait leur sort.

Rachel serra Miriam contre elle, lui murmurant des paroles réconfortantes, essayant de lui transmettre tout l'amour et la chaleur possibles dans ces derniers instants. « Dieu sera avec nous », chuchota-t-elle, tandis que des larmes coulaient sur ses joues. Elles descendirent un escalier vers une grande pièce. Elles durent se dévêtir et furent rapidement poussées dans la pièce suivante. Les portes se refermèrent derrière elles. Dans le plafond de cette salle bondée, une trappe s'ouvrit soudain, et quelque chose d'étrange en descendit. Des cris résonnèrent dans la pièce, et les gens suffoquaient, les yeux emplis de terreur. Quelques minutes plus tard, ils étaient tous morts.

Dans le groupe des hommes, les gardes SS conduisirent Samuel et David vers un baraquement qu'ils devaient partager avec des dizaines d'autres détenus. À ce moment-là, d'autres prisonniers jetaient déjà les corps de Rachel et Miriam dans le feu du crématorium. Les conditions étaient épouvantables : entassés les uns contre les autres, avec à peine de l'espace pour respirer, dormant sur des planches de bois dépourvues de matelas ou de couvertures. L'odeur était insupportable, et l'atmosphère, lourde de peur et de chagrin.

Dans les jours qui suivirent, Samuel et David apprirent rapidement la routine brutale du camp. Ils étaient forcés de travailler dans des conditions inhumaines, recevant à peine de quoi se nourrir, constamment menacés de violence et de punitions arbitraires.

Samuel, autrefois un intellectuel respecté, se retrouvait dans un monde où seule la force physique comptait. Chaque jour, il voyait des hommes s'effondrer autour de lui, épuisés par le travail ou abattus par les gardes. La perte de sa femme et de sa fille le hantait, et l'incertitude quant à leur sort était presque insupportable.

David, quant à lui, dont la jeunesse et la force l'aidaient à survivre aux épreuves, tentait désespérément de garder espoir. Lors des longues nuits, dans l'obscurité du baraquement, il murmurait à son père des histoires et des souvenirs, un faible effort pour maintenir leur esprit vivant.

La vie à Auschwitz était une lutte quotidienne pour la survie. La présence constante de la mort, la brutalité des gardes et l'horreur inimaginable qui les entourait laissaient des cicatrices profondes dans l'âme de Samuel et David. Au milieu de cet enfer sur terre, ils luttaient pour préserver leur humanité et ne pas perdre foi en un avenir où ils seraient libres.

Combat pour la survie

Dans l'ombre d'Auschwitz, chaque jour était un combat contre la mort. David, l'aîné de la famille Levi, avait développé un instinct de survie dans ce cauchemar. Celui qui autrefois était un jeune homme plein de rêves et d'espoirs se voyait maintenant contraint de travailler chaque jour dans un monde où la grâce était un mot étranger.

Le soleil n'était pas encore levé lorsque les gardes réveillaient les prisonniers à coups de cris stridents et de bâtons. David et son père Samuel, leurs corps déjà marqués par la faim constante et le travail exténuant, se levaient de leurs durs couchettes. Autour d'eux, d'autres détenus toussaient et haletaient, chacun enfermé dans son propre désespoir.

Le petit-déjeuner, si l'on pouvait l'appeler ainsi, consistait en une mince soupe d'eau qui peinait à calmer leur faim. Ensuite, ils étaient conduits au point d'appel, où ils devaient rester des heures dans le froid, comptés et recomptés jusqu'à ce que les officiers SS soient satisfaits.

David fut sélectionné, avec d'autres jeunes hommes robustes, pour travailler dans l'une des usines produisant du matériel de guerre pour les nazis. Chaque jour, il voyait des hommes s'effondrer autour de lui, incapables de supporter les exigences inhumaines. Pourtant, David tenait bon, poussé par l'espoir vacillant qu'un jour, lui et son père pourraient être libérés.

Le travail était impitoyable. Les gardes surveillaient chaque mouvement, et la moindre erreur pouvait entraîner des représailles brutales. David se souvenait des récits de son père sur la Renaissance italienne, un contraste saisissant avec l'obscurité qui l'entourait maintenant. Il rêvait de retrouver sa liberté, de flâner dans les rues de Florence, de mener une vie riche en culture et en beauté, loin de la cruauté et de la mort.

La brutalité du camp était omniprésente. Certains jours, des exécutions publiques avaient lieu pour inculquer aux prisonniers la peur et la soumission. David s'efforçait de détourner le regard, mais les cris des victimes le hantaient jusque dans ses rêves.

Les expériences médicales menées par les nazis sur certains détenus étaient également une preuve cruelle de la déshumanisation qui régnait à Auschwitz. David entendait parler de terribles opérations réalisées sans anesthésie, et d'individus utilisés pour des « études scientifiques » sans le moindre sens.

Dans cet enfer, David trouvait du réconfort auprès de son père. Samuel, qui devenait chaque jour plus faible, s'accrochait à l'amour qu'il éprouvait pour son fils comme à une dernière source de force. Dans les rares moments de calme, ils échangeaient des souvenirs de leur ancienne vie, revivant des instants de leur famille et de leur foyer. Ces moments, bien que fugaces, leur donnaient la force de continuer à se battre.

Les nuits à Auschwitz étaient hantées par les cris des tourmentés et l'angoisse de nouvelles maltraitances. Le sommeil était un luxe rare, et quand il venait, il était souvent troublé par des cauchemars. David restait souvent éveillé, fixant l'obscurité, repensant à sa vie passée et à ce qu'elle pourrait encore devenir.

Malgré toutes les atrocités auxquelles il était confronté, David ne perdait jamais totalement espoir. Dans ses moments de désespoir les plus profonds, il se souvenait des mots de sa mère : « La foi est la lumière qui brille dans l'obscurité. » Ces paroles étaient pour lui un phare, une étincelle d'espoir dans un monde de terreur.

Cependant, chaque jour passé à Auschwitz rendait la survie de plus en plus difficile. L'inhumanité qui entourait David et Samuel menaçait de briser leur esprit et leur corps. Mais ils continuaient de se battre, portés par le souvenir de leurs êtres chers et l'espoir de liberté, une flamme qui ne s'éteignait jamais complètement dans leurs cœurs.

La fin approche

Les jours à Auschwitz semblaient s'étirer à l'infini, chacun plus long et plus sombre que le précédent. Pourtant, une rumeur commença à circuler dans le camp, faisant naître une petite lueur d'espoir : les Alliés approchaient. David et son père Samuel, devenus des ombres de ce qu'ils avaient été, n'osaient y croire. Mais à mesure que le grondement des canons au loin devenait de plus en plus audible, leur espoir grandissait.

Dans les derniers mois de la guerre, l'atmosphère dans le camp était marquée par un mélange de peur et d'attente. Du côté des nazis, la brutalité atteignait de nouveaux sommets, comme s'ils étaient déterminés à entraîner un maximum de prisonniers dans leur chute. Les conditions de vie se détérioraient rapidement : les rations alimentaires, déjà dérisoires, étaient encore réduites, et les maladies se propageaient sans relâche.

Un matin, David, Samuel et des centaines d'autres prisonniers furent rassemblés. La nouvelle tomba comme un coup de tonnerre : le camp devait être évacué. Les Alliés étaient plus proches que les nazis ne voulaient l'admettre. Rassemblant leurs dernières forces, père et fils se mirent en route, entamant ce qui allait devenir l'une des tristement célèbres marches de la mort.

La marche vers Bergen-Belsen fut un calvaire inimaginable. Poussés par les coups de fouet et les crosses de fusil, ils marchèrent des heures durant dans la neige et le froid. Ceux qui ne pouvaient suivre étaient impitoyablement abandonnés ou abattus. David soutenait son père du mieux qu'il pouvait, mais ses propres forces s'amenuisaient rapidement.

L'arrivée à Bergen-Belsen fut un nouveau coup dur pour des êtres déjà brisés. Le camp était surpeuplé, et les conditions y étaient encore plus horribles qu'à Auschwitz. La faim, la maladie et la mort régnaient en maîtres. Les corps restaient souvent plusieurs jours avant d'être enlevés. Dans ce paysage apocalyptique, David et Samuel luttaient pour leur survie.

Malgré ces circonstances terribles, ils s'efforçaient de se soutenir mutuellement. Leurs conversations, autrefois pleines de souvenirs de jours meilleurs, étaient désormais marquées par la simple nécessité de se donner du courage. Samuel, dont le corps et l'esprit étaient épuisés par les épreuves, murmura une nuit à David : « Tu dois tenir bon, mon fils. Pour tous ceux que nous avons perdus. »

Les derniers mois de la guerre étaient une lutte épuisante contre le temps. Chaque jour pouvait être le dernier, chaque heure pouvait apporter la nouvelle de la libération. Mais la mort était omniprésente, et chaque minute qui passait semblait diminuer un peu plus l'espoir.

Au milieu de ce chaos, un petit miracle se produisit. Un jour, David entendit des rumeurs selon lesquelles des troupes britanniques étaient à proximité. Le camp devint agité, et la panique gagna les nazis. Puis, tôt un matin, des voix lointaines et le bruit de moteurs percèrent le brouillard. Les portes de Bergen-Belsen s'ouvrirent, et des soldats britanniques pénétrèrent dans le camp.

La libération de Bergen-Belsen ne fut pas un moment de joie, mais plutôt un choc brutal. Les soldats britanniques, confrontés à l'ampleur de l'horreur, étaient abasourdis. Partout, des cadavres gisaient, et les survivants n'étaient plus que des squelettes ambulants, marqués par la faim et la maladie.

Libération et nouveau départ

Les premiers rayons du soleil illuminaient le camp de Bergen-Belsen lorsque les troupes britanniques arrivèrent. David et son père Samuel, des âmes brisées, peinaient à croire qu'ils étaient enfin libres. Cependant, cette liberté était assombrie par la douleur et la perte. Autour d'eux, les témoins des atrocités restaient visibles : des montagnes de corps et les cris silencieux de ceux qui n'avaient pas survécu.

Les soldats britanniques, confrontés à cette vision d'horreur, étaient profondément choqués. Jamais auparavant ils n'avaient vu quelque chose d'aussi terrible. Parmi eux se trouvait le sergent John Miller, un jeune homme de Manchester qui parcourait le camp avec ses camarades. Son regard croisa celui de David et Samuel. Dans leurs yeux, il lut un mélange de tristesse et de soulagement, une demande silencieuse d'aide.

Les premiers jours après la libération furent un tourbillon d'activités. Médecins et secouristes travaillèrent sans relâche pour s'occuper des survivants. David et Samuel, à peine capables de marcher, furent emmenés dans un hôpital de campagne temporaire. Ils reçurent les soins médicaux dont ils avaient tant besoin. Ce serait un long chemin vers la guérison, tant physique que psychologique.

Au fil des semaines suivantes, David et Samuel commencèrent à aborder prudemment les questions concernant leur avenir. Où étaient les autres membres de leur famille ? Y avait-il encore quelqu'un qui avait survécu ? Leur recherche de réponses les conduisit à travers différents camps et hôpitaux. Ils entendirent de nombreuses histoires, des récits de perte, mais aussi d'incroyable force et d'espoir. Pourtant, ils ne trouvèrent aucune trace de leur propre famille.

Le sergent Miller, incapable de chasser David et Samuel de ses pensées, leur rendit régulièrement visite. Une amitié silencieuse se développa entre eux. Il les écoutait, partageait leurs inquiétudes et les aidait autant qu'il le pouvait. Un jour, il leur apporta des nouvelles : certaines organisations juives avaient commencé à soutenir les survivants et à réunir les familles. Peut-être restait-il encore de l'espoir.

Les mois passèrent, et chaque jour, la force de David et Samuel grandissait. Ils réapprenaient à rire, même si leurs rires étaient souvent accompagnés de larmes. Le camp de Bergen-Belsen fut fermé, et les survivants furent transférés dans des camps de transition. Là, ils rencontrèrent d'autres survivants, entendirent leurs histoires et commencèrent lentement à envisager un nouveau départ.

Le sergent Miller, devenu un ami fidèle, les soutenait dans leurs projets. Il leur parlait de l'Angleterre, de la possibilité de commencer une nouvelle vie là-bas. L'idée de vivre dans un pays qui leur offrait la liberté semblait être un rêve lointain.

Finalement, après de nombreuses réflexions, David et Samuel décidèrent d'accepter l'offre. Avec le soutien des organisations juives et de l'armée britannique, ils entreprirent leur voyage vers l'Angleterre. C'était un nouveau départ, un pas vers un avenir incertain, mais ils étaient prêts à l'entreprendre.

L'arrivée en Angleterre fut un moment écrasant. Tout était si différent, si étranger, et pourtant, ils ressentaient une profonde gratitude pour cette nouvelle chance. Le sergent Miller et sa famille les accueillirent chaleureusement, les aidant à s'intégrer et à découvrir un pays qui, malgré les cicatrices de la guerre, irradiait d'espoir et de paix.

Au cours des années suivantes, David et Samuel bâtirent une nouvelle vie. Ils trouvèrent du travail, apprirent la langue et s'intégrèrent à la communauté. Cependant, ils n'oublièrent jamais complètement leur passé. Ils parlaient souvent de leurs expériences, donnaient des conférences et s'engageaient dans l'éducation sur l'Holocauste. Ils voulaient s'assurer que le monde n'oublie jamais ce qui s'était passé.

Leur histoire était l'une parmi tant d'autres, chacune unique, chacune marquée par la douleur et la perte. Mais c'était aussi une histoire d'esprit humain indestructible, de la capacité à garder espoir malgré toutes les adversités. David et Samuel avaient survécu à l'impensable et trouvé un moyen de recommencer.

Présence juive en Palestine

Après la Seconde Guerre mondiale et la création d'Israël en 1948, les Juifs furent victimes de persécutions et de discriminations dans de nombreux pays arabes. Cependant, cette évolution n'était pas seulement une réaction à la création de l'État israélien, mais aussi le résultat de tensions séculaires. Des communautés juives avaient longtemps existé dans ces régions, et leur histoire était marquée par des périodes alternant entre tolérance et répression.

L'immigration juive en Palestine avant la Seconde Guerre mondiale et la fondation de l'État d'Israël s'est effectuée principalement de manière légale, souvent par l'achat de terres. Cette immigration, à l'époque, s'inscrivait dans le cadre du droit international. Pendant la période du mandat britannique en Palestine, légitimée par la Société des Nations après la Première Guerre mondiale, des cadres juridiques étaient en place pour réguler l'immigration et l'achat de terres.

Un aspect essentiel de l'établissement juif était l'acquisition de terres. De nombreux Juifs achetaient des terres à des propriétaires arabes, souvent dans des zones alors peu peuplées ou sous-exploitées sur le plan agricole. Ces transactions étaient généralement légales et se faisaient par le biais d'accords financiers entre acheteurs et vendeurs. Des organisations telles que le Fonds national juif jouaient un rôle clé dans l'achat et le développement de ces terres.

Les immigrants juifs apportaient des capitaux, un savoir-faire et une forte volonté de développement agricole et économique. Grâce à leurs efforts, des terres incultes furent cultivées, des industries furent créées et des infrastructures développées. Ces activités contribuèrent à la revitalisation économique de la région.

Il convient toutefois de noter que, dans les années 1930, le gouvernement britannique du mandat imposa des restrictions à l'immigration juive par le biais de ce qu'on appelait les "livres blancs". Ces mesures, en partie en réponse à l'opposition arabe, limitaient les possibilités d'immigration légale à un moment où la persécution des Juifs en Europe s'intensifiait.

En résumé, la présence juive en Palestine avant 1948 se caractérisait par une combinaison d'immigration légale, d'achats de terres et de l'établissement d'une communauté durable. Cette réalité historique est essentielle pour comprendre le contexte complexe de la création ultérieure de l'État d'Israël et des conflits régionaux qui en ont découlé.

À la fin des années 1940, notamment après la création de l'État d'Israël en 1948, les Juifs dans de nombreux pays arabes subirent une augmentation dramatique de la discrimination, de la violence et du terrorisme. Cette période marqua une nette détérioration des relations déjà tendues entre les communautés juives et leurs voisins arabes.

Avant 1948

Avant la création de l'État d'Israël, les Juifs ont connu des expériences variées dans différents pays arabes. Dans certaines régions, comme le Maroc et l'Égypte, ils ont vécu relativement paisiblement pendant des siècles, bien qu'ils aient souvent été soumis à diverses restrictions et discriminations. Dans d'autres régions, notamment en Irak, ils avaient déjà subi des pogroms violents avant 1948, comme le massacre du Farhud à Bagdad en 1941.

La partition de la Palestine et la déclaration d'indépendance d'Israël qui s'ensuivit déclenchèrent une vague d'indignation dans le monde arabe. Dans de nombreux pays, les Juifs furent désignés comme boucs émissaires et associés à Israël, bien que beaucoup d'entre eux n'aient eu aucun lien direct avec les événements politiques en cours.

Les communautés juives furent de plus en plus discriminées par l'État, subissant des confiscations de biens, des interdictions professionnelles et des restrictions de voyage. Dans certains pays, des « taxes juives » furent instaurées, et les Juifs furent exclus de la fonction publique et des professions académiques.

Les tensions menèrent à des émeutes violentes contre les Juifs. Ces pogroms, souvent spontanés et brutaux, se traduisaient par des agressions contre des personnes, des commerces et des synagogues. De nombreux Juifs furent tués ou gravement blessés, et des destructions massives touchèrent leurs biens.

À la suite de ces événements, de nombreux Juifs furent contraints de quitter leur pays d'origine, fuyant principalement vers Israël, l'Europe ou l'Amérique du Nord. Pour beaucoup, cela signifiait abandonner toute leur vie : leurs maisons, leurs commerces et même les sépultures de leurs ancêtres.

L'expulsion et la persécution des Juifs des pays arabes constituent un chapitre souvent négligé de l'histoire du Moyen-Orient. Les communautés juives qui prospéraient autrefois dans ces pays ont pratiquement disparu aujourd'hui. Les expériences vécues durant cette période ont laissé des cicatrices profondes chez les survivants et leurs descendants.

Ces événements fournissent le contexte de notre histoire et mettent en lumière une période tragique où des milliers de personnes ont souffert à cause de leur foi et ont dû abandonner leur foyer.

Retour dans la nouvelle, ancienne patrie

La vie avant la tempête

Dans les ruelles sinueuses de Bagdad, entouré par la chaleur du Moyen-Orient et les odeurs de pain frais et d'épices, vivait David, un jeune homme juif. Sa vie était ancrée dans la communauté juive, colorée et vivante, de la ville.

David était une figure familière à la synagogue et un commerçant assidu sur le marché local. Son quotidien était rythmé par la piété, le travail et les relations profondes au sein de sa communauté. Sa famille était une véritable mosaïque de générations vivant sous le même toit : ses grands-parents sages, ses parents qui géraient les affaires familiales et ses jeunes frères et sœurs qui jouaient dans les rues de Bagdad.

La communauté juive de Bagdad était un kaléidoscope de traditions et d'influences modernes. Tandis que les plus âgés s'accrochaient souvent aux coutumes anciennes, les jeunes, comme David, étaient ouverts aux influences d'un monde en mutation. Ils se retrouvaient dans des cafés pour discuter de littérature, de politique et des dernières nouvelles. Malgré la pression croissante venant de l'extérieur, beaucoup se sentaient en sécurité dans ce réseau de liens familiaux et d'amitiés.

La famille de David reflétait cette communauté diverse et soudée. Sa mère préparait des plats juifs traditionnels, tandis que son père mêlait les histoires de la Torah à des sagesses contemporaines. Les soirées étaient remplies de rires, de conversations et de chants transmis de génération en génération.

Mais cette idylle était trompeuse. Les nouvelles concernant la partition de la Palestine en 1947 et les troubles politiques qui suivirent apportaient une tension palpable dans la communauté. David se souvenait des discussions de son père avec d'autres hommes du quartier. Leurs voix, jadis pleines de chaleur et d'anecdotes commerciales, étaient désormais étouffées et sérieuses, chargées d'inquiétude et de peur.

Dans les rues de Bagdad, l'atmosphère commença à changer. Les voisins arabes, avec qui ils avaient autrefois des relations amicales, devenaient réservés, parfois même hostiles. Les rumeurs de violences et de persécutions dans d'autres pays arabes renforçaient la peur. David sentait que les ruelles familières de son enfance perdaient leur innocence.

Un jour, en se promenant sur le marché, David croisa un vieil ami, Karim, un musulman avec qui il avait partagé son enfance. « David, as-tu entendu les nouvelles ? » demanda Karim, inquiet. « Je m'inquiète pour toi et ta famille. Les choses changent... et j'ai peur que ça n'aille pas dans le bon sens. »

Ces mots frappèrent David comme un coup de poing. La réalité, qui n'était jusqu'alors qu'une ombre à l'horizon, devenait désormais une vérité inéluctable. Il sentit les fils de confiance et d'amitié qui avaient longtemps uni sa communauté commencer à se défaire.

De retour chez lui, David s'assit avec sa famille. Son père, homme de force et de calme, scrutait les visages inquiets de ses proches. « Nous avons déjà traversé de nombreuses tempêtes, » dit-il d'une voix mêlant espoir et inquiétude. « Et nous surmonterons aussi celle-ci. Nos racines ici sont profondes, et notre communauté est forte. Mais nous devons rester vigilants et ne pas ignorer les signes du temps. »

Cette nuit-là, David resta longtemps éveillé, la lumière de la lune jouant sur les murs de sa chambre. Les discussions de la journée résonnaient dans son esprit. Il pensait à son enfance, aux rues qu'il connaissait si bien et aux personnes qu'il considérait comme ses voisins et amis. Une profonde tristesse l'envahit à l'idée que tout cela pourrait bientôt appartenir au passé.

Le chapitre se termine par une scène où David et sa famille prient à la synagogue. Leurs voix s'unissent dans une prière ancienne, un appel à la protection et à la paix dans un monde qui semble devenir de plus en plus imprévisible. C'est un moment de communauté et de foi, un témoignage silencieux de leur résilience et de leur espoir face à l'obscurité qui s'annonce.

Le vent du changement

Les nouvelles de violences et d'exactions contre les Juifs dans d'autres pays arabes atteignaient la communauté de Bagdad comme des nuages sombres. Chaque jour, les journaux rapportaient de nouveaux actes d'agression et de persécution. L'atmosphère de la ville se transformait de manière palpable. La méfiance et la peur planaient dans l'air, un mélange toxique qui commençait à empoisonner le quotidien de la communauté juive.

David sentait que son monde changeait autour de lui. Le marché, autrefois un lieu de commerce et de rencontre, semblait désormais menaçant. Les regards des gens étaient différents, pleins de méfiance et de reproches dissimulés. Un matin, lorsque la nouvelle tomba que des magasins juifs avaient été pillés dans une ville voisine, David ressentit un frisson glacé lui parcourir l'échine. Il vit son père lire les nouvelles ; les rides sur son front se creusaient, et sa main, habituellement si calme, tremblait légèrement.

« Que devons-nous faire, Père ? » demanda David un soir, alors que la famille se rassemblait après le dîner. Le silence dans la pièce était lourd. Sa mère baissait les yeux pendant que son père cherchait les mots. « Nous ne pouvons pas fermer les yeux, » dit-il enfin. « Nous devons rester unis, plus que jamais. Mais nous devons aussi être prudents. Ce qui s'est passé dans d'autres villes pourrait aussi arriver ici. »

Les jours passaient, et les tensions à Bagdad s'intensifiaient. David entendait parler des premiers actes de violence contre des commerces juifs à proximité. Les vitrines d'une librairie qu'il connaissait bien avaient été brisées, et les livres gisaient, éparpillés et déchirés, sur le sol. En voyant ces débris, il sentit la colère et l'impuissance monter en lui. C'était comme si une partie de son identité était attaquée.

Au sein de la famille de David, une discussion houleuse éclata. « Nous devons partir d'ici, » déclara sa sœur aînée Sarah, les yeux emplis de peur. « Nous ne sommes plus en sécurité. J'ai peur pour les enfants. » Sa voix tremblait d'inquiétude. Son mari, un homme calme qui montrait rarement ses émotions, hocha silencieusement la tête. Il avait suivi les nouvelles des autres pays et savait que le danger était bien réel.

David ne voulait pas croire qu'il n'y avait pas d'autre choix. « Cet endroit est notre maison, » dit-il, sa voix ferme mais empreinte d'émotion. « Nous ne pouvons pas abandonner tout ce que nous connaissons et aimons. Comment pourrions-nous quitter notre foi, nos traditions, notre histoire ? »

Mais alors que les nouvelles d'autres agressions continuaient d'affluer, alors que des amis et des voisins parlaient de bagarres et d'arrestations arbitraires, David commença à douter. Le monde qu'il connaissait semblait s'effondrer. Les rues, qui autrefois lui inspiraient sécurité et familiarité, devenaient désormais des lieux de méfiance et de peur.

Un soir, son ami Karim vint le voir. « David, je suis tellement désolé pour ce qui se passe ici, » dit-il, la voix pleine de tristesse. « J'aimerais pouvoir faire quelque chose pour arrêter tout ça. » David vit dans les yeux de Karim une réelle inquiétude et sentit sa propre tristesse et déception éclater.

« Je ne sais pas quoi faire, Karim, » avoua David. « Ma famille est déchirée entre le désir de rester et la peur de partir. Mais il semble que bientôt, nous n'aurons plus le choix. »

Les jours suivants furent un tourbillon de discussions et de décisions. La famille de David se réunissait souvent tard dans la nuit pour discuter et planifier. Finalement, la décision devint inévitable. Les rapports de violence et de haine qui leur parvenaient sans relâche ne laissaient pas d'autre échappatoire.

Le cœur lourd, ils se préparèrent à partir. Chaque objet qu'ils emballaient, chaque livre, chaque vêtement, était un morceau de leur passé, une part de leur identité. David vit sa mère feuilleter un vieil album photo, les larmes aux yeux. « Tant de souvenirs, » murmura-t-elle. « Tant de choses que nous devons laisser derrière nous. »

Le jour de leur départ fut rempli d'adieux. Amis et voisins vinrent leur dire au revoir, beaucoup avec des larmes dans les yeux. Alors que David marchait une dernière fois dans les rues de Bagdad, il sentit qu'une partie de son cœur restait ici. Il savait que rien ne serait plus jamais comme avant.

Dans la dernière scène du chapitre, nous voyons David et sa famille assis dans une vieille voiture chargée de leurs quelques biens restants. Ils jettent un dernier regard en arrière sur la ville qui avait été leur foyer, tandis qu'ils s'avancent vers un avenir incertain, porteurs de l'espoir d'une nouvelle vie, loin de la violence et de la haine qui avaient détruit leur ancienne existence.

La nuit des longues ombres

Dans les premières heures du matin, alors que le ciel au-dessus de Bagdad était encore sombre, les troubles commencèrent. Un bruit assourdissant arracha David à son sommeil agité. Des cris, le fracas de verre brisé et le lointain grondement d'explosions perçaient le silence de la nuit. Son cœur s'emballa alors qu'il regardait par la fenêtre et voyait des flammes illuminer le ciel.

« Vite, nous devons partir d'ici ! » s'écria le père de David, en fourrant rapidement quelques affaires dans un sac. La famille se rassembla dans le salon, leurs visages pâles de peur. Dehors, ils entendaient la colère de la foule se rapprocher.

« Mais où devons-nous aller ? » demanda la mère de David d'une voix tremblante. Son mari la regarda fixement. « Chez Oncle Ahmed. Il va nous aider. »

En quittant la maison, David sentit la chaleur des incendies voisins brûler son visage. Ils se faufilèrent dans des ruelles sombres, évitant les grandes artères où les cris et le chaos devenaient de plus en plus intenses. Autour d'eux, ils entendaient les bris de fenêtres, le craquement du bois en flammes et le bruit métallique des armes.

Ils arrivèrent chez Oncle Ahmed juste avant l'aube. Le vieil homme les accueillit les larmes aux yeux. « C'est terrible ce qui se passe, » dit-il en les faisant entrer. « Toute la ville est en émoi. Ils attaquent tous ceux qui sont juifs. »

À l'intérieur, les membres de la famille se regroupèrent dans le salon. Les enfants, confus et effrayés, s'accrochaient à leurs parents. David croisa le regard de sa mère et y vit une tristesse profonde, indescriptible.

« Nous devons quitter Bagdad, » déclara son père avec fermeté. « Il n'est plus sûr pour nous ici. Nous n'avons pas d'autre choix. »

La décision de quitter leur pays fut déchirante. Chacun dans la pièce savait que ce qu'ils laissaient derrière eux représentait bien plus qu'une simple maison. C'était leur histoire, leur culture, leurs souvenirs. David se sentait comme dans un cauchemar, incapable de comprendre que c'était peut-être leur dernière nuit dans cette ville.

Ils passèrent la journée chez Oncle Ahmed, tandis qu'au-dehors, le bruit et le chaos continuaient. David s'approcha de la fenêtre et regarda les rues, où des nuages de fumée s'élevaient vers le ciel. Il pensa à ses amis, à ses voisins, et se demanda combien d'entre eux étaient en sécurité.

Lorsque la nuit tomba, ils commencèrent à préparer leur fuite. Ils ne pouvaient emporter que le strict nécessaire : quelques vêtements, un peu de nourriture et des documents importants. Tout le reste — leur maison, leurs biens — devait rester derrière.

Les adieux avec Oncle Ahmed furent remplis de larmes. « Soyez prudents, » dit-il en étreignant chacun d'eux. « Que Dieu vous protège. »

Le voyage était dangereux. Ils avançaient dans l'obscurité, évitant les grandes routes et restant à l'écart des foules. Partout autour d'eux, le bruit du chaos et de la destruction résonnait. Ils entendaient des coups de feu au loin, les pleurs d'enfants et les gémissements des blessés.

Dans un entrepôt abandonné en périphérie de la ville, ils firent une pause. David, assis là, entouré de sa famille, ressentait une profonde fatigue. Il repensait aux nombreuses nuits passées à Bagdad, aux visages des gens qu'il connaissait, aux rues qu'il aimait. Tout cela était désormais perdu, déchiré par la haine et la violence.

Dans les premières heures du matin, ils reprirent la route. Alors qu'ils quittaient les dernières maisons de Bagdad, David se retourna une dernière fois pour jeter un coup d'œil à la ville qui avait été son foyer. Il vit les flammes encore dansantes au loin et ressentit une tristesse immense dans son cœur.

Ils voyagèrent pendant des jours, principalement la nuit, pour éviter d'être repérés. Chaque jour, le voyage devenait plus difficile et l'incertitude grandissait. Mais il n'y avait pas de retour en arrière. Leur ancien monde n'existait plus ; il avait disparu dans les flammes de la nuit des longues ombres.

Lorsqu'ils atteignirent enfin la frontière, c'était comme s'ils avaient franchi un seuil invisible. Derrière eux se trouvait leur passé, devant eux un avenir incertain. Mais ils avaient survécu, ils étaient parvenus à échapper à l'obscurité. Cependant, le prix qu'ils avaient payé était élevé : leur maison, la communauté qu'ils connaissaient et aimaient, étaient perdus à jamais.

Nouveaux rivages, anciennes cicatrices

Lorsque David et sa famille arrivèrent enfin dans leur terre d'espoir, Israël, après un long et éprouvant voyage, ils ressentirent un mélange étrange de soulagement et d'insécurité. Ce pays, censé être leur nouveau foyer, leur semblait à la fois étranger et familier – un lieu vivant dans les récits de leurs ancêtres, mais qu'ils n'avaient jamais foulé de leurs pieds.

L'arrivée fut marquée par une bureaucratie épuisante. Ils furent conduits dans un centre d'accueil, où des centaines d'autres réfugiés attendaient d'être pris en charge. La chaleur était accablante, et les abris temporaires offraient à peine une protection contre le soleil brûlant.

« C'est si différent de ce que je m'étais imaginé », murmura la sœur de David, Sarah, en contemplant les tentes et les baraquements qui s'étendaient devant eux. David hocha la tête en silence. Il s'était figuré un Israël débordant de lait et de miel, mais la réalité s'avérait dure et implacable.

Au cours des premières semaines, ils tentèrent de s'adapter à leur nouvelle vie. David trouva un emploi dans une plantation d'orangers. Le travail physique était difficile, mais il l'aidait à chasser les souvenirs des horreurs vécues. Ses parents et ses frères et sœurs trouvèrent également de petits emplois pour subvenir aux besoins de la famille.

Cependant, le traumatisme qu'ils avaient subi n'était pas si facile à effacer. La nuit, David était tourmenté par des cauchemars où les cris et le chaos de Bagdad ressurgissaient. Il se réveillait souvent en sueur, le cœur battant, envahi par la peur. Il savait que sa famille souffrait aussi, même s'ils n'en parlaient que rarement.

La communauté des réfugiés dans le camp était un mélange de cultures et de traditions diverses. David se sentait souvent pris entre deux mondes – plus tout à fait irakien, mais pas encore complètement israélien. Par moments, il se demandait s'il appartiendrait un jour vraiment quelque part.

Avec le temps, cependant, ils commencèrent à bâtir une nouvelle vie. Ils apprirent l'hébreu, se lièrent d'amitié avec d'autres immigrants et commencèrent à s'adapter à leur nouvel environnement. Il y avait des moments de bonheur, de petites victoires quotidiennes qui leur apportaient de l'espoir.

Pourtant, les cicatrices du passé demeuraient profondes. David se heurtait souvent à l'incompréhension et aux préjugés, tant de la part des Israéliens que des autres immigrants. L'histoire de leur fuite et la perte de leur foyer semblaient inconcevables pour beaucoup. David se sentait souvent seul et incompris, prisonnier de son propre récit.

Dans ces moments-là, il trouvait du réconfort dans les lettres qu'il écrivait à un vieil ami resté à Bagdad, même s'il savait qu'elles ne parviendraient probablement jamais à destination. Il y décrivait ses espoirs et ses peurs, la douleur de la perte et son désir de trouver un endroit où il pourrait vraiment se sentir chez lui.

Un jour, la famille reçut la nouvelle qu'elle pouvait déménager dans un logement permanent. C'était une petite maison dans un kibboutz nouvellement fondé. La maison était modeste, mais c'était un endroit qu'ils pouvaient appeler leur propre foyer.

En portant leurs quelques biens dans leur nouvelle maison, David ressentit une profonde gratitude. Ils avaient traversé tant d'épreuves, perdu tant de choses, mais ils étaient encore ensemble. Il regarda sa mère aménager la cuisine, son père travailler dans le jardin et ses frères et sœurs jouer dans la cour, et il comprit que c'était le début de quelque chose de nouveau.

Au fil des années, David travailla dur pour offrir une vie meilleure à sa famille. Il se maria, eut des enfants, et les vit grandir dans un pays qu'ils considéraient comme leur foyer.

Cependant, les ombres du passé persistaient. Dans les moments de silence, lorsqu'il contemplait les collines israéliennes, il pensait à Bagdad, aux rues de son enfance, aux personnes qu'il avait laissées derrière lui. Ces souvenirs étaient comme de vieilles cicatrices – douloureuses, mais faisant partie de lui.

David savait qu'il n'oublierait jamais ce qu'il avait perdu. Mais il savait aussi qu'il devait se tourner vers l'avenir pour bâtir une vie pour

lui et sa famille. Au milieu des anciennes cicatrices, une lueur d'espoir
germait, fragile mais inébranlable.

Antisémitisme jusqu'à aujourd'hui

Malheureusement, l'antisémitisme, qu'il soit ouvert ou latent, n'a pas pris fin avec l'Holocauste, mais a continué à se manifester sous différentes formes, même après la guerre.

Antisémitisme dans les pays socialistes

L'antisémitisme dans les États socialistes, en particulier en Union soviétique, en Europe de l'Est et en Chine, a pris diverses formes et a souvent été alimenté par des campagnes et des idéologies étatiques. Cet article propose un aperçu des différentes facettes de ce phénomène.

Union soviétique

1. **Campagnes antireligieuses** : Sous l'idéologie communiste prônant l'athéisme, les pratiques religieuses étaient réprimées, y compris la vie religieuse juive. Les synagogues et les yeshivas furent fermées, et les rabbins ainsi que les leaders religieux juifs arrêtés.

2. **Régime de Staline** : Sous Joseph Staline, l'antisémitisme devint particulièrement agressif. À la fin des années 1940 et au début des années 1950, des campagnes « anti-cosmopolites » visaient les Juifs, notamment dans les domaines de la culture et des sciences.

3. **Conspiration des médecins** : En 1952-1953, Staline orchestra la « conspiration des médecins », une machination accusant des médecins juifs de planifier des attentats contre des dirigeants soviétiques. Cela entraîna l'arrestation et la torture de nombreux Juifs et devait, selon les rumeurs, précéder une grande purge ou déportation, arrêtée par la mort de Staline en 1953.

4. **Répression culturelle et linguistique** : La culture juive, ainsi que des langues comme le yiddish, furent réprimées. Les écoles, théâtres et publications juifs furent souvent fermés.

5. **Le sionisme comme idéologie ennemie** : Après la création d'Israël, et particulièrement pendant la Guerre froide, la propagande soviétique assimilait souvent le sionisme au

fascisme et à l'impérialisme, ce qui entraîna des campagnes antisémites et une discrimination généralisée.

6. **Refus de sortie** : Les Juifs souhaitant émigrer, notamment vers Israël, se voyaient souvent refuser le droit de quitter le pays. Cela mena à la création du mouvement des « Refuseniks », dont les membres subissaient harcèlements, perte d'emploi et, parfois, emprisonnement.

Europe de l'Est

1. **Antisémitisme d'après-guerre** : Malgré les horreurs de l'Holocauste, des sentiments et actes antisémites persistèrent dans certains pays d'Europe de l'Est sous régime communiste.

2. **Campagne antisémite en Pologne** : En 1968, la Pologne connut une campagne « anti-sioniste » soutenue par l'État, qui était en réalité une purge antisémite, entraînant la migration forcée de milliers de Juifs.

3. **Discrimination dans d'autres pays** : Dans des pays du bloc de l'Est comme la Tchécoslovaquie, la Hongrie et la Roumanie, les Juifs rencontrèrent diverses formes de discrimination et de répression de leur vie religieuse et culturelle.

4. **Censure et propagande** : Dans ces pays, les régimes communistes censuraient souvent l'histoire et la culture juives et, sous couvert d'anti-sionisme, promouvaient parfois une propagande antisémite.

Chine

• **Révolution culturelle** : Pendant la Révolution culturelle en Chine, bien que les Juifs ne constituaient qu'une très petite minorité, les pratiques juives, comme d'autres activités religieuses, furent réprimées. Les synagogues furent fermées et les observances religieuses interdites.

Cet aperçu montre que l'antisémitisme dans les pays socialistes était un phénomène complexe et multiforme, influencé par des facteurs politiques, idéologiques et sociaux.

Antisémitisme dans les pays arabes et ses impacts sur Israël

L'antisémitisme dans les pays arabes a une histoire longue et complexe, étroitement liée au conflit autour d'Israël. Ces hostilités ont donné lieu à de nombreuses attaques et guerres contre Israël, et continuent d'influencer les relations dans la région aujourd'hui.

Les racines de l'antisémitisme dans les pays arabes sont profondément ancrées dans des causes historiques et politiques. Ce sentiment s'est intensifié après la création de l'État d'Israël en 1948, un événement perçu par de nombreux États arabes comme une menace directe à leur souveraineté et comme l'établissement illégitime d'un État "étranger" dans la région.

Avec l'émergence d'Israël, les Juifs vivant dans les pays arabes ont été confrontés à une montée des hostilités. Des pogroms, des expropriations et des expulsions ont eu lieu, entraînant une migration massive de Juifs, principalement vers Israël et des pays occidentaux. Les communautés juives, autrefois florissantes dans des pays comme l'Irak, l'Égypte et le Maroc, ont presque totalement disparu.

L'histoire des conflits militaires entre Israël et ses voisins arabes est marquée par une série de guerres significatives qui ont profondément façonné le paysage politique du Moyen-Orient.

1. **La guerre de 1948 (Guerre d'indépendance d'Israël)** : Immédiatement après la déclaration d'indépendance d'Israël, le 14 mai 1948, plusieurs États arabes – Égypte, Syrie, Jordanie, Liban et Irak – attaquèrent le nouveau pays. Cette guerre, déclenchée par le refus des États arabes d'accepter le plan de partage de l'ONU pour la Palestine, entraîna d'importants changements territoriaux et l'apparition du problème des réfugiés.

2. **La guerre des Six Jours de 1967** : Déclenchée par une escalade des tensions, le blocus de la mer Rouge par l'Égypte et la mobilisation des forces arabes le long des frontières israéliennes, Israël mena des frappes préventives contre l'Égypte, puis contre la Syrie et la Jordanie. Israël gagna des territoires considérables, notamment la péninsule

du Sinaï, les hauteurs du Golan, la Cisjordanie et Jérusalem-Est.

3.   **La guerre de Yom Kippour de 1973** : Pendant Yom Kippour, la fête juive la plus sacrée, l'Égypte et la Syrie lancèrent une attaque surprise coordonnée contre Israël dans le but de récupérer les territoires perdus lors de la guerre des Six Jours. Malgré les succès initiaux des assaillants, Israël réussit à repousser les attaques et à négocier un cessez-le-feu.

Ces guerres ont eu des conséquences considérables pour la région et ont contribué à durcir les positions. Elles ont causé de lourdes pertes humaines, militaires et économiques des deux côtés, et ont aggravé le problème des réfugiés palestiniens, en partie parce que les États arabes refusent toujours d'accueillir les Palestiniens, contrairement à Israël qui a intégré les réfugiés juifs des pays arabes.

Les conflits ont également été influencés par les grandes puissances, en particulier les États-Unis et l'Union soviétique, qui soutenaient des camps opposés. La confrontation militaire continue a fait du Moyen-Orient un point chaud de la Guerre froide.

En résumé, ces guerres résultent d'un mélange complexe de conflits territoriaux, politiques, religieux et historiques qui continuent de façonner le Moyen-Orient aujourd'hui. Leurs conséquences se manifestent dans l'instabilité politique persistante de la région et dans le conflit israélo-palestinien qui perdure.

La propagande et la rhétorique antisémites ont été utilisées dans de nombreux pays arabes pour mobiliser l'opinion publique contre Israël. Cette propagande est souvent teintée de théories du complot et de fausses représentations historiques, visant non seulement à éliminer l'État d'Israël, mais aussi à nourrir une haine envers les Juifs dans leur ensemble.

L'hostilité persistante a contraint Israël à maintenir une forte présence militaire et une politique de sécurité rigoureuse. La menace constante d'attaques a profondément marqué la société israélienne et joue un rôle central dans son identité nationale et sa politique.

"Voies Cachées : Contes et Histoire du Métro Parisien" offre un voyage captivant à travers le temps dans les couloirs du célèbre métro parisien. Ce livre unique mélange habilement faits historiques et récits palpitants pour faire revivre l'histoire du métro depuis ses premiers jours jusqu'à nos jours.

For more books and E-book options visit:

www.briansmith.de